ARBEITSBUCH ZU GERMAN CULTURE THROUGH FILM

ARBEITSBUCH ZU GERMAN CULTURE THROUGH FILM

Reinhard Zachau
Robert Reimer

focus Publishing
R. Pullins Co.
Newburyport, MA

Copyright © 2006 Reinhard Zachau and Robert Reimer

ISBN 10: 1-58510-145-1
ISBN 13: 978-1-58510-145-0

Printed in the United States of America.

10 9 8 7 6 5 4 3

0210TS

TABLE OF CONTENTS

PREFACE

German Culture through Film: an Introduction to German Cinema grew out of the frustration of the authors with finding a film book adaptable to an introductory undergraduate course in German film which for reasons of exigency had to include not only students with German language skills but also those with no knowledge of the language. We were at the same time looking for a book that could be used as an introductory text for students in a film studies program whose knowledge of German history and culture was not always at a level to understand fully the texts of German films.

This set of texts was written with the needs of such courses in mind. It consists of two texts, one of which covers thirty-one German films in English. The other covers fourteen of those films in German. Thus, one or both of these texts can be used for courses in German film in English, courses in German film in German, or courses which for various reasons might cater to students taking either track simultaneously in the same course. In such a way the series is designed to appeal to professors who teach courses in general education, liberal arts, cinema, or who wish to conduct a course in German film exclusively in German, or for those on many campuses, such as ours, where students share the same class (and films) for those two different courses.

For this end, the text in English contains background information on German history and culture, as well as analysis of the films. The text in German covers fourteen of the films in the English text, and also offers excerpts from the screenplays and questions and exercises.

Users of both books will have access to the authors' homepage, address listed in the introduction.

INTRODUCTION

Teaching film has become an ever-increasing phenomenon, whether in high school or in college courses. Film courses have always had their place in advanced college curricula, but the introduction of film into lower level and language courses is a new phenomenon. There are many materials available that deal with film, but they usually are introductory books such as the first volume in this series, our introduction to *German Culture Through Film*.

Language and literature teachers had to face the demand to integrate film into a curriculum that is already filled with a long list of language and literature materials. With this workbook we want to help teachers find an easy way to integrate film into their curriculum.

The primary audience of the workbook to *German Culture Through Film* is the intermediate-language learner, either a high school or a college student, who represents the majority of German film students.

We divided most films in this book into five twenty-minute segments with the intention that such short clips can easily be shown and discussed in a fifty-minute high school or college class. The materials in each section can be discussed in the same class period, which would allow for a coherent teaching unit. Since each unit concludes with discussion questions about the film, these questions could be assigned as homework. An alternative method would be to have the students preview the twenty-minute sections either in school or at home, if that is technically feasible.

Even if a preview is not practical, watching short twenty-minute segments in class would leave another thirty minutes for class discussion. This means that a high school class could discuss the five parts of each film in a week, a college class in two weeks. In this manner, one or two of the films (or units) could easily be integrated into almost any intermediate-level language, culture or literature course.

The activities have been written for intermediate-level students. Advanced-level students should able to use the films in a different manner and discuss them without a workbook. The activities in this volume are divided into three activity types:

(a) Viewing or previewing the movie sections, which should take about 20 minutes per section,

(b) Answering the content questions and reading information about German culture and unknown words included in each section,

(c) Completing activities focused on scenes from the movie scripts in which the students can read or act out the scene. Students should be encouraged to recreate cinematic effects of the film to inspire creativity. Some teachers might want to read through these scenes before viewing the movie clips in order to foster the students' imagination. There are also information and content questions related to these scripts teachers may use as reading exercises.

In a final section of most chapters some more general discussion questions have been added for those students with a higher-level proficiency.

We strongly advise showing the movies in German *without* English subtitles, which has become much easier with the advance of DVD-technology. German subtitles are acceptable, if available, since they often make the dialogue passages more comprehensible. Most films can be purchased or rented from numerous suppliers as DVDs either in Zone 1 or Zone 2 format.

We have avoided including grammar exercises with most films with the exception of short word exercises in which vocabulary items will have to be filled in.

June 2005
Robert Reimer
University of North Carolina,
Charlotte, North Carolina
http://www.languages.uncc.edu/rcreimer

Reinhard Zachau
University of the South
Sewanee, Tennessee
http://www.sewanee.edu/German-Film

GLOSSAR

1. die Einstellungsgröße (*camera distance*)

die amerikanische Einstellung (*medium shot*) Eine Einstellung, die eine Person von den Knien bis zum Kopf zeigt.

der Blickwinkel (*angle of view*) Der Winkel, den die Kamera aufnimmt.

die Detail-Aufnahme (*extreme closeup*) Eine detaillierte Einstellung des Objekts.

die Einstellungsgröße (*camera distance*) Die Entfernung der Kamera von dem Gegenstand, der gefilmt wird.

das Fischauge (*wide angle lens*) Ein Objektiv mit einem extrem weiten Blickwinkel.

die Großaufnahme (*closeup*) Eine sehr nahe Einstellung, die die Umgebung ausschaltet.

die Halbnah-Einstellung (*medium shot*) Zeigt eine Person von Kopf bis Fuß in der Szene.

die Halbtotale (*full shot*) Gleicht der Totale darin, dass sie eine Person oder eine Gruppe aus einer Entfernung zeigt, die dem Szenenbild im Theater gleicht. Es wird die Person nur von Kopf bis Fuß dargestellt.

der Kamera-Standpunkt (*camera angle*) Der Standpunkt der Kamera in Bezug auf das Objekt, das aufgenommen wird.

die Kran-Aufnahme (*crane shot*) Eine Aufnahme, die von einem Fahrgerät gemacht wird, das es ermöglicht, dass die Kamera sich waagerecht und senkrecht bewegt.

die Nahaufnahme (*medium shot*) Eine Einstellung, in der nur die Hälfte einer Person sichtbar ist.

das Objektiv (*lens*) Das Linsensystem der Kamera.

die Panorama-Einstellung (*extreme long shot*) Eine Totale aus einer Entfernung, die ermöglicht, dass eine ganze Landschaft aufgenommen wird. Wird sehr oft bei Establishing Shots gebraucht.

die Schärfentiefe (*deep focus*) Eine Methode die Schärfe so einzustellen, dass Gegenstände im Vordergrund und Hintergrund gleich scharf abgebildet werden.

die subjektive Kamera (*point of view shot*) Die Kamera filmt aus der Position einer der Figuren im Film.

die Totale (*long shot*) Zeigt eine Person oder eine Gruppe aus einer Entfernung, die dem Szenenbild im Theater gleicht.

2. die Handlung (*plot, story*)

die Allegorie (*allegory*) Die symbolische Darstellung eines Begriffs, in der Figuren und Geschehnisse sich nicht selbst repräsentieren und nicht wörtlich zu verstehen sind, sondern auf eine andere Wahrheit hindeuten.

die Bettszene (*bedroom scene*) Eine Liebesszene zwischen zwei Personen, die normalerweise im Schlafzimmer stattfindet.

Chronologisch (*chronological*) Wenn die Geschehnisse nach dem zeitlichen Ablauf dargestellt werden.

das Drehbuch (*screenplay*) Das Manuskript für eine Filmaufnahme.

der Drehort (*location*) Der Ort, wo der Film gedreht wird.

das Erzählkino (*narrative feature films*) Allgemeiner Begriff für Filme, die fiktionale Geschichten erzählen.

der Fernsehfilm (*TV film*) Ein Film, der für das Fernsehen produziert wird.

die Filmographie (*filmography*) Ein Verzeichnis von Filmen.

Freigegeben ab (*used in German ratings*) Kinder und Jugendliche älter als das angegebene Alter dürfen den Film besuchen.

das Genre   Eine Gattung oder Art von Filmen, bzw. Kunstwerken, die bestimmte Merkmale aufweisen. In Hollywood ist der Western oder Horrorfilm eine Gattung. Im deutschen Film stellt der Heimatfilm einen Typ von Genrefilm dar. Andere beliebte Genrefilme sind Thriller, Liebesfilme, Seifenopern, Kriegsfilme, Horror- oder Gruselfilme, Komödien, Krimis, Abenteuerfilme, Kostümfilme, Aktionsfilme, und Splatterfilme.

die Handlung (*plot, story*) Das Geschehen in einem Film, bzw. die Art und Weise, wie sich das Geschehen im Film entwickelt.

das Happy End (*happy end*) Ein gut ausgehender Ausgang einer Geschichte.

der Höhepunkt (*climax*) Der wichtigste oder bedeutendste Moment im Film, nach dem die Handlung allmählich aufgeklärt wird.

der Kassenschlager (*blockbuster*) Ein Film, der viel Geld einbringt.

das Klischee (*cliché*) Eine abgegriffene Idee, die alt wirkt, weil sie so oft verwendet wird.

das Melodram (*melodrama*) Ein Film, der eine leidenschaftliche, tränenreiche Geschichte erzählt und oft von hinreißender Musik untermalt wird.

die Metapher (*metaphor*) Ein bildhafter Ausdruck, der Objekte, Themen, oder Handlungen kennzeichnet, die auf etwas anderes hindeuten.

der Nachspann (*closing credits*) Die am Ende des Films erscheinenden Angaben der Namen von allen, die am Film beteiligt waren. Der Nachspann enthält auch Informationen über die Filmmusik, Spezialeffekte, und Schauplätze.

der narrative Film (*narrative film*) Ein Film, der eine Geschichte erzählt.

der Dokumentarfilm (*documentary*) Ein nichtfiktionaler Film.

das Remake Die Neuverfilmung eines Filmes.

das Stereotyp (*stereotype*) Etwas, was in unveränderlicher Form dargestellt wird, bzw. in formelhafter Form erscheint.

der Trailer Ein Werbefilm, der aus Szenen des Films, für den geworben wird, zusammenstellt wird.

der Trickfilm (*animated film*) Mit technischen Mitteln Material mit Stimmen und Bewegungen beleben.

der Vorspann (*opening credits*) Der Vorspann enthält den Titel des Films und auch eine Liste der wichtigsten Menschen, die am Film teilgenommen haben. (Hauptdarsteller, Regisseur, Drehbuchautor, Studio usw.)

der Untertitel (*subtitle*) Das Einblenden eines schriftlichen Texts unten auf dem Filmstreifen, der Informationen über den Film mitteilt, oder den Dialog des Films in eine andere Sprache übersetzt.

3. die Kamerabewegung (*camera movement*)

die einführende Einstellung (*establishing shot*) Die Einstellung am Beginn einer Sequenz, die den Zuschauern Informationen über Ort, Personen, und Situation mitteilt. (Auch establishing shot genannt.)

die Einstellung (*take or shot*) Das Filmbild, das von dem Zeitpunkt aufgenommen wird, wo die Kamera zu filmen beginnt, bis sie aufhört.

die Fahraufnahme (*tracking or dollyshot*) Eine Filmeinstellung, die von einem beweglichen Fahrzeug (einem Wagen oder einem Kran, zum Beispiel) aufgenommen wird.

die Kamerabewegung (*camera movement*) Die Bewegung der Kamera um eine ihrer drei Achsen (waagerecht, siehe Schwenk; senkrecht, siehe Neigung; oder Quer, siehe Rollen). Die Kamera selbst kann sich vorwärts oder rückwärts auf Schienen oder auf und ab auf einem Kran bewegen (siehe Fahraufnahme).

die Neigung (*tilt*) Die Bewegung der Kamera um ihre senkrechte Achse.

das Panoramieren (*slow pan*) Eine langsame Bewegung der Kamera um die waagerechte Achse.

die Plansequenz (*sequence shot*) Eine lange, kontinuierliche, und komplizierte Einstellung.

der Reiß-Schwenk (*swish pan*) Eine schnelle Bewegung um die waagerechte Achse von recht nach links oder links nach rechts.

das Rollen (*oblique angle shot*) Die Kamera selbst dreht sich so um die Achse, dass der Gegenstand seine Lage ändert.

der Schwenk (*pan*) Die Bewegung der Kamera waagerecht um die Achse.

der Spezialeffekt (*special effect*) Ein Film-Trick.

der Trick (*effect*) Ein Sammelbegriff für Spezialeffekte.

die Zeitlupe (*slow motion*) Wenn bei der Aufnahme die Kamera überdreht wird, d.h. schneller als normal die Bilder filmt, und dann bei Projektion die Aufnahme in normalem Tempo läuft, hat man den Effekt, dass das Aufgenommene sich langsamer als normal bewegt.

der Zeitraffer (*fast motion*) Wenn bei der Aufnahme die Kamera unterdreht wird, d.h. langsamer als normal die Bilder filmt, und dann bei Projektion die Aufnahme in normalem Tempo läuft, hat man den Effekt, dass das Aufgenommene sich schneller als normal bewegt.

4. die Inszenierung (*mise en scène*)

die Ausstattung (*decor*) Ein Begriff der alles außer den Darstellern in der Inszenierung einschließt: Bauten, Requisiten, Kostüme, und Dekorationen.

belichten (*to light*) Den Film dem Licht aussetzen

die Belichtung (*lighting*) Wie ein Film dem Licht ausgesetzt wird.

das Bild (*image*) Der optische Eindruck, der von der Kamera aufgenommen wird.

der Filter   Scheiben aus Glas oder Kunststoff, die vor das Kameraobjektiv gestellt werden, um das aufgenommene Bild zu verändern.

das Führungslicht (*key light*) Die Hauptquelle des Lichts für eine Einstellung. Es bestimmt den Stil der Szene.

das Füll-Licht (*fill-light*) Sekundärlampen, die Schatten aufhellen, die von dem Führungslicht produziert werden.

das Gegenlicht (*backlighting*) Wenn das Objekt von einer Lichtquelle aufgehellt wird, die sich hinter dem Objekt befindet, das dadurch als Silhouette erscheint.

die Inszenierung (*mise-en-scène*) Wie eine Einstellung, bzw. Szene inszeniert wird. Die Anordnung aller Personen und Objekte vor der Kamera.

die Leinwand (*movie screen*) Die Bildwand, auf die der Film projiziert wird.

(die) Mehrfachbilder (*split screen*) Wenn zwei oder mehr getrennte Bilder gleichzeitig im Film (auf der Leinwand) erscheinen.

das natürliche Licht (*natural lighting*) Beleuchtung, die den realen Lichtverhältnissen entspricht.

die Requisite (*prop*) Die beweglichen Gegenstände im Film.

die Szene (*scene*) Ein nicht sehr präziser Begriff für eine Einheit der Filmerzählung.

5. die Schauspieler (*actors*)

der Antagonist, die Antagonistin (*antagonist*) Der normalerweise als negativ angesehene Gegner zu dem Protagonisten, bzw. dem Helden.

die Besetzung (*cast*) Die Personen, die im Film spielen.

der Darsteller, die Darstellerin Die Person (der Schauspieler/die Schauspielerin), die im Film spielt.

die Figur (*character*) Eine Person in einem Film.

der Held, die Heldin (*hero/heroine*) Die Hauptgestalt des Films, besonders wenn er/sie etwas Hervorragendes leistet.

der Protagonist, die Protagonistin Die Hauptfigur des Films, die einem Gegner, einer Gefahr, oder einer feindlichen Welt ausgesetzt wird.

6. der Schnitt/die Montage (*cut/montage*)

abblenden (*to fade out*) Das Bild bis zu Schwarz oder einer Farbe verdunkeln.

die Abblende (*fade out*) Das Verdunkeln des Bildes bis zum Schwarz oder einer Farbe.

der Anschluss (*continuity*) Die Logik zwischen zwei Schnitten, der Zusammenhang zwischen den Schnitten.

Assoziationsmontage Montage ist die Aneinanderreihung von Schnitten oder Filmeinheiten. Wenn man zwei Bildeinheiten so aneinanderreiht, dass ein drittes Bild im Kopf des Zuschauers entsteht, heißt das Assoziationsmontage.

aufblenden (*to fade in*) Das Bild von Schwarz bis zur richtigen Belichtung aufhellen.

die Aufblende (*fade in*) Die Aufhellung eines Bildes von Schwarz zur richtigen Belichtung.

einblenden (*to insert*) Eine Filmaufnahme, bzw. den Ton in einen Film einschalten.

die Einblendung (*insert*) Das Einschalten einer Filmaufnahme in den Film.

der Freeze Frame siehe *Standbild*.

der Gegenschuss (*reverse angle*) Eine Einstellung, die von der gegenüberliegenden Stelle gemacht wird.

der Insert Die Aufnahme eines Details, das in den Film eingeschnitten wird.

der Jump Cut Ein abrupter Szenenwechsel oder sprunghafter Schnitt, der dem Film einen unkontinuierlichen, nervösen Stil leiht.

der Kreuzschnitt (*cross cutting*) Das Alternieren von Aufnahmen aus zwei verschiedenen Sequenzen durch den Schnitt, oft mit der Wirkung, dass es scheint, als ob die Szenen zur gleichen Zeit spielen.

die Montage (*editing; montage*) Montage ist oft synonym mit Schnitt, d.h. verschiedene Einstellungen werden zusammengestellt. Der Begriff bezieht sich auch auf eine schnelle Aneinanderreihung von verschiedenen Einstellungen.

die Parallelmontage (*parallel editing or cross cutting*) Das Alternieren von Einstellungen von zwei getrennten Handlungen, das die Vorstellung gibt, dass die Handlungen zur selben Zeit geschehen.

die Rückblende (*flashback*) Wenn Szenen von vergangenen Ereignissen in die Handlung eingeschnitten werden, um den Zuschauer über schon Geschehenes zu informieren.

der Schnitt (*editing*) Das Aneinanderreihen von verschiedenen Einstellungen des Filmes.

die Sequenz (*sequence*) Das Aneinanderreihen von inhaltlich verbundenen Einstellungen bzw. Szenen.

das Standbild, die Standkopierung (*freeze frame*) Ein eingefrorenes Filmbild.

die Überblendung (*dissolve*) Der Effekt, wenn durch langsames Ab-und Aufblenden zwei Szenen in einander übergehen.

der Zwischenschnitt (*insert*) Die Aufnahme eines Details, das in den Film eingeschnitten wird.

7. der Stil (*style*)

der Auteur (*Auteur*) Ein Regisseur mit einem für ihn charakteristischen Stil.

das Ciméma vérité (*cinéma vérité*) Eine Art von Verfilmung, die sich so wenig wie möglich in die Situation vor der Kamera einmischt.

der Expressionismus (*expressionism*) Ein Stil von extrem individualistischer Verfilmung, der bis zur Verzerrung des Bildes reichen kann. Auch eine ästhetische Bewegung in Kunst, Musik, Theater und Film vom Anfang des zwanzigsten Jahrhunderts bis zu den 20er Jahren.

der Film Noir (*film noir*) Ein französischer Begriff, der kriminelle Filme beschreibt, die in einer dunklen und zynischen Welt spielen.

die Handkamera (*hand-held camera*) Eine leichte Kamera, die man in der Hand beim Aufnehmen hält.

der Kameramann (*cinematographer*) Die Person, die die optischen Ideen des Regisseurs realisiert.

der Realismus (*realism*) Ein Stil, der das Objekt filmt, ohne es durch Kameratechnik zu manipulieren.

der Regisseur, die Regisseurin (*director*) Die Person, die die Ideen und Themen des Drehbuchs in einen Film umsetzt.

8. der Ton (*sound*)

die Filmmusik (*score*) Die Musik, die den Film begleitet.

(die) Geräusche (*sound effects*) Eine der drei Ebenen des Filmtons. Die anderen zwei sind Musik und Sprache.

der Kommentar (*commentary*) Der Text, der Informationen über die Bilder, bzw. die Themen des Films anbietet.

die Musik (*music*) Die Musik, die die Bilder des Films begleitet. Musik kann im Off sein, wo die Quelle nicht sichtbar ist oder sie kann synchron sein, wo die Quelle sichtbar ist.

der Off-Ton (*non-diegetic sound*) Der Ton, der keine Quelle in der gefilmten Welt hat. Der Ton kann nur von den Zuschauern gehört werden.

der Synchronton (*diegetic sound*) Die Quelle des Tons, ob Sprecher oder Musik, ist in der Welt des Films. (Gegensatz, siehe Off-Ton)

der Ton (*sound*) Geräusche, Musik, oder Stimmen, die die Bilder begleiten.

CHAPTER 1

Der blaue Engel

PERSONEN

Professor Immanuel Rath
Lola Lola
Kiepert, Zauberkünstler
Guste, Kieperts Frau
Mazeppa
Der Clown
Gymnasiasten
Der Rektor
Der Wirt des blauen Engels
Der Kapitän

VHS/DVD Deutsch mit englischen Untertiteln
Unrated. 99 Minuten. 1930

Der Film enthält zwei Akte, die in 24 Szenen eingeteilt sind. Es empfiehlt sich, dazu vier fünfzig Minuten Kurzstunden zu verwenden, um das Material des Films zu behandeln und mindestens eine Stunde am Ende, um den Film zu besprechen.

SZENENFOLGE

nach dem Buch *Der blaue Engel,* ed. Hart Wegner (Harcourt Brace Jovanovich, 1982)

I. Raths Leben vor seiner Ehe mit Lola Lola

Szenen 1-4

Szene 1   Vorspann

Szene 2   Bei Rath

Szene 3   Im Gymnasium

Szene 4   Bei Rath

Der Vorspann führt uns in das Marktleben eines kleinen deutschen Städtchens ein. Dieses Bild wird durch Raths Wohnung abgelöst. Immanuel Rath, Professor am Gymnasium des Ortes, wird als ein solider aber auch einsamer und verklemmter Bürger dargestellt. Das erkennen wir an seiner Haltung seinen Schülern gegenüber, sobald er ins Klassenzimmer eintritt, die er mit einem barschen „Setzen" begrüßt. Eigentlich ist der Professor ein Tyrann im Klassenzimmer, was klar wird an dem Spitznamen „Unrath", den die Schüler verwenden--und nicht immer hinter seinem Rücken. An diesem Tag erwischt Professor Rath einen der Schüler beim Anschauen eines erotischen Fotos der Sängerin Lola Lola. In der darauf folgenden Szene bekommt er von dem Primus der Klasse, einem brillentragenden, schniefenden Typ, heraus, dass die anderen Jungs ihre Nächte bei Lola Lola im Blauen Engel, einem verkommenen Lokal, verbringen.

Fragen

1. Beschreiben Sie die erste Szene! Wo findet sie statt? Was für eine Atmosphäre herrscht? Was hören wir?

2. Warum pfeift der Professor am Frühstückstisch?

3. Warum singt der Vogel im Käfig nicht?

4. Was macht die Haushälterin mit dem Vogel und was sagt sie dabei?

5. Welche Bedeutung hat die Szene mit dem Vogel für den Professor?

6. Warum stehen die Schüler alle um Lohmann am Anfang von Szene zwei?

7. Was macht Professor Rath, bevor er mit dem Unterricht anfängt?

8. Welches Fach unterrichtet Professor Rath am Gymnasium?

9. Was liest die Klasse gerade?

10. Warum ärgert sich Professor Rath über den Schüler Ertzum?

11. Warum ertönt das Lied *Der Palmbaum,* als Professor Rath das Fenster aufmacht? (Der Text des Liedes folgt den Fragen.)

12. Warum ärgert er sich über Lohmann?

13. Warum fällt der Primus zu Boden, als er die Schule verlässt?

14. Was erzählt der Primus Rath?

Der Palmbaum
SIMON DACH

Ännchen von Tharau ist, die mir gefällt,
Sie ist mein Leben, mein Gut und mein Geld.

Ännchen von Tharau hat wieder ihr Herz
Auf mich gerichtet in Lieb und in Schmerz.

Ännchen von Tharau, mein Reichtum, mein Gut,
Du meine Seele, mein Fleisch und mein Blut!

Käm alles Wetter gleich auf uns zu schlahn,
Wir sind gesinnet, beieinander zu stahn.

Krankheit, Verfolgung, Betrübnis und Pein
Soll unsrer Liebe Verknotigung sein.

Recht als ein Palmenbaum über sich steigt,
Je mehr ihn Hagel und Regen anficht,

So wird die Lieb in uns mächtig und groß
Durch Kreuz, durch Leiden, durch allerlei Not.

Würdest du gleich einmal von mir getrennt,
Lebtest da, wo man die Sonne kaum kennt,

Ich will dir folgen durch Wälder, durch Meer,
Durch Eis, durch Eisen, durch feindliches Heer.

Ännchen von Tharau, mein Licht, meine Sonn,
Mein Leben schließ ich um deines herum.

Szenen 5-7

Szene 5   Auf der Bühne im „Blauen Engel"/Auf der Straße vor
dem „Blauen Engel"

Szene 6   In Lolas Garderobe

Szene 7   In Lolas Garderobe

Szene fünf stellt Lola Lola vor, die auf der Bühne das Lied „Die fesche
Lola" singt.

Ich bin die fesche Lola,
Der Liebling der Saison.
Ich hab' ein Pianola
       zu Haus' in mein' Salon.
Ich bin die fesche Lola
Mich liebt ein jeder Mann,
Doch an mein Pianola,
       da lass ich keinen' ran.

Doch will mich wer begleiten
Da unten aus dem Saal,
Dem hau' ich in die Seiten (Saiten)
Und tret' ihm uf's Pedal.

Außerhalb des Lokals geht Rath die Straße entlang und sucht das Lokal
„Der blaue Engel". Aus einer anderen Kneipe ertönt das Volkslied „Es war
einmal ein treuer Husar", das die Geschichte eines braven Husars erzählt.
In der Ferne hören wir ein Nebelhorn. Im „Blauen Engel" singt Lola
Lola, dass sie „einen richtigen Mann sucht" genau zu der Zeit als Rath die
Kneipe betritt. Rath aber merkt nichts davon, da er seine Schüler erblickt
hat, und ihnen nachrennt. In der nächsten Szene lernt Rath Lola Lola
kennen, die mit ihm flirtet. Ihr Schmeicheln gefällt dem alten Mann, der,
wie aus der ersten Szene klar wurde, ein einsames Leben führt. Das Flirten
hört auf, als Rath einen Schüler ertappt, der sich hinter einer spanischen
Wand versteckt.

Es war einmal ein treuer Husar

Es war einmal ein treuer Husar,
der liebt sein Mädchen ein ganzes Jahr,
|: Ein ganzes Jahr und noch viel mehr,
die Liebe nahm kein Ende mehr. :|

Und als man ihm die Botschaft bracht,
dass sein Herzliebchen am Sterben lag,
|: da ließ er all sein Hab und Gut
und eilte seinem Herzliebchen zu. :|

Ach Mutter, bring geschwind ein Licht,
mein Liebchen stirbt, ich seh es nicht,
|: das war fürwahr ein treuer Husar,
der liebt sein Mädchen ein ganzes Jahr. |

Das Lied von dem richtigen Mann

Frühling kommt, der Sperling piept, Duft aus Blütenkelchen,
Bin in einen Mann verliebt und weiß nicht in welchen,
Ob er Geld hat, ist mir gleich,
Denn mich macht die Liebe reich.
Kinder, heut' abend da such' ich mir was aus
Einen Mann, einen richtigen Mann.
Kinder, die Jungs hängen mir schon zum Halse raus.
Einen Mann, dem das Herze noch in Liebe glüht,
Einen Mann, dem das Feuer aus den Augen sprüht,
Kurz, einen Mann, der noch küssen will und kann,
Einen Mann, einen richtigen Mann.

Männer gibt es dünn und dick, groß und klein und kräftig.
And're wieder schön und chic, schüchtern oder heftig.
Wie er aussieht - mir egal
Irgendeinen trifft die Wahl.

Kinder, heut' abend, da such' ich mir was aus,
Einen Mann, einen richtigen Mann.
Kinder, die Jungs häng' mir schon zum Halse heraus,
Einen Mann, einen richtigen Mann.
Einen Mann, dem das Feuer aus den Augen glüht,
Einen Mann, dem das Feuer aus den Augen sprüht.

Fragen

1. Warum setzt der Regisseur das Lied des braven Husars in diese Stelle ein?

2. Beschreiben Sie das Bühnenbild, als Szene vier beginnt. Wer steht auf der Bühne? Welches Lied wird gesungen?

3. Wie wird Lola Lola von dem Lied „die fesche Lola" charakterisiert?

4. Welchen Beruf hat wahrscheinlich die Dame auf der Straße, als wir Professor Rath sehen?

5. Wer kommt ins Lokal, als Lola die Worte „einen richtigen Mann" singt?

6. Was für Männer werden im Lied beschrieben?

7. Wen sieht Rath an der Theke stehen?

8. Wie nennt der Professor die Sängerin Lola Lola?

9. Wen sieht Lola hinter der Wand, als sie beginnt, sich umzukleiden?

10. Wo zieht Lola sich um?

11. Wie flirtet Lola mit dem Professor?

12. Wer kommt in die Garderobe?

13. Was steckt der Schüler Goldstaub in Raths Tasche?

14. Was ist Kiepert von Beruf?

15. Beschreiben Sie den Auftritt des Clowns. Wann sehen wir ihn? Was sagt er? Wo steht der Professor, als wir den Clown erblicken?

Szenen 8-10

Szene 8   In Raths Wohnung / In der Schule / Im „Blauen Engel"

Szene 9   In der Garderobe im „Blauen Engel"

Szene 10
Bei Lola in der Garderobe

Am Tag nach seinem Besuch im Nachtklub „Der blaue Engel" wacht Professor Rath verstört auf. Er greift in seine Jackentasche und findet dort Lolas Unterwäsche, mit der er seine Stirn abwischt. Dann geht er in die Schule, als er die Turmuhr, die schon acht schlägt, hört. Die Atmosphäre im Klassenzimmer ist diesmal aber ganz anders, da Rath sehr in seine Gedanken versunken ist. Die Szene wechselt zur Straße, wo im Gegensatz zum vorigen Abend, Rath bewusst schnell auf sein Ziel zu die Straße entlang geht. Im Lokal unterhält sich Lola mit Raths Schülern über Raths Besuch am Tag zuvor. Plötzlich erspäht einer der Schüler den Professor, als er in den „Blauen Engel" kommt, und die Jungs verstecken sich im Keller.

Lola hat ihren Spaß mit Professor Rath, indem sie ihm Puder ins Gesicht bläst. Der arme Mann hustet wegen des Puders heftig, was Lola die Gelegenheit gibt, ihn verführerisch zu trösten. In der darauf folgenden Szene kommen Kiepert und der Wirt in die Garderobe. Lola sollte einen Kapitän, der eine Flasche Sekt spendiert hat, bewirten. Als sie sich weigert, versucht Rath den Kapitän aus der Garderobe zu werfen. Der Kapitän holt einen Polizisten und Rath muss sich dann im Keller verstecken, wo seine Schüler sich verbergen.

Wortschatz

Welche Wörter in Liste A sind mit Wörtern in Liste B verwandt?

verstecken	die Künstlerin
flirten	ertappen
die Kneipe	der Halbstarke
die Sängerin	der Nachtklub
zum Wohl	der Polizist
die Unterwäsche	verbergen
die Fremdenpension	der Magier
erwischen	prost
der Rowdy	liebäugeln
der Wachtmeister	das Höschen
der Zauberkünstler	das Hotel

Strukturen

Präpositionen: Ergänzen Sie die folgenden Sätze, die die Handlung in den ersten 9 Szenen beschreiben, indem Sie die richtigen Präpositionen einsetzen..

1. _____ (Auf/In/An) dem Marktplatz werden Gänse verkauft.

2. Die Frau schüttet das Wasser _____ (gegen/in/auf) das Fenster.

3. Professor Raths Haushälterin stellt sein Essen _____ (an/auf/über) den Tisch.

4. Die Frau wirft den Vogel _____ (unter/in/an) den Ofen.

5. _____ (Aus/Von/In) der Ferne hört man die Kirchturmuhr.

6. Jeder eilte, sobald Rath _____ (ins/ans) Zimmer kam, sofort _____ (zu/auf) seinen Platz zurück.

7. Eine Melodie wird _____ (aus/von) einer Kneipe hörbar.

8. Lola geht _____ (an/auf) die Bühne _____ (mit/für/um) eine weitere Nummer.

9. Rath stößt _____ (auf/mit/in) dem Clown zusammen.

10. Man hört den Beifall _____ (aus/von) der Bühne.

11. Lola geht _____ (in/unter/hinter) die spanische Wand.

12. Rath hört etwas und schaut _____ (seit/nach/zu) oben. Lola nimmt Rath _____ (auf/mit/bei) den Schultern und dreht ihn um.

13. Lola bereitet sich _____ (vor/für) ihren Auftritt vor.

14. Die Sängerin beugt sich _____ (unter/auf/an/über) das Klavier.

15. Rath wird _____ (bei/durch/von) ein Geräusch geweckt.

16. Kiepert schiebt den Clown _____ (bei/für/vor) sich her.

17. Lola steht _____ (auf/vor/über) einem Spiegel und schaut sich noch einmal an.

18. Rath schüttelt sich _____ (von/vor) Husten.

Marlene Dietrich

Obwohl Marlene Dietrich vor dem Auftritt im *blauen Engel* schon in einigen Filmen gespielt hat, wurde sie erst durch ihre Rolle als Lola Lola ein echter Filmstar. Laut einer Filmlegende wäre das aber beinahe nicht geschehen. Am Anfang wollte das UFA-Studio die Rolle nicht mit der jungen Schauspielerin besetzen, da sie relativ unbekannt war, besonders für einen so bedeutenden Film wie *Der blaue Engel*, der obwohl er nicht der erste Tonfilm des Ateliers war, sein teuerster war. Das UFA-Atelier importierte den Regisseur Josef von Sternberg aus Hollywood, um dieses wichtige Projekt zu leiten, und Sternberg brachte den oskargekrönten deutschen Schauspieler Emil Jannings mit sich aus Amerika. Nach der Legende hat Sternberg Dietrich per Zufall in einer Revue in Berlin entdeckt, und danach bei den Studiobossen darauf bestanden, dass nur sie die Rolle spielen könne. Nach dem Erfolg des Films folgte Dietrich Sternberg nach Hollywood, wo sie sechs weitere erfolgreiche Filme mit ihm machte.

Szene 10
Fir Lolas Garderobe

Die Sängerin hat den Professor durch eine Falltür in den Keller geschoben, wo seine Schüler sich auch verstecken. Während oben der Kapitän und der Polizist streiten, entdeckt Professor Rath die Schüler und schiebt, beziehungsweise zieht sie aus dem Versteck. Als die Szene endet, rufen die Schüler durch ein offenes Fenster „Unrath", den Spitznamen des Professors.

Lola schiebt den Professor durch die Falltür in den Keller. Er dreht sich noch einmal protestierend um.

Lola und Kiepert machen die Falltür zu und atmen erleichtert auf.

LOLA   Wir werden im Keller noch' ne Fremdenpension aufmachen müssen.

Vor der Garderobentür versucht Guste, den Polizisten aufzuhalten.

Ringsherum stehen der Wirt, der Kapitän, der Clown, Bühnenarbeiter und sonstige Zuschauer. Es herrscht ein vollkommenes Durcheinander.

POLIZIST   Ruhe bitte.

Der Polizist geht in die Garderobe. In der Tür stehen der Wirt und der Kapitän; sie folgen ihm langsam ins Zimmer.

POLIZIST   Der Herr behauptet, dass hier eine Körperverletzung begangen worden ist.

KAPITÄN   Kaltmachen wollt er mich, kaltmachen!

KIEPERT   Wer?

POLIZIST   Na, wer denn?

KAPITÄN   Nun, wo hat sich denn der Rowdy verkrochen?

GUSTE   Den schreiben Sie auf, Herr Wachtmeister. Der hat mich auf der Bühne überfallen.

POLIZIST   Ja, ist gut. Reden Se keinen Quatsch.

KAPITÄN   Wo haben Sie den denn versteckt, Sie Gauner?

WIRT   Was wollen Sie von mir, alter Säufer, Sie? Ich war doch draußen, nicht?

Der Polizist geht an das Treppengeländer und sieht hinauf. Da hört man Raths Stimme.

RATH   Hierher. Kommen Sie hierher.

Der Polizist hält erstaunt inne und horcht. Auch der Kapitän sieht verwirrt um sich, bis ihm klar wird, dass die Stimme aus dem Boden kommt.

RATH   Endlich habe ich Sie!

Die Falltür öffnet sich und Lohmann steigt herauf, gefolgt von Rath, der Goldstaub und Ertzum hinter sich herzieht.

RATH   Kommen Sie herauf. Endlich, so, jetzt. Ihre Stunde hat geschlagen. Kommen Sie herauf, Sie auch, Sie auch. Ihr Lümmels! Ihr Lümmel!

Der Polizist macht die Falltür zu, während der Kapitän Rath, der sich würdevoll den Staub von der Kleidung klopft, beschuldigt.

KAPITÄN   Da ist er! Kalt wollt er mich machen. Herr Wachmeister, da ist er.

POLIZIST   Verzeihung, Herr Professor...

KAPITÄN   Mädchenhändler hat er mich genannt.

POLIZIST   Ruhe! Verzeihung, Herr Professor, der Mann verlangt, dass ich Anzeige erstatte.

RATH   Erstatten Sie Anzeige. Ich werde auch Anzeige erstatten.

KAPITÄN   Was heißt hier Anzeige erstatten? Verhaften Sie den Kerl!

POLIZIST   Sind Sie endlich ruhig!

KAPITÄN   Ach, mich wird hier keiner ruhig machen!

POLIZIST   So, das wollen wir doch mal sehen. Auf die Wache!

KAPITÄN   Kalt wollt' er mich machen! Mädchenhändler hat er mich genannt! (*Während er weggeschleppt wird, brüllt er durchs Lokal.*) Mädchenhändler hat er zu mir gesagt! Das lasse ich mir nicht gefallen!

Der Polizist schiebt den Kapitän aus der Tür durch die dort stehende Menschenmenge. In der Garderobe marschiert Rath vor den drei Schülern auf und ab, aber diese sehen nicht sonderlich besorgt aus. Lohmann zieht eine Zigarette heraus.

RATH   Sie sind sich wohl darüber im Klaren, welche Folgen dieser Vorfall für Sie haben wird. (*Wütend hält er vor Lohmann inne, der sich gerade die Zigarette anzündet.*) Nehmen Sie die Zigarette aus dem Mund! (*Als Antwort bläst Lohmann ihm den Rauch ins Gesicht!*) Sie sollen die Zigarette aus dem Mund nehmen!

Lohmann sieht Rath nur frech an. Da verliert Rath die Geduld und schlägt ihm die Zigarette aus dem Gesicht.

RATH   Gestehen Sie! Was suchen Sie hier?

GOLDSTAUB Dasselbe, was Sie hier suchen, Herr Professor.

Vollkommen die Kontrolle verlierend ohrfeigt Rath zuerst Goldstaub und dann Ertzum. Er schiebt sie zur Tür hinaus.

RATH   Hinaus, hinaus! *Die Jungen fliehen.* Wir sprechen uns
                noch!

Der Clown lehnt am Spiegel und betrachtet die Szene. Dann verlässt er mit höhnischer Miene das Zimmer. Rath steht mitten im Zimmer und putzt seine Brille. Guste geht auf ihn zu und klopft ihm auf die Schulter.

GUSTE   Das ham' Se fein gemacht, Professorchen. Nu gießen Se
                ma' eins hinter die Binde.

Sie bietet ihm ein Glas Bier an und er trinkt einen Schluck.

Plötzlich wird das Fenster aufgestoßen und die drei Schüler stecken ihre Köpfe in den Raum.

ALLE DREI   Unrath, Unrath!

Rath stürzt ans Fenster und lehnt sich weit hinaus. Er winkt, droht ihnen mit seinem Bierglas und brüllt ihnen nach.

RATH   Elende Buben! Wir sprechen uns noch. Wir sprechen . . .
                wir sprechen uns.

Fragen

1. Warum schiebt Lola den Professor in den Keller?

2. Wer versteckt sich schon im Keller?

3. Warum hat sich der Kapitän so aufgeregt?

4. Warum will Guste, dass der Kapitän aufgeschrieben wird?

5. Was bedeutet, „Ihre Stunde hat geschlagen"?

6. Wie reagiert Professor Rath, als er hört, dass der Kapitän ihn
    anzeigen will?

7. Beschreiben Sie den Clown in dieser Szene? Welche Rolle hat er?

8. Was schlägt Guste dem Professor vor, nachdem alles vorbei ist?

9. Wie zeigen die Jungs, dass sie keinen Respekt vor dem Professor
    haben?

Aufgaben

1. Sehen Sie die Drehanweisungen für Szene 10 noch einmal an.
    Suchen Sie alle Präpositionen aus und identifizieren und erklären
    Sie den Kasus, d.h., sagen Sie, ob Akkusativ, Dativ, oder Genitiv
    mit der Präposition verwendet wird und warum.

2. Wortschatz

Für jeden Ausdruck in Liste A finden Sie den entsprechenden Ausdruck in Liste B!

vor sich hinschimpfen	ernsthaft über etwas nachdenken
nach vorne drängen	Ihr Talent ist mir egal.
mit den Schultern zucken	Sie kommen nicht ohne Strafe weg.
in einer Sache vertieft sein	jemanden nicht ertragen
sich an jemanden wenden	Sagen Sie die Wahrheit.
Wir sprechen uns noch.	die Achseln nach oben ziehen
jemandem ein Bein stellen	Magst du mich jetzt?
nicht leiden können	eine Sache leise beklagen
Heraus mit der Wahrheit!	jemanden um etwas bitten
Was geht mich Ihre Kunst an?	jemanden stolpern lassen
Wie gefalle ich Ihnen jetzt?	vorwärts drücken

Lola Lola (Marlene Dietrich) streichelt das Kinn des Professors (Emil Jannings).

Fragen zum Standfoto

1. Was steht auf dem Tisch in diesem Foto?
2. Wer steht am Rande des Fotos?
3. Was steht auf dem Plakat auf der rechten Seite des Zimmers?
4. Wie ist Lola Lola gekleidet?
5. Wie wird dieses Verhältnis in der Inszenierung der Szene untermalt?
6. Wohin führt die Wendeltreppe auf der rechten Seite?

Szenen 11-14

Szene 11   In der Kneipe

Szene 12   Bei Lola

Szene 13   In der Schule

Sehen Sie sich das Standfoto am Anfang des Kapitels an. Das Foto stellt Lola Lola dar, als sie das Lied „Ich bin von Kopf bis Fuß auf Liebe eingestellt" singt. Die Worte des Liedes, das zur Erkennungsmelodie des Filmstars Marlene Dietrich wurde, zeigt die elementare Naturhaftigkeit dieser Frau. Die Worte des Liedes lauten:

Ich bin von Kopf bis Fuß auf Liebe eingestellt,
Denn das ist meine Welt und sonst gar nichts.
Das ist - was soll ich machen - meine Natur,
Ich kann halt lieben nur und sonst gar nichts.
Männer umschwirren mich wie Motten um das Licht
Und wenn sie verbrennen, dafür kann ich nichts.
Ich bin von Kopf bis Fuß auf Liebe eingestellt,
Denn das ist meine Welt und sonst gar nichts.

Fragen

1. Beschreiben Sie alles, was dieses Foto zeigt.
2. Was geschieht im Film direkt vor und nach dieser Szene?
3. Wie hat der Regisseur Josef von Sternberg die Szene konstruiert, um unsere Aufmerksamkeit auf Lola Lola zu lenken?
4. Wo sitzt der Professor, als die Sängerin singt?
5. Beschreiben Sie Lolas Charakter durch das Lied, das sie singt.

In Szene 12 und 13 sehen wir, wie der Professor durch das Lied und zuviel Alkohol verführt, die Nacht bei der Sängerin verbringt. Am Morgen scheint er zuerst desorientiert zu sein, besonders als er hört, wie Lola ihn mit Vornamen anspricht. Nachdem die Sängerin ihm beim Frühstück Kaffee einschenkt, mit drei Würfeln Zucker, und ihn „Süßer" nennt, gefällt ihm die Situation. Leider ertönt in diesem Moment die Melodie des Glockenspiels und erinnert Rath an die Uhrzeit. Er eilt in die Schule.

Das Glockenspiel spielt eine Melodie aus der Oper Die Zauberflöte, in der Papageno, ein Vogelfänger, sich eine Frau wünscht. Der Originaltext aber kommt nicht aus der Oper sondern aus einem Gedicht von Ludwig Christoph Heinrich Hölty.

Üb immer Treu und Redlichkeit (1776)

Üb immer Treu und Redlichkeit
Bis an dein kühles Grab
Und weiche keinen Fingerbreit
Von Gottes Wegen ab.
Dann wirst du wie auf grünen Auen
Durchs Pilgerleben gehn,
Dann kannst du sonder Furcht und Graun
Dem Tod ins Auge sehn.

Üb immer Treu und Redlichkeit
Bis an dein kühles Grab
Und weiche keinen Fingerbreit
Von Gottes Wegen ab.
Dann suchen Engel deine Gruft
Und weinen Tränen drauf,
Und Sommerblumen, voll von Duft,
Blühn aus den Tränen auf.

Fragen

1. Welchen Sinn haben die Worte des Gedichts für den Film?

2. Warum sagt Lola Lola „ach, du Süßer" zum Professor beim Frühstück?

3. Worauf warnt Lola den Professor, er sollte aufpassen, als er die Treppe hinuntergeht?

In der Schule kann Rath seine Schüler nicht beruhigen. Einer hat eine Zeichnung auf die Tafel gemacht, die den Professor in kompromittierenden Situationen zeigt. Der Direktor des Gymnasiums eilt ins Zimmer, schickt die Jungen hinaus, und kündigt dem Professor, nachdem Rath zugibt, dass er Lola liebt und sie heiraten wird.

Musik des Films

Als einer der ersten Tonfilme sollte es nicht überraschen, dass Musik eine wichtige Rolle in diesem Film spielt. Die Lieder, die Marlene Dietrich auf der Bühne singt, wurden von Friedrich Holländer komponiert und unterstreichen sowohl Lolas verführerische Natur wie auch das Verhältnis der zwei Liebhaber. Vom ersten zum letzten Lied erläutern sie, warum Lola Lola und Professor Rath auf eine Weise handeln, die nur zu dem tragischen Schicksal des Professors führen kann. Das erste Lied, „Die fesche Lola", stellt die Sängerin als eine spielerische Kokette dar. Das zweite, „Ich will einen Mann", zeigt eine Frau, die sich nach Liebe sehnt, und einen Mann, der Liebe braucht. Das dritte, „Ich bin von Kopf bis Fuß auf Liebe eingestellt", beschreibt eine verführerische und amoralische Frau, gegen die Rath sich nicht wehren kann, auch wenn seine Liebe zu ihr sein Ende sein wird. Ein viertes Lied, das Lola während der Tournee singt, „Nimm dich in acht vor blonden Frauen", spiegelt den Gedanken ihres ersten Liedes, „Die fesche Lola", wider, diesmal aber als Warnung ohne den spielerischen Ton des ersten Liedes.

Außer den Liedern, die von Holländer komponiert wurden, enthält der Film einige Volkslieder, die auch die Geschichte kommentieren. So ertönt schon im Vorspann die Volksmelodie „Üb immer Treu und Redlichkeit", die auf die Kluft in der moralischen Einstellung des Professors und der Sängerin hindeutet. Und kurz bevor der Professor Lolas Bild auf einem Foto seines Schülers sieht, dringen die Worte eines Gedichts von Simon Dach durchs Fenster, „Sie ist mein Leben, mein Gut und mein Geld". Und als der Professor auf dem Weg zum „Blauen Engel" ist, spielt ein Fragment des Volkslieds „Es war einmal ein treuer Husar", der von einer tragischen Liebe erzählt.

Wortschatz

Für jeden Ausdruck in Liste A finden Sie den entsprechenden Ausdruck in Liste B!

Halt's Maul!	tief über etwas nachdenken
sich in Sicherheit bringen	Wer zahlt dafür?
nicht vorhanden sein	auf etwas trinken
den Kopf zerbrechen	Er versteht völlig.
imstande sein	Sprich nicht weiter!
in Verlegenheit bringen	Hören Sie auf, das zu sagen!
Wer wird spendieren?	Meinen Sie das wirklich?
Machen Sie, dass Sie raus kommen!	weglaufen/sich verstecken
die Sache begießen	können
Es wird ihm klar.	nicht zu haben
Ihre Stunde hat geschlagen.	etwas tun, was einem peinlich ist
Das kann doch nicht Ihr Ernst sein?	Verschwinden Sie!
Ich verbiete mir jede weitere Bemerkung.	Sie werden bestraft werden.

II. Raths Leben mit Lola Lola

Szenen 14-17

Szene 14   Heiratsantrag und Hochzeitsfeier

Szene 15   Im Hotel (1924-1929)

Szene 16   In der Garderobe eines Kabaretts

Szene 17   Ankunft im „Blauen Engel"

Nachdem Professor Rath vom Direktor gekündigt wird, eilt er zum „Blauen Engel" um Lola einen Heiratsantrag zu machen. Ihm wird gesagt, dass das Engagement der Kabaretttruppe im „Blauen Engel" vorbei ist, und dass Lola sich in ihrem Zimmer befindet, wo sie sich für ihre Abreise bereit macht. Lola lacht über Raths Antrag, bevor sie ja sagt, ihn umarmt und küsst. Auf der kleinen Hochzeitsparty amüsieren sich alle, besonders als Kiepert ein Ei aus Raths Nase zieht und der Professor nachher wie ein Hahn kräht, während Lola wie eine Henne gackert. (Am Ende des Films wird diese Szene wieder aufgenommen, aber in einer veränderten

Form, die das Pathos der Situation hervorhebt.) In den folgenden Szenen wird gezeigt, wie Raths Leben immer weiter abwärts geht, je länger er mit Lola zusammen ist. Der Tiefpunkt wird erreicht, als Kiepert einen Vertrag für ein Engagement im „Blauen Engel" abschließt, wo Rath die Hauptattraktion werden soll. Als die Truppe im „Blauen Engel" ankommt, erkennt man an der Einrichtung, dass die Kneipe über die Jahre gediehen ist. Lola flirtet mit Mazeppa, einem gut aussehenden Mann, der in einem Kraftakt spielt.

Fragen

1. Wozu ermahnt Rath Lola, als die Sängerin über seinen Heiratsantrag lacht?

2. Welche Melodie spielt kurz im Hintergrund auf der Hochzeitsfeier?

3. Was wird auf einer Hochzeits- oder Geburtstagsfeier oft als Trinkspruch gesungen? (Hinweise: Es wird im Film auf der Hochzeitsparty gesungen.)

4. Was zieht Kiepert aus Raths Nase?

5. Was denkt Kieperts Frau über seine Rede?

6. Warum hat Lola die Postkarten eingepackt?

7. Was hält Rath von den Karten?

8. Woran sehen wir, dass der Professor heruntergekommen ist?

9. Wie kühlt Rath die Brennschere ab?

10. Woran sehen wir, dass die Zeit vergeht?

11. Was gibt Kiepert Rath zum Rauchen?

12. Warum ist Kiepert guter Laune?

13. Was verweigert Rath?

14. Woran erkennen wir, dass Mazeppas Kraftakt nicht erfolgreich war?

15. Warum bleibt Mazeppa im „Blauen Engel"?

Szenen 18-22

Szene 18   Im „Blauen Engel"/Am Abend von Raths Auftritt

Im „Blauen Engel" ist alles wegen des Auftritts von Professor Rath ausverkauft. Auf der Bühne ist Lola zu sehen, die „Nimm dich in acht vor blonden Frauen" singt.

Nimm dich in acht vor blonden Frauen

Nimm dich in acht vor blonden Frauen,
Die haben so etwas Gewisses.
S'ist ihnen nicht gleich anzuschauen,
Aber irgendetwas ist es.
Ein kleines Blickgeplänkel sei erlaubt dir.
Doch denke immer: Achtung vor dem Raubtier!
Nimm dich in acht vor blonden Frauen.
Die haben so etwas Gewisses.

Szene 19   Lola, Mazeppa, und Rath in der Garderobe

Szene 20   Auf der Bühne/Kiepert und Rath

Szene 21   Ebenfalls auf der Bühne

Szene 22   Ebenfalls auf der Bühne/Professor Rath/Kiepert

Kiepert versucht Rath mut einzuflößen denn er muss auf die Bühne. In der Garderobe flirten Mazeppa und Lola miteinander, während Rath zusieht. Rath wird endlich gezwungen auf die Bühne zu treten. Sobald er auf der Bühne erscheint, hört man Rufe aus dem Zuschauerraum. Kiepert hat seinen Spaß an Rath, indem er dessen Zylinder mit einem Dolch durchsticht und dabei sagt, dass alles leer ist. Am Ende beim Herausfliegen einer Taube aus dem Zylinder, als Kiepert sich über den Professor lustig macht und sagt, dass Rath keinen Vogel mehr hat, werden die Zuschauer unruhig, einige, weil sie für Rath Sympathie empfinden, andere weil sie mehr sehen wollen.

Rath will nicht beim nächsten Trick mitmachen, wo er krähen soll, wenn Kiepert ihm Eier aus der Nase zieht. Als er aber sieht, wie Lola und Mazeppa sich küssen, schnappt er über und kräht laut und kräftig.

Szene 21
Auf der Bühne

Ein Teil des Publikums kommt ins Bild. Ein Herr in Frack und Zylinder steht wütend auf.

DER HERR   Solch eine Schweinerei. Die Polizei muss kommen.

EIN ANDERER AUS DEM SAAL Ach, halten Sie doch's Maul.

Applaus ertönt. Hinter seiner Theke steht der Wirt und freut sich über den Publikumserfolg dieser Nummer.

WIRT   Herr Direktor, meine Eier sind mir alle geworden. Möchten Sie mir welche hervorzaubern?

Kiepert verbeugt sich höflich zum Wirt hinüber, während Raths Blick hinter die Kulissen wandert.

KIEPERT   Selbstverständlich, Herr Direktor, natürlich, mit großer Freude kann ich das. Meine Damen und Herren, ich werde mir also erlauben, Ihnen sofort einige Eier aus der Nase meines August hervorzuzaubern.

Während er spricht, bewegt sich Rath langsam auf den Bühneneingang zu. Seine Haltung ist gebeugter denn je. Das Publikum lacht und pfeift. Kiepert eilt ihm nach, um seinen Abgang zu verhindern.

KIEPERT   (*zu Rath*) Nimm doch deine Gedanken zusammen, August! Warst doch schließlich mal Professor! (*Pfuirufe ertönen aus dem Publikum.*) Meine sehr verehrten Damen und Herren, ich weiß, Sie nehmen alle an, mein August hat die Eier bereits unter dem Zylinder. Weit gefehlt. (*Er nimmt Rath den Hut ab und enthüllt eine zweite Taube.*) Noch ein Täubchen.

Die Kapelle spielt einen Tusch. Das Publikum ist außer Rand und Band; das Jubeln und Pfeifen findet kein Ende. Zwischenrufe „Eier, Eier" füllen den Saal.

KIEPERT   Sofort, sofort, meine sehr verehrten Damen und Herren. Sie werden gleich bedient. (*Er fuchtelt mit der Hand vor Raths Gesicht herum.*) Eins, zwei, drei, ein Ei. (*Er zeigt dem Publikum das Ei und wendet sich dann Rath zu.*) (*zu Rath*) Wo bleibt denn dein Kikeriki, Mensch?! (*zum Publikum*) Ein echtes Hühnerei. Bitte. (*Er zerschlägt das Ei auf des Professors Kopf.*)

Einige Zuschauer verlassen angeekelt den Saal, aber die meisten lachen und applaudieren. Es ertönen Zwischenrufe.

PUBLIKUM   Mehr Eier legen! Mehr Eier legen!

Aus Raths Blickwinkel erfasst die Kamera Lola. Mazeppa nimmt sie in seine Arme und küsst sie, aber sie verfolgt unverwandt die Vorgänge auf der Bühne.

KIEPERT   (*zu Rath*) Wenn du jetzt nicht krähst, schlag ich dich tot. (*zum Publikum*) Noch einmal (*er fuchtelt wieder mit der Hand vor Raths Gesicht*), eins, zwei, drei, ein Ei. (*Er zeigt es dem Publikum und zerschlägt es dann wieder auf Raths Kopf.*) Ein original echtes Hühnerei, bitte.

Das Publikum lacht schallend.

KIEPERT   (*zu Rath*) Na, kräh! Kikeriki, Mann, Kikeriki, Kikeriki. Mensch, wenn du jetzt nicht Kikeriki machst, bring ich dich um!

Rath hat sich etwas zurückgezogen und hält sich am Vorhang fest. Lola wird noch immer von Mazeppa umarmt. Während sie sich küssen, betrachtet Lola weiterhin die Bühne.

Mazeppa lässt sie los und schaut in die gleiche Richtung. Dort zieht gerade Kiepert den bedauernswerten Professor wieder auf die Bühne zurück.

KIEPERT   Mach dein Kikeriki!

Raths Augen glänzen wie die eines Wahnsinnigen. Um Mazeppas Lippen spielt ein ironisches Lächeln. Rath stolpert zurück auf die Bühne und kräht wie ein Wildgewordener. In diesem Krähen klingt hoffnungslose Verzweiflung mit. Mit zitternden Händen hält er sich am Vorhang fest. Wieder ertönt ein entsetzliches Krähen. Er dreht sich im Kreise, immer noch den Vorhang in der Hand, bis er sich vollkommen darin eingewickelt hat. Kiepert beobachtet besorgt das Publikum.

RATH   (*von innerhalb des Vorhanges*) Kikeriki!

Fragen

1. Warum rät der Polizist den Menschen an der Kasse nach Hause zu gehen?

2. Wie versucht Kiepert dem Professor Mut einzuflößen?

3. Wer ist unter den Zuschauern?

4. Wer kommt in die Garderobe, um zu sehen, warum der Professor nicht auftritt?

5. Wie nennt Kiepert seine Zaubernummer mit Rath?

6. Wie wird der Professor dem Publikum vorgestellt?

7. Was bedeutet „Der Professor hat keinen Vogel mehr"?

8. Warum kommt der Wirt auf die Bühne?

9. Was sollte Rath machen?

Szene 23   In der Garderobe

Szene 24   In der Schule/Rath am Schreibtisch

Der Professor läuft von der Bühne, geht auf Lola zu und versucht sie zu erwürgen. Mazeppa zieht ihm eine Zwangsjacke über. Danach zieht ihm Kiepert die Jacke aus, Rath verlässt das Kabarett und geht in seine alte Schule. Während Lola auf der Bühne das Lied „Ich bin von Kopf bis Fuß auf Liebe eingestellt" singt, sehen wir Rath an seinem alten Schreibtisch sitzen, wie er stirbt. Im Hintergrund hören wir die Turmuhr zwölf schlagen.

Fragen

1. Wer zwingt Rath in die Zwangsjacke?
2. Wer zieht ihm die Jacke aus?
3. Welches Lied singt Lola am Ende?
4. Was hört man in der Ferne, bevor Rath seine Schule erreicht?
5. Beschreiben Sie Raths Sterbeszene.
6. Wer kommt ins Zimmer und findet den Professor tot?

Wortschatz

Für jeden Ausdruck in Liste A finden Sie den entsprechenden Ausdruck in Liste B!

An dir ist Hopfen und Malz verloren.	das Vermögen verlieren
sich in acht nehmen	wenn alles erfolgreich wird
Die Tür fällt krachend ins Schloss.	Ich verstehe Ihre Gefühle.
Pleite machen	verrückt sein
ihr den Vortritt lassen	vorsichtig behandeln
wenn alles klappt	Du bist hoffnungslos.
Ich weiß, was in Ihnen vorgeht.	wieder gut machen
Nimm dir ein Beispiel an mir!	jemandem nicht helfen
in Ordnung bringen	Tue was ich tue!
im Stich lassen	die Tür heftig zuschließen
einen Vogel haben	erlauben, dass sie zuerst reingeht

Kulturinformationen

Einige der Darsteller im Film *Der blaue Engel* wurden vom Dritten Reich direkt betroffen, aber auf ganz verschiedene Weise.

Marlene Dietrich (Lola) wurde weltbekannt durch ihre Rolle als Lola Lola und folgte dem Regisseur Josef von Sternberg nach Hollywood, wo sie ein Filmstar wurde. Josef Goebbels, der Propagandaminister der Nazis, der eine starke deutsche Filmindustrie aufbauen wollte, lud die Schauspielerin ein, nach Deutschland zurückzukommen. Dietrich aber, die eine Gegnerin der nationalsozialistischen Partei war, lehnte die Einladung nicht nur ab. Sie macht statt dessen Propaganda für die Alliierten gegen Deutschland während des zweiten Weltkrieges.

Emil Jannings (Prof. Rath), der schon zur Zeit des Films ein großer Star war, wurde im Dritten Reich zu einem führenden Schauspieler. Er wurde 1946 von den Alliierten denazifiziert und starb 1950 in Österreich, ohne seine Karriere wiederaufzubauen. Im Herbst 2004 hätte in ehrenvoller Erinnerung an den Schauspieler von den Einwohnern seiner Heimatstadt Rorschach ein Stern in das Pflaster gelegt werden sollen (wie die Sterne in Hollywood auf dem *Walk of Fame*), aber wenige Tage vor der Zeremonie hat man von seiner Teilnahme an der Filmindustrie für die Nazis erfahren und die Ehrung wurde zurückgezogen.

Hans Albers (Mazeppa) war zur Zeit des Films noch kein großer Star wie Jannings, obwohl er in über 50 Stummfilmen gespielt hatte. Im Dritten Reich hatte er eine erfolgreiche Karriere, wusste aber unpolitisch zu handeln. Nach dem Krieg führte er seine Karriere fort.

Die Beziehung von **Kurt Gerron (Kiepert)** zum Dritten Reich war tragisch. Der jüdische Schauspieler und Regisseur hatte eine erfolgreiche Karriere, als die Nazis an die Macht kamen. Er wollte nicht glauben, dass er als Jude in Gefahr war. Er lehnte die Einladung ab, nach Hollywood zu gehen. Als er endlich einsah, was mit den Juden in Deutschland geschah, war es zu spät, die Einladung nach Amerika war schon längst zurückgezogen. Er blieb in Deutschland und kam nach Theresienstadt ins Konzentrationslager, das den Nazis als „Musterlager" diente, um der Welt vorzulügen, wie human ihre Lager waren. Gerron wurde von Goebbels beauftragt, einen Film über Theresienstadt zu machen, der diese Lüge vortäuschen sollte. Kurz nachdem er mit dem Film fertig war, kam er nach Auschwitz und wurde dort im Lager ermordet.

Allgemeine Fragen zur Analyse der Handlung und Technik des Films.

1. Es gibt viele Anspielungen auf Kreaturen mit Flügeln im Film. Suchen Sie diese heraus, beschreiben Sie sie und versuchen Sie sie zu erklären.

2. Einige Kritiker beschreiben Lola Lola als unmoralisch, andere beschreiben sie eher als amoralisch. Was meinen Sie? Trägt sie die Schuld für den Tod von Professor Rath?

3. *Der blaue Engel* kann als Tragödie verstanden werden, aber um eine echte Tragödie zu sein, muss der Held selber zu seinem Schicksal beigetragen haben. Welche Schuld trägt der Professor an seinem tragischen Ende?

4. Beschreiben Sie die Stellen im Film, wo der Ton in den Vordergrund gestellt wird.

5. Der Regisseur Josef von Sternberg wurde bekannt für die Inszenierung seiner Filme. Schauen Sie sich die Szene im Film an, wo der Professor ins Lokal „Der blaue Engel" eintritt. Beschreiben Sie die Szene genau.

6. Wie wird Lola Lola gezeigt, damit die Zuschauer wissen, sie wird am Ende immer noch auf ihren Beinen stehen?

Und zum Schluss eine Wortschatzübung

Wählen Sie bitte das passende Wort für die Lücke.

(die) Kleinstadt	verliebt	(die) Demütigung
Nächte	verbringen	(der) Tag
unterrichtet	erwischt	begleitet
ehemaligen	(die) Stelle	erwürgen
anschließen		

Professor Immanuel Rath _____ an einem Gymnasium in einer deutschen Kleinstadt. Eines Tages _____ er einige seiner Schüler im Kabarett „der blaue Engel", wo sie ihre _____ bei der Sängerin Lola Lola in ihrer Garderobe _____. Professor Rath jagt sie weg, bleibt aber dann selber im Kabarett. Nach einer Nacht bei der Sängerin _____ er sich in Lola Lola. Da er nicht auf diese Liebe verzichten will, verliert Rath seine _____ an dem Gymnasium. Er heiratet Lola Lola und nachher _____ er sie auf ihrer Tournee. Zuerst reicht sein Vermögen für das Ehepaar, aber dann kommt der _____, an dem er kein Geld mehr hat, und der Professor muss sich dem Kabarettakt als Clown _____. Die Jahre vergehen und endlich kommt die Truppe in die _____ zurück, wo einst der Professor unterrichtet hat. Alle Prominente der Stadt und auch seine _____ Schüler kommen ins Kabarett, um der _____ des Professors als Clown beizuwohnen. Professor Rath bricht auf der Bühne zusammen, versucht seine Frau Lola Lola zu _____, und entflieht dann in seine alte Schule, wo er an seinem Schreibtisch stirbt.

Chapter 2

Die Brücke

Personen

Hans Scholten	Herr Stern (Klassenlehrer)
Albert Mutz	Hauptmann Fröhlich
Walter Forst	Herr Forst
Jürgen Borchert	Frau Forst
Karl Horber	Herr Horber
Klaus Hager	Frau Mutz
Sigi Bernhard	Frau Bernhard
Franziska	Frau Borchert

DVD Deutsch mit englischen Untertiteln
Unrated: Enthält Kriegsszenen und Bombenangriffe. 102 Minuten. 1959

Der Film enthält 52 Szenen, die man für den Unterricht in drei Teile gliedern kann. Es empfiehlt sich, drei fünfzig Minuten Kurzstunden zu verwenden, um das Material des Kapitels zu behandeln und mindestens eine am Ende, um den Film zu besprechen.

SZENENFOLGE

nach dem Text auf der DVD *Die Brücke* (Belle & Blade Studios, 1998)

I. Vor der Musterung der Jungen

Szenen 1-5
Familienleben, Schule (Teil I)

Szene 1	Luftangriff
Szene 2	Auf der Straße
Szene 3	Auf einem Schulhof
Szene 4	Auf dem Korridor der Schule

Szene 5
Im Klassenzimmer

HERR STERN	(*als er ins Zimmer kommt*) Na, Mutz.
ALBERT	(*an einer Landkarte stehend*) Entschuldigung, aber ich musste die Front erst hier zurücknehmen.
HERR STERN	Tja, Kriegspiel macht Spaß, was? Willst du Offizier werden?
WALTER	(*lachend*) Nee, der wird Lokomotivführer.
HERR STERN	(*überrascht*) Tatsächlich?
ALBERT	Na ja, früher wollte ich das mal werden.
HERR STERN	Na und? Bald brauchen wir wieder mehr Lokomotivführer als Soldaten.
JÜRGEN	(*argwöhnisch*) Wie meinen Sie das, Herr Studienrat?
HERR STERN	Natürlich erst im Frieden. Oder hast du was gegen den Frieden, Borchert?
JÜRGEN	Natürlich nicht, Herr Studienrat.
HERR STERN	(*wieder vor der Klasse stehend*) Wir fahren in der Übersetzung fort. Hager, schlag mal auf!
KLAUS	(*langsam und stockend*) Wenn..., wenn du mich nicht schätzt...
FRANZISKA	(*flüsternd*) liebst

KLAUS	Wenn du mich nicht liebst, dann sollen sie…
FRANZISKA	(*flüsternd*) finden
KLAUS	Dann sollen sie mich finden. Wenn ich durch ihre Wut sterbe, ist es besser, als wenn du mich nicht liebst. (*Pause*) Ja, ein ganzes Leben lang. (*blickt auf und lächelt*)
HERR STERN	Ich danke für deine Bemühung, Hager. Und dir natürlich auch, Franziska. Jetzt wollen wir uns mal anhören, wie unsere Romantiker diese Verse übersetzt haben. Lies mal, Scholten. (*gibt Hans Scholten einen Text*) Dir macht das doch Freude.
HANS	(*leise aber mit echtem Gefühl die Rolle Romeos lesend*) Vor ihnen hüllt mich Nacht in ihren Mantel. Liebst du mich nicht? Liebst du mich nicht, so lass sie nur mich finden. Durch ihren Hass zu sterben wäre mir besser, als ohne deiner Liebe Lebensfrist. (*die Rolle Julias lesend*) Wer zeigt dir den Weg zu diesem Ort? (*die Rolle Romeos lesend*) Die Liebe, die zuerst mich forschen hieß. Sie lieh mir Rat. Ich lieh ihr meine Augen. Ich bin kein Steuermann, doch wärst du fern wie Ufer, die das fernste Meer bespült. Ich wagte mich nach solchem Kleinod hin. (*die Rolle Julias weiter lesend*) Du weißt, die Nacht verschleiert mein Gesicht. Sonst färbte Mädchenröte meine Wangen um das, was du vorhin mich sagen hörtest. Gern hielt ich streng auf Sitte, möchte gern verleugnen, (*stotternd*) was ich, was ich sprach; doch weg mit Förmlichkeit! Sag, liebst du mich? Ich weiß, du wirsts bejahen. Und will dem Worte trauen; doch wenn du schwörst…

(*Straßenlärm dringt ins Klassenzimmer*)

HERR STERN	Forst, schließ das Fenster!
HANS	(*Julias Rolle weiter lesend, seine Stimme wird manchmal von dem Lärm von der Straße übertönt*) So, so kannst du treulos werden; wie sie sagen. Lacht Jupiter des Meineids der Verliebten. O holder Romeo, wenn du mich liebst: Sags ohne Falsch! Doch dächtest du, ich sei zu schnell besiegt, so will ich finster blicken. Will …
HERR STERN	Bernhard, mach du das Fenster zu!

Die Brücke spielt in den letzten Tagen des Zweiten Weltkriegs. Am Beginn kommen die Einwohner der kleinen Stadt nach einem Bombenangriff aus ihren Luftschutzkellern. Zuerst werden die Erwachsenen der Stadt vorgestellt. Sie sprechen miteinander über den Angriff, aber auch darüber, wie der Krieg jetzt weitergehen wird. Eine Mutter (Frau Bernhard) hat Angst, dass ihr Sohn eingezogen wird. Eine andere dagegen (Frau

Borchert) ist stolz darauf, dass ihr Sohn sich freiwillig gemeldet hat. Herr Forst lädt die Koffer seiner Frau auf einen Wagen, um sie zum Bahnhof zu bringen, damit Frau Forst den Angriffen entgehen kann. Es scheint ihn nicht zu stören, dass der Sohn nicht dabei ist, um Abschied von der Mutter zu nehmen. Auf diese Weise werden die Eltern von drei der Jungen, deren Durchschnittsalter 16 Jahre ist, vorgestellt.

In den nächsten Szenen werden die Jungen selbst vorgestellt, die auf einem Schulhof erregt miteinander sprechen. Im Gegensatz zu den ängstlichen Gesprächen der Eltern verbergen die Jungen ihre Angst vor dem Krieg in Witzen und tollkühnen Worten, wie man es von Sechzehnjährigen erwartet. Dann ist die Pause vorbei und die Schüler müssen in die Englischstunde. Dort führen sie ihre Diskussion über den Krieg fort, bis der Lehrer hereinkommt. In der Stunde wird gerade Shakespeares *Romeo und Julia* gelesen, was gut zum Thema des ersten Teils passt, die jugendliche Liebe. Einige der Jungen sind verliebt.

Fragen

1. Was sagen die Menschen auf der Straße, woran wir sehen, dass sie Angst haben?

2. Was für einen Scherz macht der Junge mit der Maus?

3. Warum ist die Landkarte an der Wand für die Jungen so interessant?

4. Warum reagiert Jürgen Borchert so argwöhnisch auf die Worte des Klassenlehrers?

5. Wer hilft Klaus bei der Übersetzung der Passage aus Romeo und Julia?

6. Was ist der Unterschied zwischen der Übersetzung von Klaus und der von Hans Scholten?

Szenen 6-12
Verhältnisse in den Familien

Szene 6	Auf der Straße
Szene 7	Auf dem Bahnhof
Szene 8	In der Waschküche
Szene 9	Auf der Straße
Szene 10	Bei Karl/Unten im Laden
Szene 11	Bei Karl/Oben in der Wohnung
Szene 12	Bei Karl/Unten im Laden

Die Englischstunde wird unterbrochen, als einer der Schüler vom Fenster aus seine Mutter vorbeifahren sieht und danach aus dem Klassenzimmer rennt. Es ist Frau Forst, die von ihrem Mann zum Bahnhof gebracht wird. Der Sohn, Walter, will Abschied von ihr nehmen. Zu Hause bei Karl Horber erkennen wir an Karls Benehmen gegenüber der Friseuse Barbara, dass er sie gern hat. Wir sehen auch, dass sein Vater sich Sorgen um die Zukunft macht. Wichtig an allen Szenen ist, wie sie Spannungen zwischen Erwachsenen und Kindern zeigen.

Fragen

1.   Beschreiben Sie die Szene auf dem Bahnhof, als Walter Abschied von seiner Mutter nimmt.

2.   Wie verdient Frau Bernhard (Sigis Mutter) Geld für die Familie?

3.   Was für einen Laden besitzt Herr Horber, Karls Vater?

4.   Was meinen Sie, wie hat Herr Horber seine Hand verloren?

Wortschatz

Welche Wörter oder Ausdrücke in der ersten Spalte sind in der Bedeutung mit den Wörtern oder Ausdrücken in der zweiten Spalte gleich?

argwöhnisch	Du wirst ja sagen.
Mach das Fenster zu, bitte!	Sie hat mir gesagt, was ich tun sollte.
der Lärm von der Straße	Hass (m.)
Du wirst das bejahen.	verdrossen
vorhin	Schließ das Fenster, bitte!
Sie gab mir Rat.	misstrauisch
Wut (f.)	die Geräusche von draußen
finster	nicht zugeben
besiegen	früher
verleugnen	im Kampf gewinnen

Kulturinformationen

Deutschland im Frühjahr 1945

Im Frühjahr 1945 war der deutschen Führung und dem deutschen Volk klar, dass der Krieg verloren war. Man wartete ab, bis die Alliierten einmarschierten und dem Kampf ein Ende machten. Trotzdem appellierte die Regierung an das Volk nicht aufzugeben sondern bis zum Ende, das heißt, bis zum Tod zu kämpfen. Die deutsche Bevölkerung wurde sogar von Goebbels aufgefordert an den Endsieg zu glauben und bis dann durchzuhalten.

Zara Leander

Zwei populäre Lieder aus dem Film *Die große Liebe* (1942) geben ein Bild der Stimmung vor dem Ende des Krieges. Im Film singt Zara Leander von der Möglichkeit eines Wunders („Ich glaube, es wird ein Wunder geschehen"), was viele Menschen sicher als das Wunder eines Sieges verstanden haben. Im selben Film singt sie auch, dass die Welt nicht zu Ende geht („Davon geht die Welt nicht unter"), was vielen wohl soviel bedeutet hat, dass das Leben weiter geht, auch wenn Deutschland den Krieg verliert.

Kriegsfilme

Zwei Filme aus dieser Zeit zeigen die Untergangsstimmung, seit der deutschen Niederlage vor Stalingrad im Winter 1943. Am Ende des Films *Die Degenhardts*, (Werner Klingler 1944), der in Lübeck spielt, besucht eine Familie eine Kirche deren innerer Teil, inkl. Gemälde und Statuen, von Bomben zerstört wurde. In *Kolberg* (Veit Harlan 1945), ein Film der zur Zeit der erfolgreichen Kampagne Napoleons in Deutschland spielt, versucht ein Vater seine Tochter zu trösten, nachdem ihr Bruder gefallen ist, und die Franzosen die Stadt angreifen: „Du hast alles hergegeben, Maria, was du hattest, aber es war nicht umsonst. (...) Du bist groß, Maria. Du bist auf deinem Platz geblieben, hast deine Pflicht getan, dich nicht gefürchtet vorm Sterben. Du hast auch mitgesiegt, Maria." Es ist diese Haltung des Durch- oder Aushaltens, mit der sich Bernhard Wicki in seinem Film *Die Brücke* auseinandersetzt.

Szenen 13-23
Familienleben, Schule (Teil II)

Szene 13   Auf der Straße in einem Pferdewagen

Szene 14   Vor dem Haus von Familie Borchert

Szene 15   Bei Albert Mutz in der Wohnung

Szene 16   Auf einer Brücke

Szene 17   Am Flussufer

Szene 18   Bei Karl in der Wohnung

Szene 19   Auf der Straße auf Fahrrädern

Szene 20   Am Flussufer

Szene 21   Auf dem Schulhof

Szene 22   Am Flussufer/Beim Schiffbauen

Szene 23   Mädchenumkleideraum

Es werden in den folgenden Szenen weitere Beziehungen zwischen den Menschen in der Stadt gezeigt. Jürgen und seine Mutter streiten darüber, weil die Bäume auf ihrem Landgut gefällt werden. Albert und seine Mutter streiten vermutlich, weil der Sohn zu viel Lärm beim Feilen macht, aber in Wirklichkeit, weil beide Angst um den Vater haben. Seit drei Wochen haben sie keine Briefe mehr von ihm bekommen. Auf der Brücke, die später im Film eine wichtige Rolle spielt, erklärt Klaus seine Liebe zu Franziska und gibt ihr seine Armbanduhr.

Zu Haus bei Karl sieht der Sohn durch ein Loch in der Tür seinen Vater und Barbara im Bett, was ihn stört, da er sie auch liebt. Später beim Schiffbau wird er von Klaus geohrfeigt, da er ihm sagt alle Frauen seien Schlampen. Beim Schiffbau kommt Jürgen mit Verspätung zur Arbeit und teilt den anderen mit, dass er seinen Einberufungsbrief bekommen hat. Aufgeregt hören die anderen Jungen mit der Arbeit auf, um nach Haus zu gehen, wo sie hoffen, dass ihre Briefe auch eingetroffen sind. Der Klassenlehrer Herr Stern steht enttäuscht da, da er weiß, wie gefährlich die Einberufung für die Jungen ist.

Fragen

1. Worüber beklagt Frau Borchert sich bei Herrn Forst?

2. Wie entschuldigt Jürgen Borchert das Fällen von Bäumen?

3. Warum ärgert sich Jürgen über den polnischen Arbeiter auf dem Gut?

4. Seit wie vielen Tagen hat man nichts von dem Vater, Herrn Mutz, gehört?

5. Wie versucht Albert seine Mutter über das Ausbleiben der Briefe zu beruhigen?

6. Warum gibt Klaus Franziska seine Armbanduhr?

7. Woher kommt das Holz für das Schiff, das die Jungen bauen?

II. Nach der Einberufung/ Vor dem Abmarsch

Szenen 24-32

Szene 24   Am Flussufer

Szene 25
Bei Sigi im Wohnzimmer

FRAU BERNHARD	Sigi. Was ist denn?
SIGI	(*der nass ist*) Ich bin nur ausgerutscht. Ist meine Einberufung schon da?
FRAU BERNHARD	(*mit leiser und trauriger Stimme*) Ja.
SIGI	(*aufgeregt*) Wo ist sie denn?
FRAU BERNHARD	(*herumschauend, an den Polizisten, Herrn Wohlschläger*) Der, der kann doch nicht zu den Soldaten. Der, der ist doch noch ein Kind.
SIGI	Ich bin kein Kind.
FRAU BERNHARD	Tja, wie siehst du denn aus. Du bist ja klitschnass.
SIGI	Das macht doch nichts.
FRAU BERNHARD	Sofort aus den nassen Sachen raus. Du willst dich wohl erkälten, was? Morgen liegst du dann wegen Schnupfen.
SIGI	(*protestierend*) Kommt gar nicht in Frage. Ich muss morgen früh in der Kaserne sein.
FRAU BERNHARD	Herr Wohlschläger, das ist bestimmt ein Irrtum. Sie müssen das doch wissen.
WOHLSCHLÄGER	Tja, die ziehen noch wohl alles ein.
FRAU BERNHARD	Dann, dann schick' ich dich weg. Dann schick' ich dich weg zu Tante Wally, ja. Da kannst du dich verstecken.
SIGI	(*empört*) Ich bin kein Deserteur.
FRAU BERNHARD	(*hinaufblickend*) Herr Wohlschläger, was soll ich denn machen?
WOHLSCHLÄGER	Frau Bernhard, ich glaube, da können Sie nichts machen. Ja, und über den Schnaps, na ja, da werde ich noch mal hinüber wegsehen.
FRAU BERNHARD	Wo hast du denn noch den Schnaps her?
SIGI	(*schnell*) Den kannst du noch tauschen. Und Wotan auch. Vielen Dank auch.

Fragen

1. Was macht Sigi am Flussufer?
2. Wieso ist Sigi so nass nach Hause gekommen?
3. Wer brachte Sigi nach Hause?
4. Warum sagt Herr Wohlschläger, er werde über den Schnaps hinwegsehen?
5. Wer ist Wotan?
6. Beschreiben Sie Bernhards Wohnung.

Szene 26   Bei Karl im Wohnzimmer/Schlafzimmer

Szene 27
Bei Jürgen im Esszimmer

JÜRGEN	(*vom Essen aufblickend*) Du musst noch den Trecker nachsehen lassen, Mutter.
FRAU BORCHERT	(*beruhigend*) Ja, ja. Mach dir nur keine Sorgen. Ich werde mich schon um alles kümmern.
TRUDE (*Haushälterin*)	(*aufgeregt*) Gnädige Frau. Die Fremdarbeiter.
JÜRGEN	(*ebenfalls aufgeregt*) Was ist damit?
TRUDE	Die sind alle weg.
JÜRGEN	Was?
TRUDE	(*ängstlich*) Was machen wir denn jetzt? Eigentlich müsste man sofort die Polizei verständigen oder die Ortsgruppenleitung.
FRAU BORCHERT	(*fest entschlossen*) Nein, das ist Jürgens letzter Abend. Die Herrschaften will ich heute nicht im Haus haben.
TRUDE	(*noch aufgeregt*) Aber die Vorschriften sind doch so streng, gnädige Frau. Als unlängst bei Leppmann zwei ausgerissen waren, und die dass nicht gleich angemeldet haben, da waren...
FRAU BORCHERT	(*Trudes Sorgen anerkennend aber nicht nachgebend*) Ja, ich weiß. Ich mach' das schon morgen früh. Trude, kannst du uns nicht allein lassen?
TRUDE	Ja.
JÜRGEN	(*sorgenvoll*) Wie wirst du denn ohne die Leute fertig werden?

FRAU BORCHERT	Wahrscheinlich werden sie mir andere schicken.
JÜRGEN	Aber unsere waren inzwischen doch schon umgänglich geworden. Wer weiß was jetzt kommt?
FRAU BORCHERT	(*resignierend*) Na und, was soll ich machen?
JÜRGEN	Das ist alles ein bisschen mulmig geworden.
FRAU BORCHERT	Kannst du wohl sagen.
JÜRGEN	Und gerade jetzt muss ich weg.
FRAU BORCHERT	(*beruhigend*) Aber Jürgen, du kennst mich doch. In Notfall werde ich mich schon verteidigen. (*Geht zu einem Schrank und holt etwas.*)
JÜRGEN	(*überrascht*) Das ist ja die Pistole von Papa.
FRAU BORCHERT	Ja, sie hat man mir damals zurückgeschickt.
JÜRGEN	Mama, darf ich die haben?
FRAU BORCHERT	Nimm sie mit.
JÜRGEN	Danke, Mama. Du, Mutti, du weißt gar nicht, was du mir für eine Freude gemacht hast. Mit dem Ding hat mir nämlich Papa das Schießen beigebracht. Als Offiziersanwärter darf ich schon eine Waffe tragen.
FRAU BORCHERT	Wann willst du morgen aufstehen?
JÜRGEN	Wir frühstücken doch noch zusammen, Mama.
FRAU BORCHERT	Natürlich, ich lass uns um halb sechs wecken.
JÜRGEN	Gute Nacht, Mama.
FRAU BORCHERT	Gute Nacht, mein Junge.
JÜRGEN	(*stolz*) Ich finde es großartig. Du hast immer Haltung.
FRAU BORCHERT	(*wendet ihr Gesicht zur Seite.*)

Fragen

1. Vergleichen Sie die ökonomischen Verhältnisse der Bernhards mit denen der Borcherts.

2. Warum will die Mutter die Flucht der polnischen Arbeiter nicht bei der Polizei melden?

3. Warum darf Jürgen seine eigene Pistole zum Militär mitnehmen?

Aufgabe

Versuchen Sie aus jeweils drei bis fünf der Äußerungen in den Szenen 25 und 27 ein kurzes Gespräch zu führen.

Beispiel:

FRAU BERNHARD   Sigi, du bist ganz nass.

SIGI   Ach, Mutti, das ist nichts.

FRAU BERNHARD   Was ist dir denn passiert?

SIGI   Nichts, Mutti. Ich bin einfach in den Fluss gerutscht.

FRAU BERNHARD   Zieh dich sofort aus.

Szene 28   Bei Albert im Schlafzimmer

Szene 29   Auf dem Postamt in der Wartehalle

Szene 30   Draußen vor der Kaserne

Szene 31   In der Kaserne

Szene 32   Bei Walter im Wohnzimmer

Szenen 24-32 führen uns weiter in das Familienleben der sieben Jungen, wie sie ihre Einberufung bekommen. Wir sehen dann ihre Wirkung auf das Verhältnis zwischen den Eltern und Kindern. Sigis Mutter, die eine einfache arme Waschfrau ist, versteht nicht, warum ihr Sohn in seinem Alter gemustert wird, da er noch Kind ist. Seine Hilflosigkeit wird sehr bildlich dargestellt: Seine Mutter zieht ihm seine Kleider aus, als er von der Schule nass nach Haus kommt. Zur selben Zeit sieht man auch, dass er nur an die Mutter denkt und sich Sorgen um sie macht, als er sagt, sie könne seinen Hasen vielleicht gegen Lebensmittel verkaufen.

Im Gegensatz zur Haltung von Sigis Mutter erwartet Frau Borchert, dass ihr Sohn zum Militär geht, auch in seinem noch jugendlichen Alter. Alle Männer der Borchert Familie waren gute Offiziere, und auch der jüngste sollte ein guter Offizier werden. Bei Borcherts herrschen auch Schwierigkeiten. Die polnischen Arbeiter, die der Familie von der Naziregierung zugewiesen wurden, sind geflohen, was dem Sohn Gelegenheit gibt zu zeigen, dass er sich in seiner Abwesenheit Sorgen um die Mutter macht. Die Mutter hatte ihm die Pistole des im Krieg gefallenen Vaters geschenkt, worauf der junge Borchert stolz ist.

In zwei der Familien sind die Mütter abwesend; sie sind entweder tot oder verreist, was eine andere Beziehung innerhalb der Familie herstellt. Walter streitet mit seinem Vater, der die Mutter weggeschickt hat, über eine Affäre mit seiner Sekretärin, wie der Junge glaubt. Es kann aber auch sein, dass Walter die nationalsozialistischen Phrasen seines Vaters durchschaut und ihn für einen Heuchler und Feigling hält. Bei Horbers gibt es einen Streit, als der Sohn Karl seinem Vater vorwirft, er sei wohl froh, ihn los zu werden, damit er seine Affäre mit Barbara (die Karl auch liebt) weiterführen kann.

Fragen

1. Was macht Herr Forst gerade, als sein Sohn Walter nach Hause kommt?

2. Wie reagiert Karls Vater auf den Vorwurf des Sohns, dass er froh sein werde, ihn los zu werden?

3. Warum sieht Franziska im Warteraum so enttäuscht aus?

Kulturinformationen

Filme über den 2. Weltkrieg

Seit dem Ende des Zweiten Weltkriegs wurden Hunderte von Filmen von deutschen Regisseuren gemacht, die sich mit dem Krieg, dem Dritten Reich, und dem Holocaust auseinandersetzen. Abgesehen von einigen Werken und Filmen, die sich mit dem Holocaust beschäftigen, befassen sich die Filme mit ganz normalen Menschen in unnormalen Zeiten. Sie sind sentimental und nicht zynisch, ihre Protagonisten sind eher sympathisch als unsympathisch, und die Bilder sind nicht abstoßend.

Die Mörder sind unter uns (1946)

Als Ausnahme kann man ein paar Kriegsfilme ansehen, deren Ton zynisch ist und deren Bilder unangenehm sind, wenn auch die Charaktere noch sympathisch wirken. Kurz nach dem Krieg erschien *Die Mörder sind unter uns* (1946), ein Film der den Zuschauern damals klar machte, dass die Menschen, die für die Katastrophe verantwortlich waren, immer noch herumliefen, sogar wichtige Positionen erreicht hatten und vielleicht nebenan wohnten.

Revisionistische Kriegsfilme

In den fünfziger Jahren aber kam eine Serie von Filmen, deren Hauptzweck es war, den Ruf des deutschen Militärs zu rehabilitieren zu einer Zeit, als Deutschland Mitglied der NATO wurde. Es spielten Filme wie *08/15* (1954-55), *Haie und kleine Fische* (1957), und *Nacht fiel über Gotenhafen* (1959) mit biederen Soldaten, die nur ihre Militärpflicht taten.

Kinder, Mütter und ein General (1955), Die Brücke

Zwei Kriegsfilme, die eine Ausnahme machen, sind *Kinder, Mütter und ein General* (1955) und *Die Brücke*. László Benedeks *Kinder, Mütter und ein General* erzählt eine ähnliche Geschichte wie *Die Brücke*, über einige 15-jährige Jungen, die an die Front geschickt werden. Bei Benedek aber gehen die Jungen an die echte Front, wo schwer gekämpft wird. Wenn sie sterben, sterben sie als Held in einem Kampf, was den Kriegszynismus des Films mildert. Der neueste Film, der sich mit der Vergangenheit auseinander setzt, *Der Untergang* (Oliver Hirschbiegel 2004), zeigt ebenfalls wie Kinder am Ende des Kriegs eingesetzt wurden, um bis zum Endsieg zu kämpfen.

Szenen 33-43

Szene 33   Vor der Kaserne auf dem Hof beim Trainieren

Szene 34
Herr Stern im Büro von Hauptmann Fröhlich

HERR STERN   (*am Fenster, wendet sich und geht an den Schreibtisch von Hauptmann Fröhlich*)

HAUPTMANN FRÖHLICH   (*indem er Papiere unterschreibt*) Entschuldigen Sie bitte, aber Papierkrieg führen wir nämlich auch noch.

HERR STERN   Bitte sehr.

HAUPTMANN FRÖHLICH   Bitte, nehmen Sie doch Platz. (*an seinen Untergebenen*) Sorgen Sie dafür, dass ich nicht gestört werde. (*an Herrn Stern*) Was führt Sie zu mir?

HERR STERN   Die Jungs aus meiner letzten Klasse sind in Ihrer Kompanie.

HAUPTMANN FRÖHLICH   Ja, ich weiß.

HERR STERN   Herr Fröhlich, ich, ich komme als Kollege zu Ihnen. Sie sind auch Lehrer.

HAUPTMANN FRÖHLICH   Ich bin seit fünf Jahren Soldat. Sie sind untauglich gestellt?

HERR STERN   Ja, mein Herz.

HAUPTMANN FRÖHLICH   Sagen Sie, Herr Kollege, was für Fächer unterrichten Sie eigentlich?

HERR STERN   Englisch, Geschichte, Deutsch.

HAUPTMANN FRÖHLICH   Ich nehme an, dass Sie wegen ihrer Jungs zu mir gekommen sind?

HERR STERN   Ja, ich wollte Sie bitten... ich kann nicht einsehen, dass diese Kinder jetzt zum Schluss noch sinnlos geopfert werden sollten.

HAUPTMANN FRÖHLICH   Ich habe mich mit Ihren Jungs unterhalten, Herr Stern. Es sind Idealisten. Sie glauben, dass sie für die Verwirklichung von Idealen kämpfen. Sie wollen das Vaterland retten. Sie glauben, was Sie ihnen beigebracht haben, Herr Stern: Hölderlin, Deutsch für Oberklassen. „Die Schlacht ist unser, lebe oben, O Vaterland. Und zähle nicht die Toten. Dir, Liebes, ist nicht einer zuviel gefallen."

HERR STERN   Aber Herr Fröhlich, alle diese Ideale: Freiheit, Vaterland, Heldentod, sind doch Falschmünzern in die Hände gefallen. Das stimmt doch alles nicht mehr.

HAUPTMANN FRÖHLICH   Ich habe vor ein paar Tagen die Nachricht bekommen, dass mein Sohn gefallen ist. Was stimmt da nicht?

HERR STERN   Entschuldigen Sie. Ich glaube nicht, dass ich nach diesem Krieg mit gutem Gewissen Lehrer sein kann. (*lehnt auf den Tisch*) Fröhlich, ich bin eigentlich gekommen, ich wollte Sie bitten etwas für meine Jungs zu tun.

HAUPTMANN FRÖHLICH   Wie meinen Sie das?

HERR STERN   Vielleicht haben Sie als Kompanieführer die Möglichkeit meine Jungs rauszuhalten.

HAUPTMANN FRÖHLICH   (*ungeduldig*): Unsinn. Ich darf mir gar nicht anhören, was Sie sagen. Ich habe meinen Befehl und habe danach zu handeln.

HERR STERN   (*nickt beim Gehen*) Herr Hauptmann.

Nach der Musterung wird gezeigt, wie die Jungen gedrillt werden. Herr Stern, ihr ehemaliger Lehrer, kommt zu ihrem Kommandanten, Hauptmann Fröhlich, um ihn darum zu bitten, die Jungen wegen ihres Alters zu schützen, und nicht an die Front zu schicken. Herr Stern meint, dass der Krieg sowieso schon verloren ist und man das Ende einfach abwarten solle. Seine Worte ärgern den Hauptmann, dessen Sohn vor kurzem an der Front gefallen ist. Seiner Meinung nach wollen die Jungen an die Front, weil sie idealistisch sind und im Gegensatz zu den Erwachsenen an den Endsieg glauben. Er meint ferner, dass ihre Haltung eine direkte Folge ihrer Erziehung von Herrn Stern sei. Wenn sie an Führer, Volk und Vaterland glauben, sei der Lehrer selber daran schuld, da er den Jungen diese Werte beigebracht habe.

Fragen

1. Welche Argumente hat der Lehrer für den Hauptmann, um ihn zu überzeugen, dass die Jungen nicht an die Front sollen?

2. Warum ist der Lehrer nicht beim Militär?

3. Welchen Dichter zitiert der Hauptmann?

Szene 35	In der Kaserne bei der Pflege und Inspektion der Waffen
Szene 36	Rekruten beim Schlaf
Szene 37	Im Korridor der Kaserne
Szene 38	Im Kriegsraum
Szene 39	Draußen auf dem Hof der Kaserne
Szene 40	Im Auto
Szene 41	In der Kaserne im Treppenhaus und auf dem Korridor
Szene 42	Draußen auf dem Hof beim Einsteigen in die LKWs
Szene 43	Beim Fahren

Die Unterschiede zwischen den Jungen werden in der Kaserne dargestellt. Einige der Jungen sind sehr gesprächig und bereiten ihre Waffen für die Inspektion vor, indem sie die Gewehre auseinanderbauen, sauber machen, und dann wieder zusammenbauen. Bei der Arbeit sprechen sie darüber, wie man im Nahkampf auch mit dem Bajonett töten kann, was einige der Jungen stört. Mitten in der Nacht kommt der Befehl sich zum Abmarsch fertig zu machen. Wir sehen, dass Herr Stern bei Hauptmann Fröhlich doch Erfolg hatte, da der Hauptmann einem Offizier den Befehl gibt, die Jungen zu schützen und sie von Gefechten fern zu halten. Zuletzt steigen alle in die Transportwagen und fahren los.

Fragen

1. Was für einen Rat gibt der Offizier den Jungen, die an ihren Waffen arbeiten?

2. Was denken Sie von der Rede, die der Oberstleutnant vor seinen Offizieren im Kriegsraum hält?

3. Warum meckert der ältere Soldat, als er den Proviant bekommt?

4. Wie erklärt Hauptmann Fröhlich dem Unteroffizier Heilmann, dass er die Jungen schützen soll?

Wortübung

*Finden Sie die passende Definition in der zweiten Spalte zu folgenden Wörtern
und Ausdrücken in der ersten Spalte.*

der Papierkrieg	auf dem Schlachtfeld sterben
Fächer (pl.)	unsicher/bedenklich
der Heldentod	ohne Grund den Tod finden
Falschmünzer	die Zwangslage
rutschen	zu viele Formulare ausfüllen müssen
klitschnass	der Hersteller von Falschgeld
im Notfall	Wissensgebiete/Spezialitäten
sinnlos geopfert werden	gleiten
mulmig	Anweisungen/Verordnungen (pl.)
Vorschriften	durchnässt

III. An der Front/ Die Brücke

Ein Offizier versucht die Situation auf der Brücke aufzuklären.

Fragen zum Foto

1. Wieviele Soldaten sind auf der Brücke?
2. Identifizieren Sie die drei jungen Soldaten. Einer steht links mit seinem Rücken zur Kamera, ein anderer steht rechts, und ein dritter liegt tot auf der Brücke.
3. Wohin gehen die zwei Soldaten im Hintergrund?
4. Warum trägt der eine Soldat keinen Helm?

Szenen 44-62

Szene 44   Auf der Brücke beim Aussteigen

Szene 45   Auf der Straße

Szene 46   Bei Nacht auf der Brücke

Szene 47   Auf der Brücke bei einem Bombenangriff

Szene 48   Vor der Brücke/In einem Schützengraben

Szene 49   Auf einem Baum

Szene 50   Am Stadttor

Szene 51   Im Schützengraben

Szene 52   Auf dem Baum

Szene 53   Vor einem Bauernhaus
(Es wird schnell zwischen Szenen 51-53 geschnitten.)

Szene 54   Im Freien vor der Brücke beim Kämpfen

Szene 55   Bei Frau Bernhard zu Hause

Szene 56   Vor der Brücke beim Panzerangriff

Szene 57   Im Freien vor dem Haus
(Es wird schnell zwischen Jürgen auf dem Baum und einem Soldaten im Fenster des Hauses geschnitten.)

Szene 58   Im Haus

Szene 59   Draußen vor und auf der Brücke
(Es wird schnell zwischen den Jungen und einem amerikanischen Soldaten geschnitten.)

Szene 60   Im Schützengraben

Szene 61   Vor der Brücke

Szene 62   Auf der Brücke

Um die Jungen zu schonen werden sie an einer Brücke stationiert, die keinen strategischen Wert hat und die man in ein paar Stunden sprengen wird. Leider wird diese wichtige Information den Jungen vorenthalten. Sobald sie an der Brücke sind, machen sie Vorbereitungen sie bis zum letzten Mann zu verteidigen. Es ist eine weitere Ironie, dass der Offizier, der sie an die Brücke begleitet, von Soldaten in der Stadt als Deserteur getötet wird, als er für die Jungen nach Kaffee sucht. Jetzt ist der einzige Mensch tot, der weiß, dass die Jungen an die Brücke geschickt wurden, um sie vor einem Kampf zu schützen.

Die Jungen fallen einer nach dem anderen. Sigi, der jüngste, wird von einem Tiefflieger erwischt, da er sich weigert, auf die Erde zu fallen, um sich zu schützen. Als man die Flugzeuge zuerst hörte, hat er sich schnell auf den Boden geworfen und wurde von den anderen ausgelacht. Diesmal wollte er zeigen, dass er kein Feigling war und wurde getroffen. Sein lebloser Körper bleibt dann auf der Brücke in den folgenden Szenen als Symbol für die Irrationalität der Situation. Borchert wird von einem Baum aus erschossen, als er versucht einen amerikanischen Soldaten mit der Pistole seines Vaters aus einer zu weiten Entfernung zu töten. Er hatte schon einen Soldaten mit seinem Gewehr umgebracht, greift aber zu seiner Pistole, als er keine Munition mehr hat. Ein anderer wird von einem Nazisoldaten, der die Brücke sprengen sollte, getötet. Am Ende des Films entkommt nur einer der Jungen mit seinem Leben. Der Film endet mit dem toten Körper von einem der sieben Freunde auf der Brücke.

Fragen

1. Wie reagieren die Jungen, als sie erkennen, dass sie an der Brücke stationiert werden?

2. Wie stirbt Sigi?

3. Warum erschießen die Soldaten in der Stadt den Unteroffizier Heilmann?

4. Was macht Jürgen auf dem Baum?

5. Wie stirbt Walter im Haus?

6. Warum schießen die Nazisoldaten auf die Jungen?

Allgemeine Fragen zur Analyse der Handlung und Technik des Films

1. Beschreiben Sie das Familienleben der sieben Jungen.

2. Beschreiben Sie jeden der Jungen mit zwei oder drei Wörtern.

3. Schreiben Sie einen Lebenslauf für die sieben Jungen. Manche Tatsachen werden Sie erfinden müssen, da der Film uns wenig über ihr Leben vor dieser Zeit erzählt.

4. Warum werden die Jungen eigentlich eingezogen?

5. Vergleichen Sie den Film mit anderen Kriegsfilmen, die Sie kennen.

6. Vergleichen Sie die Aufnahmen am Anfang des Films mit denen am Ende. Wie lange dauern die Aufnahmen? Aus welcher Entfernung werden sie gefilmt?

7. Suchen Sie alle Szenen heraus, wo eine Frau erscheint. Beschreiben Sie diese Szenen genau. Wer ist außer den Frauen in den Szenen? Was trägt die Szene zum Thema bei?

8. Der Regisseur Bernhard Wicki hatte nicht so viel Geld für seinen Kriegsfilm wie die Filmemacher in Hollywood heute. Wie erreicht er trotz Geldmangels ein Gefühl von Zerstörung, Tod und Handlung?

9. Sehen Sie sich das erste Foto im Kapitel an, das einen jungen Soldaten tot auf der Brücke zeigt!
    a. Welcher der sieben Jungen liegt hier tot?
    b. Woher bekommt das Bild seine starke Aussage gegen den Krieg?
    c. Die Szene auf dem Photo hat zwei Blickpunkte, den Vordergrund und den Hintergrund. Analysieren Sie den Unterschied zwischen den beiden.
        1) Was trennt den Vorder-und Hintergrund von einander?
        2) Was wird im Vordergrund dargestellt und was im Hintergrund?
        3) Wodurch werden unsere Augen auf den Körper des jungen Soldaten gelenkt?

10. Welche Bilder des Films haben Sie besonders eindrucksvoll gefunden?

11. Warum glauben Sie, dass diese Bilder Sie so beeindruckt haben?

Und zum Schluss eine Wortschatzübung

Wählen Sie bitte das passende Wort für die Lücke.

(der) Wert	(der) Angriff	(die) Sinnlosigkeit
Tieffliegern	verteidigen	(die) Kriegsfront
kämpfen	(der) Krieg	eingezogen

Es ist Frühjahr 1945. Bald ist _____ vorbei, das wissen fast alle. Als der Film anfängt, wird in den letzten Tagen eine kleine Stadt von _____ angegriffen. Eltern und Jungen sprechen über den _____: die Eltern ängstlich, die Jungen eher aufgeregt. Die meisten Erwachsenen erkennen _____ weiter zu kämpfen. Einige aber glauben, man müsste bis ans Ende weiter machen. Sieben Jungen glauben ebenfalls, dass man _____ müsste. Obwohl die Sieben nur 16 Jahre alt sind, werden die in das Militär _____, da Hitler und seine Berater bis zum Tode aushalten wollten, und alles brauchten, was schießen konnte. Die Jungen werden an eine Brücke vor der Stadt gestellt um sie vor der Gefahr _____ zu schützen. Leider hat man den Jungen nicht mitgeteilt, dass die Brücke keinen strategischen _____ hatte, und dass man sie nicht vor dem anmarschierenden Feind zu _____ brauchte. Die Jungen kämpfen also mutig und heftig, bis am Ende nur einer noch am Leben ist.

CHAPTER 3

Die Legende von Paul und Paula

PERSONEN

Paula
Paul, Paulas Freund
Die "Schöne", Pauls Frau
Reifen-Saft, Paulas Freund

VHS/DVD Deutsch mit englischen Untertiteln
Unrated. 101 Minuten. 1973

Der Film zerfällt in vier Teile, die nacheinander gesehen werden können. Es empfiehlt sich, dazu fünf fünfzig Minuten Kurzstunden zu verwenden.

SZENENFOLGE

nach dem Text *Die Legende von Paul und Paula: Filmerzählung von Ulrich Plenzdorf* (Suhrkamp: Frankfurt, 1974)

Kulturinformationen

DDR-Filme

Die Legende von Paul und Paula ist ein DDR-Film. DDR-Filme waren in Westdeutschland nahezu unbekannt und wurden erst nach der Öffnung der Mauer einem größeren Publikum zugänglich. *Die Legende* ist der bekannteste DDR-Film, und er erreichte schnell Kultstatus. Inzwischen gibt es in Berlin eine Paul-und-Paula-Straße. Die Produktionsfirma von *Die Legende* ist die DEFA, die DDR-staatliche Filmgesellschaft, und somit musste der Film den kommunistischen Vorgaben entsprechen. Der Film wurde im Studio Babelsberg bei Potsdam produziert.

Das Drehbuch

Das Drehbuch zu *Die Legende* wurde von Ulrich Plenzdorf verfasst, der zuvor einen DDR-Bestseller veröffentlicht hatte, *Die neuen Leiden des Jungen W.* Plenzdorf kopierte einen bekannten Roman von Deutschlands klassischem Autor Johann Wolfgang von Goethe aus dem Jahre 1774, in dem Goethe einen jungen Mann zeigt, der an den Anforderungen seines Berufs und der Liebe zu einer Frau zerbricht. In Plenzdorfs Roman geschieht dasselbe mit seinem Helden Edgar Wibeau, der am Ende auf tragische Weise ums Leben kommt.

Erich Honecker

Zwei Jahre vor Produktion des Films *Die Legende* war Erich Honecker Staatratsvorsitzender der DDR geworden. Honecker wollte sich von seinem Vorgänger Ulbricht absetzen, und beschloss eine liberale Öffnung in der Kulturpolitik nach dem Stalinisten Ulbricht. Einer der ersten Tests sollte dieser Film werden.

Die Nationale Volksarmee

Jeder Ostdeutsche musste drei Jahre in der Nationalen Volksarmee dienen. Es war die Zeit des Kalten Krieges, als den 300.000 ostdeutschen Soldaten und 500.000 sowjetischen Soldaten 300.000 amerikanische Soldaten im Westen und 300.000 Bundeswehrsoldaten gegenüberstanden.

Die Puhdys

Die Puhdys waren die beliebteste Rock-Band in der DDR. In 30 Jahren haben sie 20 Longplays in über 20 Ländern verkauft. Sie spielten Konzerte in über 20 Ländern, darunter in Polen, der CSSR, der Sowjetunion und der BRD, und auf der Berliner Waldbühne. Sie wirkten in 5 DEFA- und TV-Produktionen mit, darunter *Die Legende von Paul und Paula*, zu dem die Puhdys den Soundtrack und zwei ihrer populärsten Hits lieferten.

I. Paul allein - Paula allein

Sehen Sie den Vorspann, auch wenn Sie noch nicht alles verstehen, und beantworten Sie dann die Fragen unten.

Vorspann

Häuser werden gesprengt. Paul trägt das Bild zum Möbelwagen, das Bild, das die ganze Geschichte ihrer Beziehung erzählt.

Von einer Beat-Band [den Puhdys] gespielt und gesungen

Wenn ein Mensch kurze Zeit lebt
Sagt die Welt, dass er zu früh geht
Wenn ein Mensch lange Zeit lebt
Sagt die Welt, es ist Zeit, dass er geht.

Jegliches[1] hat seine Zeit
Steine sammeln, Steine zerstreun[2]
Bäume pflanzen, Bäume abhaun
Leben und Sterben und Friede und Streit.

Unsre Füße, sie laufen zum Tod
Er verschlingt[3] uns und wischt sich das Maul[4]
Unsre Liebe ist stark wie der Tod
Und er hat uns manch Übels[5] getan.

Meine Freundin ist schön
Als ich aufstand, ist sie gegangen
Weckt sie nicht, bis sie sich regt[6]
Ich hab mich in ihren Schatten gelegt.

Die Puhdys nach dem Text *Die Legende von Paul und Paula:
Filmerzählung von Ulrich Plenzdorf* (Suhrkamp: Frankfurt, 1974)

Wortinformationen

1. jegliches   alles, alles andere
2. zerstreuen   hierhin und dorthin legen oder werfen
3. verschlingen   schnell essen, fressen (Tiere
                             verschlingen)
4. (das) Maul   der Mund eines Tieres
5. (das) Übel   das Böse (theologischer Ausdruck)
6. sich regen   sich bewegen

Fragen

1.   Interpretieren Sie das Bild aus dem Vorspann (oben). Was ist
     zu sehen? Es enthält die zentrale Szene des Films vom Ende,
     und damit die ganze Geschichte des Films. Was kann man
     von diesem Bild auf die Geschichte schließen? Wie ist Pauls
     Gesichtsausdruck?

2.   Versuchen Sie, das Lied aus dem Vorspann zu interpretieren. Wie
     wird der Tod gezeigt? Warum ist wohl vom Tod die Rede?

3.   In Gedichten spricht man von Personifikation, wenn ein
     Abstraktum oder ein Ding wie ein Mensch gezeigt wird. Wie
     wird der Tod hier gezeigt?

4.   Wie wird die Liebe hier beschrieben? Warum wird die Liebe wohl
     mit dem Tod verglichen?

5.   Verstehen Sie die letzte Strophe? Was ist die Beziehung zwischen
     dem Sänger und seiner Freundin?

Szenen 1-6

Szene 1   Paul und Paula. Herr Saft

Szene 2   Berliner Jahrmarkt. Paula und Freundinnen

Szene 3   Berliner Jahrmarkt. Paul und die Schöne

Szene 4   Paula vor Collys Wohnwagen

Szene 5   Bank. Paul und die Schöne

Szene 6   Heirat

Paula hat bereits ein Kind von einem Mann und einen Verehrer, Herrn
Saft, der sie jeden Morgen mit dem Wagen abholen möchte.

Paula kann sich nicht zwischen den Männern entscheiden und trifft
einen neuen Liebhaber auf einem Jahrmarkt, Colly, zu dem sie in seinen
Wohnwagen geht. Paula hat ein weiteres Kind, diesmal mit Colly, einen
Jungen.

Auch Paul hat kein Glück in der Liebe. Er trifft die „Schöne" auf demselben Jahrmarkt und hält an um sie an demselben Abend, an „einem Abend wie Seide". Die Schöne ist nur an Pauls Aufstiegsmöglichkeiten interessiert.

Fragen

1. Warum verlieben sich Paul und Paula an demselben Tag?

2. Warum liebt die „Schöne" Paul?

3. Warum liebt Paul seine Frau?

4. Betrachten Sie das Bild.
   a. Was für einen Gesichtsausdruck zeigt Paul?
   b. Wie sieht die „Schöne" aus?
   c. Wie kann man diese unterschiedlichen Gesichtsausdrücke deuten?
   d. Was denken Sie vom Kleid der „Schönen"?
   e. Wie teilt uns die „Mise-en-scène" mit, dass Paul und die „Schöne" nicht zu einander passen?

5. Versuchen Sie den Dialog vom Film zu rekonstruieren. Können Sie die Szene nachspielen?

6. Warum heiratet Paul die „Schöne" wohl?

II. Paul und Paula mit Partner

Szenen 7-15

Szene 7   Geburtenklinik. Der Professor

Szene 8   Vor Paulas Wohnung. Herr Saft

Szene 9   Paulas Schlafzimmer. Colly

Szene 10   Pauls Schlafzimmer

Szene 11   Pauls Wohnung. Vor Paulas Haus

Szene 12   In der Flaschenannahme

Szene 13   Vor Paulas Haus. Briketts

Szene 14   In Pauls Wohnung. Schwiegereltern

Szene 15   In Paulas Schlafzimmer

Paula hat ihr Kind in der Klinik, doch Colly ist nicht erschienen. Der Professor warnt Paula vor einem weiteren Kind. Als Paula in ihre Wohnung zurückkommt, treibt Colly es mit einem Mädchen. Paula wirft ihn hinaus. Als Paul auf Urlaub mit seiner NVA (Nationale Volksarmee)-Uniform in die Wohnung zurückkommt, findet er einen nackten Mann mit seiner Frau im Ehebett. Paul schlägt ihn mit dem Ledergürtel. Paul vergibt seiner Frau.

Wir sehen Paula bei der täglichen Arbeit in der Flaschenannahmestelle eines Supermarkts. Weiter beobachten wir sie bei der „Freizeit", als sie Briketts von der Straße in den Keller schleppen muss. Paul hat Ärger mit seinen Schwiegereltern, die sich mit dummen Sprüchen in seiner Wohnung breit machen. Beide, Paul und Paula, flüchten angewidert aus ihren Wohnungen.

Wort- und Kulturinformationen

Gesundheitsversorgung

Die Gesundheitsversorgung in der DDR war für jeden Bürger frei und kostete nichts. Somit konnte auch eine einfache Verkaufshallenangestellte wie Paula in eine teure Klinik gehen und mit einem Medizinprofessor über ihre Gesundheitsprobleme reden.

Briketts

Die DDR hatte die größten Braunkohlevorkommen in der Welt und somit wurden fast alle Wohnungen damit geheizt. Die Altbauwohnungen wurden individuell geheizt, die neuen Plattenbauten wurden von Zentralkraftwerken geheizt, die die Wärme durch Fernleitungen in die Wohnungen pumpten. Dieses aus der Sowjetunion kommende Prinzip kann man auch heute noch in Berlin und Ostdeutschland sehen.

Flaschenannahme

In der DDR wurden alle Materialien recycelt. Es gab keine Einwegprodukte, d. h. Dosen und Flaschen, die man wegwerfen konnte. Rohstoffverwertung war ein wichtiger Industriezweig in der DDR und eine große Abteilung jeder Kaufhalle, d. h. Supermarkts.

Fragen

1. Warum schmeißt Paula Colly hinaus?
2. Warum schmeißt Paul den Liebhaber seiner Frau nicht hinaus?
3. Wie fühlt sich Paula nach der Arbeit mit den Briketts?
4. Wie fühlt sich Paul nach dem Streit mit seinen Schwiegereltern?

III. Paul und Paula zusammen

Szene 16-22

Szene 16	Kellerbar
Szene 17	In Pauls Garage
Szene 18	Herr Saft
Szene 19	Flaschenannahme
Szene 20	Konzert
Szene 21	Paulas Schlafzimmer
Szene 22	Zwischenschnitt. Spreekahn

In einem Tanzclub treffen Paul und Paula aufeinander, beide mit einem anderen Partner. Es ist „Liebe auf den ersten Blick". Die beiden bleiben zusammen und gehen in Pauls Garage, wo er an einem alten Auto bastelt. Auf einer Liege in der Garage lieben sie sich. Sie beschließen, sich nicht festzulegen. „Wir lassen es dauern, solange es dauert. Wir machen nichts dagegen und nichts dafür", sagt Paula. Am nächsten Morgen ist Paula sehr glücklich in der Flaschenannahme. Sie geht das erste Mal an die Kasse in der Kaufhalle.

Paul beschließt Paula zu erziehen und nimmt sie mit zu einem klassischen Konzert (mit Musik von Peter Gotthardt). Paula, die nie ein Konzert besucht hat, ist von der emotionellen Ausstrahlung der Musik überwältigt. In der letzten Szene dieser Sequenz zeigt der Regisseur Heiner Carow eine der ungewöhnlichsten Szenen des DDR-Films. Während Paul und Paula sich in Paulas Schlafzimmer lieben, driftet der Film in eine Traumszene. In einer Spreekahnfahrt mit Blumen erscheinen Paulas Verwandte aus ihrer Vorzeit und heißen ihre Liaison mit Paul gut.

Kulturinformationen

Die Spree

Berlin liegt an der Spree und an der Havel. Die Spree fließt in großen Teilen durch Ostberlin, die Havel durch den Westteil der Stadt. Die Spree galt immer als der proletarischere der beiden Flüsse und somit ist es angemessen, dass die „proletarische" Paula aus einer Spreekahnfamilie kommt.

Fragen

1. Vergleichen Sie die Reaktionen der beiden, Paul und Paula, auf ihr Verliebtsein.
2. Was kann man dadurch auf ihren Charakter schließen?
3. Warum hält sich Paula die Ohren zu?
4. Welche Rolle spielen die Verwandten in der Traumszene?
5. Warum wird das Bett zum Boot auf der Spree?

IV. Die Mühe zum Glück

Sehen Sie jetzt den letzten Teil und beantworten Sie dann die Fragen unten.

Szene 23
Auf der Cocktailparty

Paul bei der Arbeit. Er hat Dienst bei einem repräsentativen Empfang seiner Dienststelle.

Man ist schon beim gemütlichen Teil. Es wird getanzt. Auch seine Frau ist hier – und sie ist ganz in ihrem Element: sie kann schön sein und tanzen.

Etwas Neues für Paul: Seine Frau kann gut tanzen. Auch andere tanzen, aber sie ist die Königin.

Und dann taucht Paula in der Tür auf, mit Perücke und großer Sonnenbrille, sagt die Legende.

Ein Mädchen hält ihr ein Tablett mit Aperitifs hin.

Paula denkt, eine gute Chance, in den Saal zu kommen.

Paul wird aufmerksam. Er kommt. Er erklärt Paula auf Englisch, dass sie nur ein Glas ... und so weiter.

Paula sagt immer nur: „Yes, yes ... "

Paul sieht zweimal hin und erkennt sie nicht, obwohl ihn irgendetwas beunruhigt.

Er wendet sich wieder seiner tanzenden Frau zu.

Paula begreift fast sofort, das heißt instinktiv, was hier vorgeht. Sie nimmt ihre Brille ab.

Vielleicht liegt es daran, dass Paul sie plötzlich erkennt, vielleicht kommt ihm das Kleid bekannt vor.

PAUL   (*wird blass*) Bist du wahnsinnig![1]

PAULA   (*sofort*) Wenn du nicht kommst ...

Nicht schnippisch[2], ganz ruhig, sachlich

PAUL   Na, ja, du siehst ja. Alle Hände voll zu tun. Was denkst du, was wir geackert haben, um den Vertrag unter Dach und Fach zu kriegen[3]. Wir brauchen Devisen[4]. Und dann mach ich einen Suaheli-Lehrgang[5] zur Zeit, Intensivlehrgang. Einer von uns muss in drei Monaten die Sprache können. Macht sich notwendig.

PAULA   Tanzt du mit mir?

PAUL   Hab doch Dienst hier ...

PAULA   Gehst du mit mir auf den Dachgarten?

PAUL   Ja ... dann, geh schon vor.

Paula geht schnurstracks durch den Saal zum Dachgarten. Paul folgt ihr auf Umwegen.

PAUL   Ist doch ganz nett hier, was?

PAULA   Es ist vorbei, ja?

PAUL   I wo[6]. Das geht noch eine Weile.

Er gibt vor, es geht um das Bankett.

Paula sieht ihn an – und Paul sieht zur Seite.

Paula wird weiß. Sie muss einen Halt suchen, möglichst so, dass Paul es nicht sieht.

Als sie wieder bei Kräften ist, sagt

PAULA   Ja, ich bin wahrscheinlich zu .. ich weiß nicht.

PAUL   Ja, du bist zu ... Was du willst, geht nicht.

PAULA   Was will ich denn schon?

PAUL   Alles oder nichts willst du.

PAULA   Na und?

PAUL   Ja, aber es gibt Verpflichtungen[7], denen muss man nachkommen. Keiner kann immer das machen, was er will, vorläufig ist das so.

PAULA   Und einfach ... glücklich sein?!

PAUL   Bloß nicht auf Kosten anderer.

PAULA   Und wenn doch?!

Aber sie nimmt das gleich wieder zurück. Das ist nur ihre Verzweiflung.

PAUL   Nein, entschuldige. Sehen wir uns noch?!

Darauf schlägt ihm Paula ins Gesicht. Gleich danach küsst sie ihn und läuft weg.

Wortinformationen

1. wahnsinning   nicht rational, auch idiotisch
2. schnippisch   kurz, unfreundlich
3. einen Vertrag unter   einen Vertrag perfekt machen
   Dach und Fach kriegen
4. Devisen   Geld aus dem Ausland
5. Lehrgang   ein Kurs, Weiterbildung
6. i wo   Slang für „das ist falsch"
7. Verpflichtungen   was man machen muss

Szene 24-34

Szene 24   Paulas Wohnung/Der Unfall

Szene 25   Flaschenannahme

Szene 26   Der Betrieb von Herrn Saft

Szene 27   Vor Paulas Wohnung

Szene 28   Die Datsche (Villa) von Herrn Saft

Szene 29   Öffentliche Badestelle

Szene 30   In Pauls Garage

Szene 31   Paulas Wohnung

Szene 32   In Paulas Wohnung

Szene 33
In der Geburtenklinik

In der Geburtenklinik sitzt eine absolut glückliche Paula dem Professor gegenüber.

DER PROFESSOR   Erzähl mal. Was macht dein älterer Herr?

PAULA   Reifen. Wie immer.

DER PROFESSOR   Und sonst?

PAULA   Keine Ahnung.

DER PROFESSOR	Ich versteh überhaupt nichts mehr.
PAULA	Ich habe doch jetzt Paul.

Ihrer Meinung nach sagt das alles.

DER PROFESSOR	Ach nee.
PAULA	Und Paul das ist .. na das ist – Paul und Paula!
DER PROFESSOR	Na, dann ist ja alles gut.
PAULA	Ist es auch. Ich krieg[1] ein Kind von Paul.
DER PROFESSOR	Im wievielten?
PAULA	Im dritten.
DER PROFESSOR	Trotz Pillen?
PAULA	Ach, Pillen! Ich will's kriegen.
DER PROFESSOR	Paula! Ich weiß doch, was in dir vorgeht. Du denkst an den Unfall von deinem Jungen. Du denkst, du bist schuld[2].
PAULA	Denk ich nicht mehr.
DER PROFESSOR	Dann, weil du denkst, du liebst deinen Paul und er dich.
PAULA	Das denk ich nicht nur.
DER PROFESSOR	Dann sei froh – du bist doch kein Kind mehr. Es gibt eben Dinge, die nicht gehen. Du kannst nicht alles haben. Wenn du was von Philosophie verstehen würdest, würde ich sagen, Ideal und Wirklichkeit[3] gehen nicht übereinander. Ein Rest bleibt immer.
PAULA	(*übersetzt nach einigem Nachdenken*) Ich kann also von dem einzigen Mann, den es für mich gibt, kein Kind haben.
DER PROFESSOR	Paula! Ein drittes Kind überlebst[4] du nicht. Du verblutest[5] mir auf dem Tisch.
PAULA	Also keine reale Chance für mich?
DER PROFESSOR	Nein.
PAULA	Überhaupt keine? Nicht soviel?
DER PROFESSOR	Das kann man so nicht sagen.
PAULA	Dann krieg ich's.

Wortinformationen

1. kriegen   bekommen

2. schuld sein   verantwortlich sein

3. (die) Wirklichkeit   die Realität

4. überleben   weiterleben

5. verbluten   an Blutverlust sterben

Szene 34
Pauls Schlafzimmer (letzte Szene)

Kulturinformationen

Privatbetriebe

Herr Saft ist einer der seltenen privaten Unternehmer. Er besitzt eine Datsche (Villa); er hat viel zu tun, und das liegt zu einem großen Teil daran, dass die staatlichen Betriebe ineffizient arbeiteten und eine lange Wartezeit hatten. Herr Saft kann sich Reifen besorgen, die er gegen Vergünstigung an Freunde und Kollegen weitergeben kann.

Außenhandel und internationale Beziehungen

In den siebziger Jahren wurde die DDR international akzeptabel, nachdem 1972 der Grundlagenvertrag mit der Bundesrepublik unterzeichnet worden war und die DDR ständige Vertreter mit Westdeutschland austauschte. Jetzt konnten auch andere Länder nachfolgen, wie die USA, die 1974 Botschafter mit der DDR austauschte. Es folgten nun internationale Handelsbeziehungen, besonders mit Ländern der Dritten Welt.

Nach der Höhepunktszene im Spreekahn beschließt der bourgeoise Paul, die Affäre mit Paula zu beenden. Für Paula ist es aber schon zu spät und sie beschließt, Paul jetzt nachzustellen. Sie besucht ihn auf einem Empfang seines Betriebs und erhält eine Abfuhr. „Keiner kann immer das machen, was er will", sagt Paul.

Während Paulas folgender Depression nach dem Besuch bei Paul lässt sie ihren Jungen unbeaufsichtigt auf die Straße laufen, wo er von einem Taxi überfahren wird. Paula beschließt daraufhin, sich von Paul zu trennen und Safts Angebot anzunehmen, zu ihm in seine Datsche zu ziehen.

Paul jedoch ist jetzt nicht mehr bereit aufzugeben, und er beginnt Paula nachzustellen. Er campiert vor Paulas Wohnung und schläft dort, zugedeckt vom Neuen Deutschland, auch wenn Saft über ihn hinwegsteigt und ihn ignoriert.

Paul besorgt sich eine Axt und schlägt die Tür zu Paulas Wohnung ein. Nach anfänglichem Zögern gibt Paula Pauls Drängen nach und sie lässt sich von ihm umarmen. Einer der Nachbarn hält die Szene mit dem Fotoapparat fest (das Bild vom Anfang des Films).

Paula wird jetzt mit Pauls Kind schwanger und beschließt, das Kind zu bekommen, trotz der Warnung des Medizinprofessors. Paula stirbt bei der Geburt des Kindes und Paul lebt mit den drei Kindern zusammen. Das Bild vom Anfang hängt im Fenster.

Fragen

1. Warum geht Paula zum Empfang in Pauls Betrieb?
2. Warum hat sie sich verkleidet?
3. Warum muss Paul einen Suaheli-Lehrgang machen?
4. Was meint Paula, wenn sie sagt, „Es ist vorbei, ja"?
5. Warum schlägt und küsst Paula Paul am Ende der Szene?
6. Warum erlaubt Paula ihren Kindern ins Kino zu gehen?
7. Beschreiben Sie die Datsche von Herrn Saft.
8. In welchem Zustand ist Paul in seiner Garage?
9. Warum ist Paul so fröhlich, als er zurück zu seiner Frau kommt?
10. Was versteht der Professor nicht?
11. Warum bekommt Paula ein Kind von Paul?
12. Warum denkt der Professor, Paula möchte ein Kind bekommen?
13. Was würde mit Paula passieren, wenn sie noch ein Kind bekommen würde?
14. Wie groß ist ihre Chance?
15. Was beschließt Paula?
16. Warum möchte Paula ein Kind bekommen?

Allgemeine Fragen zur Analyse der Handlung und Technik des Films

1. Was will Paul mit den folgenden Worten sagen: „Keiner kann immer das machen, was er will, vorläufig ist das so"?
2. Worin liegt die Symbolik der explodierenden und zusammenstürzenden Ruinen?
3. Was meint der Professor mit dem Satz „Ideal und Wirklichkeit gehen nie übereinander. Ein Rest bleibt immer"?
4. Versuchen Sie, Paul und Paula als DDR-typische Figuren zu sehen.
5. Was zeigt der Film über die Lage in der DDR in den frühen siebziger Jahren?

6. Welche Probleme hatten die USA in den frühen siebziger Jahren?

7. In wieweit kann man sich heute noch mit den Problemen von Paul und Paula identifizieren?

8. Warum ist der Film wohl ein Kultfilm in Deutschland?

9. Hat die Geschichte ein Happy End?

10. Beschreiben Sie den Stil des Films!

11. Sehen Sie sich das erste Standfoto an und beschreiben Sie dessen mise-en-scène.
    a. Erläutern Sie das Bild in Pauls Händen!
    b. Was sehen wir links reflektiert?
    c. Was ist ein Lichtspiel?

Und zum Schluss eine Wortübung

Fügen Sie die folgenden Wörter in den Text ein:

(ein) Angestellter   (die) Axt   (die) Flaschenrücknahme

(die) Karriere   (die) Kaufhalle   verlieben

Paul ist _____ in der DDR, verheiratet mit Ines, die schön ist, dümmlich und Paul betrügt. Paula ist alleinstehend mit zwei Kindern von zwei Männern und arbeitet in der _____ einer _____. Sie begegnen einander in einer Disco und _____ sich Hals über Kopf. Eine Beziehung beginnt, in die Paula sich stürzt und der Paul bald sich zu entziehen sucht, denn seine _____ könnte Schaden nehmen. Schließlich kommt Paul zu Paula mit Gewalt. Er hatte vor ihrer Tür gewartet, eine halbe Ewigkeit lang, und sich dann eine _____ ausgeliehen bei der Nachbarin um die Tür zu zertrümmern, hinter der Paula sich verbarrikadiert hatte.

CHAPTER 4

Angst essen Seele auf

PERSONEN

Emmi
Ali
Emmis Mitarbeiter
Emmis Kinder
Nachbarn
Alis Freunde
Barbara

VHS/DVD. Deutsch mit englischen Untertiteln.
Unrated. 93 Minuten. 1974

Der Film enthält 42 Szenen, die in sechs Teile zerfallen. Es empfiehlt sich, dazu sechs fünfzig Minuten Kurzstunden zu verwenden, das Material des Kapitels zu behandeln und wenigstens eine Stunde am Ende, um den Film zu besprechen.

SZENENFOLGE

nach dem Buch *Fassbinders Filme Händler der vier Jahreszeiten, Angst essen Seele auf, Fontane Effi Briest,* Hrsg. Michael Töteberg (Verlag der Autoren, 1990)

I. Emmi und Ali lernen sich kennen

Vorspann und Szenen 1–4

Szene 1	Gastarbeiterkneipe
Szene 2	Im Hausflur
Szene 3	Emmis Wohnung
Szene 4	Vor der Haustür

Der Vorspann deutet darauf, dass der Film ein Melodram ist, wenn in einem Untertitel behauptet wird: „Das Glück ist nicht immer lustig". Dann werden die Hauptpersonen des Films vorgestellt, sowie einige der Nebenpersonen und das Milieu, die Arbeiter, besonders die Gastarbeiter.

Fragen

1. Wie ist das Wetter, als Emmi in die Kneipe geht?

2. Wie viele Menschen sind in der Kneipe?

3. Warum starren alle in der Bar auf Emmi?

4. Was für Musik spielt während der Szene in der Kneipe?

5. Worüber sprechen Emmi und Ali auf dem Flur?

6. Wann war Emmi in der nationalsozialistischen Partei? Wie entschuldigt sie sich dafür?

7. Wessen Schlafanzug bekommt Ali von Emmi?

8. Warum hat sie eine Zahnbürste für ihn?

9. Wer sieht Emmi und Ali nach, als sie sich trennen?

10. Wie kommen Emmi und Ali zur Arbeit?

Wortschatz

Welche Wörter in der Liste sind miteinander verwandt? *Beispiel: denken, glauben, meinen*

Der Gastarbeiter, die Kneipe, meinen, der Regen, chauffieren, angucken, der Regenguss, fröhlich, die Wirtschaft, der Flur, denken, der Ausländer, das Wirtshaus, der Schauer, anschauen, lustig, die Diele, der Vorraum, einen Wagen lenken, der Gastarbeiter, glauben, das Gasthaus, ansehen, fahren

Strukturen

Was Ali sagt, ist nicht immer grammatisch richtig. Wie hätte er sich in den folgenden Aussagen ausdrücken sollen?

Emmi: Wo wohnen Sie denn?

Ali: Viel weit. _____

Emmi: Wann müssen Sie morgen zur Arbeit?

Ali: Um sechs Uhr dreißig Arbeit.

_____

Emmi: Was ist denn?

Ali: Ali nix schläft. Viel Gedanken im Kopf. Will sprechen mit dir. Ja?

_____

Emmi: Weil ich solche Angst habe.

Ali: Nix Angst – Angst nix gut. Angst essen Seele auf.

_____

II. Emmi und Ali verlieben sich in einander

Szenen 5-6

Szene 5
Emmis Arbeitsplatz

Emmi sitzt mit ihren Arbeitskolleginnen auf der Treppe. Sie machen Brotzeit.

EMMI	Heute hat mich einer angesprochen, stellt euch vor, mich alte Frau. In der U-Bahn. Ein Gastarbeiter. Wollte mich zum Kaffee einladen.
PAULA *off*	Die schrecken vor nichts zurück.
EMMI	Aber...
PAULA *off*	Ach was, denen ist doch nichts heilig. Noch nich mal das Alter ist denen heilig.
FRIEDA	Lauter dreckige Schweine. Wie die schon leben. Ganze Familien in einem Zimmer. Die sind bloß scharf aufs Geld.
EMMI	Vielleicht finden sie ja keine anständige Wohnung.
PAULA	Ach was. Die sind geizig, das ist alles. Geizige, ungewaschene Schweine. Außerdem haben die nichts als Weiber im Kopf, den ganzen lieben langen Tag lang.
EMMI	Aber die arbeiten doch. Deswegen sind sie doch hier, weil sie arbeiten.
HEDWIG	Ach Unsinn, Emmi. Geh doch mal zum Bahnhof und schau sie dir an. Lauter Gesindel. Da arbeitet keiner von denen.
PAULA *off*	Genau. Die leben hier auf unsre Kosten. Schau doch mal in die Zeitung. Jeden Tag steht was drin von Vergewaltigen und so.
EMMI	Aber es gibt doch sogar deutsche Frauen, die sind mit Gastarbeitern verheiratet. Gibt es doch, oder?
FRIEDA	Klar. Gibt doch immer wieder Weiber, denen vor nichts graust.
PAULA	Ich würd mich schämen. Schämen würd ich mich. Na - die Vorstellung allein.
FRIEDA	Aber ich hab immer gesagt, das sind Huren, die sich mit so was einlassen. Dreckige Huren!
HEDWIG	Bei uns im Viertel wohnt eine, fünfzig - mindestens. Die geht mit einem, Türke oder so. Der ist viel jünger als sie.

Emmi im Bild, weiter im Off: Aber mit der spricht kein Mensch mehr im Viertel, kein Mensch. Das hat sie jetzt davon.

EMMI   Vielleicht spricht der ja mit ihr, und sie braucht die andern gar nicht.

PAULA   Das kann keiner - ohne die andern leben. Keiner, Emmi.

FRIEDA   Außerdem ... was kann man schon sprechen mit so einem. Die verstehn doch kein Deutsch, die meisten. Kein Wort.

PAULA *off*   Eben. Und außerdem wollen die bloß ins Bett mit der Frau. Ein Gespräch liegt denen bestimmt nicht im Sinn.

HEDWIG *off*   Aber manche Weiber wollens ja so haben. Die haben eben keine Kultur. Die haben nichts wie Sexualität im Hirn. Ich tät mich schämen, wenn ich so eine wäre.

PAULA   So, es wird Zeit. Wir müssen uns beeilen.

Paula, Frieda und Hedwig stehen auf und gehen in ihre Stockwerke.

Emmi schaut nachdenklich aus dem Fenster.

Fragen

1. Beschreiben Sie genau, wo Emmi und ihre Arbeitskolleginnen sitzen.

2. Wie viele Schnitte sind in dieser Szene? Was sieht und hört man in jedem Schnitt?

3. Was sagen die Arbeitskolleginnen über Gastarbeiter?

4. Was sagen die Kolleginnen über Frauen, die sich mit Gastarbeitern einlassen?

5. Wie antwortet Emmi auf die Äußerungen ihrer Kolleginnen?

Szene 6
Wohnung von Krista und Eugen

Wie Szene 5 handelt Szene 6 von den Vorurteilen mancher Deutscher gegen Ausländer, bzw., Gastarbeiter, zur Zeit des Films (1973).

Krista im Unterrock, gießt die Blumen auf dem Balkon. Eugen sitzt im Sessel; er raucht und liest eine Zeitschrift.

EUGEN   Bring mir ein Bier!

KRISTA   Hol dir doch selber eins!

EUGEN   Wenn ich aufsteh, dann fängst eine!

KRISTA   Soviel Aktivität bringst du doch gar nicht mehr auf.

EUGEN	Das wirst dann gleich sehn.

Sie kommt herein, holt ihm das Bier.

EUGEN	Am Freitag muss ich wieder in die Arbeit.
KRISTA	Endlich.
EUGEN	Da hast leicht lachen.
KRISTA	Ich lach' nicht, ich will meine Ruhe haben am Tag.
EUGEN	Weil ich dich nicht in Ruh' lass.
KRISTA	Das kann man sehen, wie man will. (*Es klingelt.*)
EUGEN	Wer ist das denn?
KRISTA	Weiß ich hier drin, wer da draußen vor der Tür klingelt?
EUGEN	Dann musst eben nachschaun.
KRISTA	Faules Schwein. (*Sie geht zur Tür, öffnet.*) Mamma!
EUGEN	(*zu sich*) Um Gottes willen!
KRISTA	(*zu Eugen, während Emmi im Flur den Mantel aufhängt.*) Rat mal, wer da ist.
EUGEN	Hab schon gehört.
KRISTA	Jetzt sei bitte gut, Eugen, ja. *Zu Emmi* Komm rein, Mamma.
EMMI	(*zu Eugen*) Guten Tag.
EUGEN	Tag.
KRISTA	Eugen ist krankgeschrieben bis übermorgen.
EMMI	Ach, du bist krank?
EUGEN	Es geht.
KRISTA	(*zu Emmi*) Soll ich dir'n Kaffee machen?
EMMI	Ja, ein Kaffee wär nett. (*Sie setzt sich. Zu Eugen*) Was hast du denn?
EUGEN	A, Fieber und Husten.
KRISTA	Ach was, faul isser. Das is alles.
EUGEN	Scheiße bin ich faul. Husten hab' ich gehabt und Fieber. Aber, jetzt geht's besser.
KRISTA	(*bringt den Kaffee, setzt sich zu Emmi*) Bist du heut' gar nich' bei deinem Direktor draußen?
EMMI	Nein, morgen.
KRISTA	Und sonst?
EMMI	Man lebt.

KRISTA	Ach ja. (*Emmi hat noch nicht getrunken.*) Dein Kaffee. (*Zu Eugen*) Willst du auch einen?
EUGEN	Lass mich in Ruh.
KRISTA	Benimm dich wenigstens, solange Mutter da is.
EUGEN	Was ich in meinem Hause mach, ist meine Sache.
KRISTA	Das ist auch mein Haus. Genauso wie deins.
EUGEN	Halt's Maul! Zieh dich wenigstens richtig an, du Schlampe.
KRISTA	Schau dich doch an. (*Zu Emmi*) Jetzt siehst mal, Mamma. So geht's hier jeden Tag zu.
EMMI	(*zu Eugen*) Sag mal - habt ihr Gastarbeiter bei euch?

Eugen gibt keine Antwort, wendet sich ab.

KRISTA	Hör bloß mit so was auf. Bei Gastarbeitern, da sieht er rot.
EMMI	Warum denn?
EUGEN	Weil es Schweine sind.
EMMI	Ach so.
EUGEN	(*schreit*) Ja!
KRISTA	Er hat sogar'n Meister, der is Türke. Da kommt er nich drüber weg.
EUGEN	Was heißt, da komm ich nich drüber weg?! Den seh ich gar nich, der ist Luft für mich!
KRISTA	Und wenn er dir was anschafft?
EUGEN	Der schafft mir nichts an.
KRISTA	Doch schafft er dir was an.
EUGEN	Dann . . . Hol mir die Zigaretten rüber!
KRISTA	Ich denk nich dran.
EUGEN	(*drohend*) Krista!
KRISTA	Ja? (*Emmi steht auf*) Lass nur, Mamma. Ich steh schon auf.
EUGEN	Ich hol sie schon selber. (*Er steht ebenfalls auf.*)
EMMI	Ich hab mich verliebt.
KRISTA	(*in der Tür*) Was?
EMMI	Ja, Krista. Ich hab mich verliebt. In einen Marokkaner, der zwanzig Jahre jünger ist als ich. Eher mehr. (*Eugen und Krista lachen.*)
KRISTA	Du machst wirklich eigenartige Witze, Mamma.

EMMI	Das ist kein Witz, Krista. Das ist wahr. Ich hab mich verliebt. In einen Marokkaner, der jünger ist als ich. Viel jünger. Ich ... ich habe geglaubt, es wäre meine Pflicht, es euch zu sagen. (*Sie steht auf*) Bemüh dich nicht. Ich finde schon raus. Wiedersehn.
KRISTA	Wiedersehn, Mamma. (*Emmi geht.*)
EUGEN	Weißt du was?
KRISTA	Nein. Aber du wirst mirs sicher gleich sagen.
EUGEN	Ja. Deine Mutter hat nich mehr alle Tassen im Schrank. Überhaupt nich mehr alle.

Fragen

1. Warum ist Eugen zu Hause?

2. Worüber streitet er mit Krista?

3. Woran kann man erkennen, dass Krista und Eugen keine glückliche Ehe führen?

4. Warum kommt Emmi an diesem Tag zu Besuch?

5. Was sagt Eugen, nachdem Emmi gegangen ist?

Szenen 7-9

Szene 7	Gastarbeiterkneipe
Szene 8	Vor Emmis Haus, Nacht
Szene 9	Emmis Wohnung

Nach ihrem Besuch bei Krista und Eugen besucht Emmi das Lokal, wo sie Ali am vorigen Abend kennen gelernt hat. Weil er nicht da ist, geht sie nach Hause und begegnet ihm vor ihrem Haus. Als Emmi und Ali eines Abends in der Küche sitzen, nachdem er zu ihr gezogen ist, besucht sie der Hausbesitzer. Die Nachbarinnen haben sich bei ihm über Emmi beschwert, weil sie keine Untermieter haben darf.

Fragen

1. Warum kommt Emmi zuerst so traurig nach Hause?

2. Warum ist sie dann plötzlich munter geworden?

3. Was sagen Emmis Nachbarn dem Hausbesitzer?

4. Warum ist Gruber überhaupt zu Emmi gekommen?

5. Warum geht er wieder?

Strukturen und Grammatik

Wie hätte Ali sich in den folgenden Aussagen ausdrücken sollen?

Emmi: Er hat gesagt, dass du nicht hier bleiben kannst.

Ali: Das nicht gute Mann.

_____

Emmi: Ich hab gesagt, dass wir heiraten werden, du und ich.

Ali: Okay – das gute Idee.

_____

Emmi: Ja. Ali. Gut für alles.

Ali: Jetzt gehn zu andere Kollegen arabisch und erzählen.

_____

1. Im Gespräch zwischen Eugen, Krista, und Emmi wird der
    Imperativ oder die Befehlsform öfter gebraucht. Suchen Sie diese
    Formen aus, die in der zweiten Person Singular sind, und bilden
    Sie aus den Verben Imperative in der zweiten Person Plural und
    in der Höflichkeitsform.

Beispiel: <u>Schau dir das doch an.</u> *<u>Schaut euch das doch an.</u>* *<u>Schauen Sie sich</u>*
<u>das doch an.</u>

2. Bilden Sie den Imperativ in der zweiten Person Singular und in
    der zweiten Person Plural.
    1.   Rauchen Sie nicht immer soviel!

    2.   Trinken Sie noch einen Kognak!

    3.   Lachen Sie nicht über meine Faulheit!

    4.   Lassen Sie mich in Ruhe!

    5.   Machen Sie bitte keine Witze!

Kulturinformationen

Gastarbeiter

Schon in den fünfziger Jahren kamen Gastarbeiter nach Deutschland, um den wirtschaftlichen Problemen in ihren Ländern zu entfliehen. Der Wiederaufbau des zerstörten Deutschland und der Mangel an Arbeitskräften machten Deutschland zum idealen Ziel für Einwanderer. Die ersten Arbeiter kamen aus Italien und Griechenland, aber als sich die Wirtschaft in jenen Ländern verbesserte, kamen Menschen auch aus Jugoslawien, Nordafrika, und der Türkei. Im Jahre 1973 (das Jahr des Films) gab es ungefähr 3 Millionen Gastarbeiter in Westdeutschland, 5% der Bevölkerung. Die meisten kamen aus der Türkei. Fassbinder zeigt Ausländer aus Nordafrika – Ali ist Marokkaner – aber eine von Emmis Kolleginnen kommt aus Herzegowina, damals eine Region in Jugoslawien. Wie Gastarbeiter in fast allen Ländern machten die Ausländer die schwerste Arbeit, wurden auch schlechter bezahlt und bekamen kleine Wohnungen, drei Probleme, die Fassbinder im Film zeigt. Gastarbeiter wurden von einigen Deutschen als schmutzig, sexbesessen, und geldsüchtig beschimpft. Im Film werden diese Vorurteile von Emmis Kolleginnen, Kindern und Nachbarn geteilt.

III. Emmi und Ali heiraten

Szenen 10-13

Szene 10   Gastarbeiterkneipe

Szene 11   Vor dem Standesamt

Szene 12   Vornehmes Restaurant

Szene 13   Emmis Wohnung

Emmi und Ali feiern ihre Verlobung mit Alis Freunden in der Kneipe. Am Tag der Hochzeit regnet es, aber Emmi und Ali sind glücklich. Sie essen in einem teuren Restaurant, wo Hitler auch einmal gegessen hat und laden dann Emmis Kinder zu sich ein.

1. Katharina sagt, dass die Ehe nicht gut gehen kann, weil sie unnatürlich ist. Was meint sie damit?

2. Was denken Sie über diese Ehe? Sind Sie Katharinas Meinung oder glauben Sie, dass Barbara Recht hat?

3. Warum essen Emmi und Ali in diesem Restaurant und nicht in einem anderen?

4. Welchen Fehler macht Emmi beim Bestellen des Essens?

5. Beschreiben Sie die Szene im Restaurant: Wie ist die Szene komponiert? Wie bewegt sich die Kamera? Wie sind die Einstellungen? Ist die Kamera höher oder niedriger als die Personen? Wo sitzen Emmi und Ali? Wo steht der Ober? Wie rahmt Fassbinder das neue Ehepaar in seinem Bild? Was sagt diese Rahmung über die Chancen der Ehe?

IV. Die Reaktion von Familie und Kollegen

Szenen 14-18

Szene 14   Lebensmittelgeschäft

Szene 15   Emmis Wohnung

Szene 16   Lebensmittelgeschäft

Szene 17   Straße

Szene 18   Hausflur

Emmis Kinder, ihre Nachbarn, und ihre Kolleginnen wenden sich gegen Emmi nach ihrer Heirat mit Ali. Der Händler weigert sich Ali zu bedienen. Die Nachbarinnen schimpfen, dass das Treppenhaus jetzt schmutziger ist, nachdem Ali eingezogen ist.

1. Was soll Ali im Lebensmittelgeschäft kaufen?

2. Wie wissen wir, dass der Händler Ali versteht?

3. Wie lange kauft Emmi schon bei dem Händler?

4. Wie begründet der Händler, dass er Ali nicht bedient hat, und was sagt Emmi dazu?

5. Was ist die Folge von Emmis Besuch beim Händler?

6. Beschreiben Sie die Komposition der Szenen im Hausflur genau. Wo stehen die Menschen im Verhältnis zueinander? Wo stehen sie im Verhältnis zur Kamera?

Szenen 19-22

Szene 19   Emmis Wohnung

Szene 20   Gastarbeiterkneipe

Szene 21   Im Hausflur

Szene 22   Emmis Wohnung

Emmi und Ali versuchen so gut wie möglich den Hass zu ertragen. Sie sparen ihr Geld, damit sie „ein Stück Himmel kaufen können", wie Emmi sagt. Aber es hilft nicht. Die Nachbarinnen rufen sogar die Polizei, als Alis Freunde ihn besuchen.

1. Erklären Sie, was Emmi meint mit „Ich habe gedacht, du gehst kippen."

2. Was will Emmi sich mit dem Geld kaufen? Was bedeutet „ein Stück Himmel kaufen"?

3. Warum zeigt Fassbinder, dass Ali sich oft duscht?

4. Was will Paula von Emmi?

5. Warum geht sie am Ende, ohne Emmis Hilfe zu akzeptieren?

6. Was verspricht Barbara Ali, falls er sie besucht?

7. Warum ist die Polizei ins Haus gekommen?

8. Wie reagieren die Nachbarinnen auf das Aussehen der Polizisten?

9. Beschreiben Sie die Haltung der Polizisten, als sie mit Emmi sprechen.

Szene 23   Emmis Arbeitsplatz

Szene 24   Vor Emmis Haus

Szene 25   Gartenlokal

Als ihre Kolleginnen nicht mehr mit ihr sprechen wollen, ist es Emmi zuviel geworden. In einem Gartenlokal bricht sie zusammen und weint. Dann entschließen sich Emmi und Ali wegzureisen.

1. Worüber sprechen die Frauen in der Mittagspause?

2. Wie zeigt uns die Bildkomposition in Szene 23, dass Emmi von den anderen gemieden wird?

3. Beschreiben Sie die mise-en-scène der letzten Filmeinstellung von Szene 23 im Treppenhaus. Was für eine Einstellungsgröße verwendet Fassbinder? Wo sitzt Emmi? Wie schaut sie aus?

4. Was meinen Sie, warum es dem Hausbesitzer egal ist, dass Emmi mit einem Ausländer verheiratet ist?

5. Beschreiben Sie die Bildkomposition der Szene im Gartenlokal.

6. Wie kann man „Glotzt doch nicht!" anders ausdrücken?

7. Warum hat Emmi einen Zusammenbruch im Gartenlokal?

V. Alles wieder gut?

Szenen 26-29

Szene 26   Lebensmittelgeschäft

Szene 27   Im Hausflur

Szene 28   Emmis Wohnung

Szene 29   Vor dem Lebensmittelgeschäft

Nach ihrer Rückkehr aus dem Urlaub werden Emmi und Ali plötzlich von Kindern, Nachbarn und Kolleginnen freundlich aufgenommen. Es scheint, dass alle Menschen Emmi und Ali brauchen.

1. Wie überredet die Händlerin ihren Mann, dass er Emmi freundlich ansprechen soll?

2. Warum begrüßt Frau Ellis Emmi so freundlich?

3. Wie gestaltet Fassbinder das Ende der Szene im Hausflur, wo Frau Münchmeyer und Frau Ellis so schmeichelhaft über Emmi sprechen?

4. Wo waren Emmi und Ali im Urlaub?

Szene 30   Im Hausflur

Szene 31   Emmis Wohnung

Szene 32   Vor der Gastarbeiterkneipe

Szene 33   Barbaras Wohnung

Szene 34   Emmis Wohnung

Szene 35   Emmis Arbeitsplatz

Auch Emmis Kinder versöhnen sich mit der Mutter. Bei der Arbeit wird Emmi wieder von ihren Kolleginnen akzeptiert. Jetzt aber, wo die Beziehungen zu den anderen besser werden, gerät ihre Ehe in Schwierigkeiten. Emmi und Ali streiten öfter mit einander, und Ali sucht Trost bei Barbara.

1. Warum hat Bruno seiner Mutter einen Scheck geschickt?

2. Welcher Sohn hat der Mutter noch nicht vergeben?

3. Warum besucht Bruno seine Mutter? Was will er von ihr?

4. Worüber streiten sich Emmi und Ali, nachdem er aus dem Keller zurückgekommen ist?

5. Was will Ali bei Barbara essen?

6. Warum schläft Ali wohl mit Barbara?

7. Beschreiben Sie die Komposition der Szene vor Emmis Wohnung.

8. Vergleichen Sie den Inhalt und die Komposition der Szene an Emmis Arbeitsplatz mit den beiden anderen Szenen am Arbeitsplatz.

9. Woher kommt Yolanda?

10. Warum wird sie nicht zum Kaffee eingeladen?

11. Wie wird die Szene am Ende mit Yolanda gezeigt?

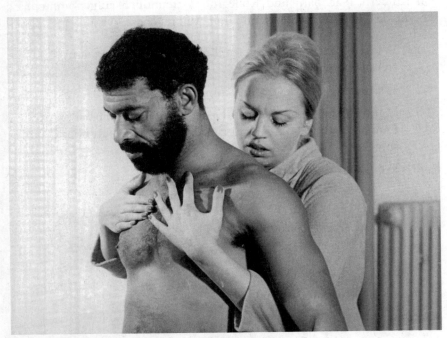

Ali besucht Barbara, nachdem er und Emmi streiten.

12. Was will Ali von Barbara außer Liebe in dieser Szene?

13. Warum haben Emmi und Ali gestritten?

14. Wo findet diese Szene statt?

15. Wann in dem Film findet diese Szene statt?

VI. Versöhnung

Szenen 36-40

Szene 36   Emmis Wohnung

Szene 37   Barbaras Wohnung

Szene 38   Emmis Wohnung

Szene 39   Barbaras Wohnung

Szene 40   Salems Arbeitsplatz

Emmi versucht Ali zurückzugewinnen, indem sie ihn in seiner Werkstatt besucht. Das macht aber alles viel schlimmer. Ali kommt nicht mehr nach Hause, sondern bleibt bei Barbara, die Kouskous für ihn macht und mit ihm schläft.

Fragen

1. Warum ist Ali beleidigt, als er Emmis Arbeitskolleginnen vorgestellt wird?

2. Warum weint Emmi im Treppenhaus?

3. Wie filmt Fassbinder die Szene in Barbaras Wohnung, damit wir verstehen, dass Ali eigentlich wenig Interesse an einer Affäre mit Barbara hat?

4. Warum ist Emmi zu Alis Arbeitsplatz gegangen?

5. Warum hätte Emmi nicht dahin gehen sollen?

6. Was meinen Sie, warum Fassbinder diese Szene gezeigt hat?

Szenen 41 und 42, die unten abgedruckt sind, führen zur Anfangsszene in der Kneipe zurück, aber auch auf den Spruch, der am Anfang des Films steht: „Das Glück ist nicht immer lustig."

Szene 41

Gastarbeiterkneipe

Salem spielt mit einem Arbeitskollegen und einem anderen Marokkaner Poker. Es geht um viel Geld. Um den Tisch herum Katharina, Fuad und andere. Arabische Musik.

SALEM   Zehn Mark. (*Er erhöht den Einsatz.*) Noch zehn. (*Die andern ziehen mit.*) Fünfzehn - Zwanzig. (*Salem hat verloren. Sein Geld ist alle.*) Du gehn zu ihr nach Hause, Fuad, und lass dir geben hundert Mark für mich. Mach schnell! (*Fuad geht. Salem steht auf.*) Holt Geld von zu Hause. Ich spiele weiter. (*Er will aufs Klo, kommt an der Theke vorbei. Zu Barbara*) Drei Whisky!

BARBARA	Lass dich nicht so ausnehmen wie ne Weihnachtsgans! Du verspielst deinen ganzen Wochenlohn.
SALEM	Mir alles egal! Kif-Kif! Verstehn?! Kif-Kif!

Auf dem Klo. Salem steht vor dem Spiegel und gibt sich selber Ohrfeigen, bis er weint.

Dann geht er wieder hinaus. Fuad kommt, gibt ihm das Geld. Der Arbeitskollege teilt die Karten aus. Das Spiel beginnt von vorn.

SALEM	Eine. Zwei. - Zehn. - Fünfzehn. - Zwanzig. Fünfundzwanzig.

Da kommt Emmi herein, wie am ersten Abend. Sie setzt sich auf ihren Platz.

EMMI	(zu *Barbara*) Ein Cola, Fräulein.
SALEM	(*schmeißt die Karten hin.*) Scheiße.

Er hat wieder verloren.

Barbara bringt Emmi das Cola.

EMMI	Danke. Und ...
BARBARA	Ja?
EMMI	Wenn Sie die Platte drücken könnten für mich. Die mit dem Zigeuner, ja?
BARBARA	„Du schwarzer Zigeuner"?
EMMI	Ja, die. Vielen Dank.

Barbara geht zur Musikbox und drückt die Platte. Es ist einen Moment ganz still, dann fängt die Musik an. Nach den ersten Takten steht Salem auf und geht zu Emmi.

SALEM	Du tanzen mit mir?

Emmi steht auf. Sie gehen - vorbei an Barbara hinter der Theke - auf die Tanzfläche und tanzen.

SALEM	Ich schläft mit andere Frau. Aber ...
EMMI	Das ist doch nicht wichtig, Ali. Das ist überhaupt nicht wichtig.
SALEM	Ich nicht will, aber immer ich bin so nervös.
EMMI	Du bist doch ein freier Mensch. Du kannst doch machen, was du willst. Ich weiß doch, wie alt ich bin. Ich seh mich ja jeden Tag im Spiegel. Ich kann dir doch nichts verbieten. Nein, weißt du, wenn wir zusammen sind, dann ... müssen wir gut sein zueinander. Sonst ... sonst ist das ganze Leben nichts wert.
SALEM	Ich nicht will andere Frau. Ich liebe dich. Nur dich.

EMMI   Ich liebe dich auch. Zusammen sind wir stark.

Er sackt plötzlich zusammen, stöhnt. Emmi kniet über ihm, Barbara kommt
angelaufen. Salem krümmt sich vor Schmerzen.

EMMI   (*zu Barbara*) Einen Rettungswagen! Schnell, bitte
              schnell!

BARBARA   (*läuft zum Telefon, wählt.*) Könnten Sie bitte einen
              Rettungswagen schicken zur Asphalt-Schenke.
              Corneliusstraße 17. - Ja. Hier ist einer
              zusammengebrochen. Der stöhnt ganz schrecklich.
              - Danke. (*Sie hängt ein.*)

Szene 42
Krankenhaus

Salem liegt in einem Vier-Bett-Zimmer. Emmi und der Arzt stehen an der
Tür.

ARZT   Er hat ein Magengeschwür, das ist aufgebrochen. Das
              haben wir jetzt ziemlich oft bei ausländischen Arbeitern.
              Der ganz besondere Stress, den die haben. Das ist
              ziemlich hoffnungslos. In Kur lässt man sie uns nicht
              schicken - immer nur operieren - und ein halbes Jahr
              später haben sie ein neues Geschwür.

EMMI   Und ... er?

ARZT   Er wird gesund, gewiss. Aber in einem halben Jahr liegt
              er wieder hier.

EMMI   Nein. Nein, bestimmt nicht. Wenn ... ich mir Mühe gebe
              und ...

ARZT   Tja. Viel Glück auf alle Fälle. Und bleiben Sie nicht zu
              lange. Auf Wiedersehn.

Zoom auf einen Spiegel: Emmi setzt sich an Salems Bett. Der Arzt schaut
einen Moment zu, schließt dann die Tür.

Emmi hält Salems Hand. Er hängt am Tropf und schläft. Sie schluchzt.
Musik: EINE KLEINE LIEBE.

Abblenden.

Fragen

1. Glauben Sie, dass der Arzt Recht hat? Begründen Sie Ihre Antwort, indem Sie auf Fassbinders Filmkomposition achten.

2. Das Lied in der Musikbox, das am Anfang und Ende des Films gespielt wird, heißt „Du schwarzer Zigeuner". Warum hat Fassbinder dieses Lied verwendet?

Allgemeine Fragen zur Analyse der Handlung und Technik des Films

1. Beziehen Sie Fassbinders zynische Weisheit, „das Leben ist nicht immer lustig", auf das, was im Film geschieht.

2. Suchen Sie alle Szenen heraus, in denen Essen eine Rolle spielt. Was tragen diese Szenen zu dem Titel des Films bei?

3. Glauben Sie, dass diese Liebesgeschichte ein glückliches Ende finden wird? Warum oder warum nicht?

4. Beschreiben Sie die ersten fünf Minuten des Films genau. Was für Aufnahmen werden bevorzugt? Aus welcher Entfernung wird gefilmt? Wie lange dauern die Aufnahmen? Wo stehen die Personen und was machen sie?

5. Am Ende des Films spielt das Motiv „die kleine Liebe". Suchen Sie andere Stellen im Film, wo diese Melodie gespielt wird und machen Sie eine Liste, was in dem Moment auf der Leinwand dargestellt wird. Was geschieht in diesen Szenen? Was trägt die Musik zu der Szene bei?

6. Man sagt, dass Fassbinder von Bertolt Brecht und seinem Theater der Verfremdung beeinflusst war. Brechts Absicht war, den Zuschauer von der Handlung zu distanzieren. Geben Sie Beispiele im Film, wo der Zuschauer von der Handlung oder Geschichte distanziert wird.

7. Sehen Sie sich das Standfoto am Anfang des Kapitels an.
   a. Warum sehen Emmi und Ali in dieser Szene so sorgenvoll aus?
   b. Diese Szene findet fast am Ende des Films statt. Wo haben Emmi und Ali zum ersten Mal miteinander getanzt?
   c. Was für Unterschiede gibt es zwischen der ersten Tanzszene und dieser Szene?
   d. Was geschieht während des Tanzes?

Und zum Schluss eine Wortschatzübung

Wählen Sie das passende Wort für die Lücke.

(die) Ehe	anscheinend	Vorurteile
jünger	erzählt	(der) Hass
(die) Kneipe	(die) Liebesgeschichte	wenden
(der) Boden	Gastarbeitern	glückliches
wichtiger		

Emmi, eine sechzigjährige Frau, kommt beim Regen in ein Lokal, das von _____ besucht wird. Dort lernt sie Ali, einen Marokkaner, der fast 20 Jahre _____ ist als sie, kennen. Sie tanzen miteinander. Nachher geht Ali mit Emmi nach Hause und schläft mit ihr. Emmi _____ ihren Kindern und Kolleginnen von der Affäre erst nach ihrer _____ zu Ali. Ihre Kinder, Mitarbeiterinnen, und Nachbarinnen _____ sich gegen Emmi. Es fällt Emmi schwer, die _____ der anderen auszustehen. Sie und Ali entfliehen dem _____, indem sie verreisen. Wenn sie aus dem Urlaub zurückkommen ist alles _____ besser zwischen Emmi und den Anderen. Kinder, Kolleginnen, und Nachbarinnen brauchen alle, dass Emmi etwas für sie tut, und für sie ist das, was sie wollen, _____ als die Vorurteile. Leider verschlimmert sich das Verhältnis zwischen Emmi und Ali. Er flieht in die Arme der Wirtin der _____, in der Emmi und Ali einander kennen lernten. Eines Abends findet ihn Emmi dort bei Pokerspielen, und wie am Anfang ihrer _____, tanzen sie miteinander. Emmi vergibt ihm seine Affäre, und als man meint, der Film wird ein _____ Ende finden, bricht Ali an einem Magengeschwür zusammen und fällt zu _____.

CHAPTER 5

Die verlorene Ehre der Katharina Blum

PERSONEN

Katharina Blum
Ludwig Götten
Kommissar Beizmenne
Blorna
Frau Blorna

VHS/DVD Deutsch mit englischen Untertiteln
Rated: R. 106 Minuten. 1975

Der Film zerfällt in fünf Teile, die nacheinander gesehen werden können. Es empfiehlt sich, dazu fünf fünfzig Minuten Kurzstunden zu verwenden. Es wird empfohlen, den Film für den Sprachunterricht ohne Untertitel zu zeigen.

SZENENPROTOKOLL

nach dem Transkript von Andrea Park (Tübingen: Narr, 1981)

Sehen Sie den ersten Teil und versuchen Sie die Geschichte von den Bildern her zu beschreiben, auch wenn Sie nicht alles verstanden haben.

I. Begegnung mit Ludwig

Szenen 1-39
Mittwoch, den 5. Februar 1975

Szene 1-13	Vorspann: Auf der Rheinfähre
Szene 14-17	Die Party
Szene 18-21	Die Verfolgungsjagd
Szene 22-39	Bei Frau Woltersheim

Ludwig Götten wird durch die Kamera des Fahnders von einem Polizeifahnder auf der Rheinfähre observiert (in Schwarzweiß). Götten bemerkt nichts und fährt im Porsche davon. Wir sehen ihn wieder auf einer Karnevalsparty, wo er zu einer weiteren Party eingeladen wird.

Auf der Fahrt dorthin wird Götten von einem Polizeiwagen verfolgt, kann jedoch entkommen. Die zweite Party ist bei Frau Woltersheim, wo sich Ludwig und Katharina kennen lernen. Götten wird auch hier von der Polizei überwacht.

Kulturinformationen

Baader-Meinhoff

Die Baader-Meinhoff Gruppe war eine terroristische Vereinigung der siebziger Jahre, die .sich gegen den Kapitalismus wandte und einen Fundamental-Sozialismus anstrebte. Sie war in der Roten Armee Fraktion vereinigt, die das demokratische System abschaffen wollte.

Karneval

Der Film spielt im katholischen Köln während der Karnevalszeit, in New Orleans Mardis Gras genannt, in dem sich die Menschen verkleiden, Partys feiern und alles mögliche Verrückte geschehen kann.

Heinrich Bölls Buch

Der Film ist eine Verfilmung von Heinrich Bölls Buch mit dem gleichnamigen Titel, der eines der erfolgreichsten Bücher Deutschlands der letzten fünfzig Jahre war. Böll, ein liberaler Autor, wandte sich gegen die Hexenjagd der Baader-Meinhof Periode.

Fragen

1. Wie wirken die Bilder der Eingangsszene auf Sie?
2. Warum sehen wir als Zuschauer Götten am Beginn nur durch die Linse der Polizeikamera? Was möchte der Film dadurch erreichen?
3. Was für einen Eindruck macht Ludwig Götten auf Sie?
4. Ist die Liebesszene von Ludwig und Katharina gespielt oder wirkt sie ehrlich?

II. Verhaftung und Verhör Katharinas

Szenen 40-169
Donnerstag, den 6. Februar 1975
Weiberfastnacht

Szene 40-74	Katharinas Wohnung
Szene 75-79	Vor Katharinas Wohnblock
Szene 80-81	Im Polizeirevier

Szenen 82-91
Katharinas Verhör

Beizmenne setzt sich Katharina gegenüber und beginnt mit dem Verhör.

BEIZMENNE Sie haben sich gleich mit dem Götten geduzt?

KATHARINA Ja.

BEIZMENNE Ohne ihn zu kennen?

KATHARINA Ja.

BEIZMENNE Hat die Hertha Scheuer nicht angerufen, bevor sie zu dem Fest kam?

KATHARINA Ja.

BEIZMENNE Warum?

KATHARINA Sie hat mich gefragt, ob sie noch jemand mitbringen darf.

BEIZMENNE   Und hat sie gesagt, wen?

KATHARINA   Nein, das wusste sie noch nicht. Sie wollte im Café
Polk jemand aufgabeln.

*Beizmenne gerät in Wut über Katharinas Gleichmut. Er steht auf, und geht
nach rechts. Er läuft aufgeregt zwischen Schreibtischen hindurch zu den zwei
Staatsanwälten.*

BEIZMENNE   (*brüllt*) Und da haben Sie ihr den Götten geschickt?!

BEIZMENNE   Gleich nach diesem entscheidenden Anruf taucht
Götten in einem Lokal auf und spricht die leicht
erkennbare, aufgedonnerte Blondine an. Mit diesem
Trick gelingt es der Blum, den Götten bei der
Woltersheim einzuführen, ohne jeden Verdacht zu
wecken. Dort hat sie sich ...

BEIZMENNE   (*off*) ... allerdings nicht mehr die Mühe gemacht,
irgend etwas zu verheimlichen, denn die beiden haben
vom ersten Moment an innig zusammen getanzt.

KATHARINA   (*entrüstet*) Es stimmt nur, dass ich mit Ludwig getanzt
habe.

BEIZMENNE   Tanzen Sie oft mit wildfremden Männern?

KATHARINA   Nein.

BEIZMENNE   (*off*) Aber mit dem Götten haben Sie ne ...

BEIZMENNE   Ausnahme gemacht? Sie, die sonst nie tanzen.

KATHARINA   Doch, früher habe ich manchmal getanzt mit Doktor
Blorna und seinen Bekannten ...

*Katharina versucht sich zu rechtfertigen, sie wirkt zunächst gehetzt, doch je
länger sie redet, desto mehr bekommt sie ihre Ruhe zurück.*

KATHARINA   (*schnell*) ... lauter Politiker und Industriellen, wenn
ich dort abends bei Gesellschaften ausgeholfen habe.
Später, seitdem ich dann mein eigenes Auto habe, hab
ich mich dann nicht mehr auffordern lassen.

BEIZMENNE   (*off*) Warum nicht?

KATHARINA   Es kam, weil die Herren oft angetrunken waren, zu
Zudringlichkeiten – vorher war ich davon abhängig
gewesen, dass einer der Herrn mich nach Hause
brachte. Und auch mit diesem Herrn habe ich ein paar
mal getanzt.

HACH   Wir wollen doch nicht persönlich werden, Frau Blum!

KORTEN   Bitte beschränken Sie sich inhaltlich darauf, was Sie
gefragt werden, ja!?

BEIZMENNE   (*off*) Die Zudringlichkeiten von Götten haben Sie nicht gestört?

KATHARINA   Ludwig war nicht zudringlich – er war zärtlich.

BEIZMENNE   (*off*) Das kommt doch auf dasselbe raus.

KATHARINA   (*laut*) Nein, eben nicht! – Zudringlichkeit – ist eine einseitige Handlung und Zärtlichkeit, das – das ist ganz was anderes, das - das geht von beiden aus.

BEIZMENNE   (*gleichzeitig*) Das interessiert ... ... doch keinen Menschen. Was uns interessiert: Warense mit ihm verabredet?

Die Protokollantin hört erstaunt zu schreiben auf.

KATHARINA   Ich unterschreibe kein Protokoll, in dem statt zärtlich zudringlich steht.

BEIZMENNE   (*off*) Also gut ... ... zärtlich. Bedanken Sie sich bei ihr, wenn's zu lange dauert.

STAATSANWALT   (*off*) Wir hören gern zu.

Szene 91-100	Polizeipräsidium
Szene 101-109	Polizeipräsidium
Szene 110-120	Polizeipräsidium
Szene 121-125	Beim Haus von Katharinas Mutter
Szene 126-129	In den österreichischen Alpen
Szene 130-135	Polizeipräsidium
Szene 136-149	Polizeipräsidium
Szene 150-169	Rückblende Party

Ein Scharfschützenteam der Polizei dringt in Katharinas Wohnung ein um Ludwig festzunehmen, doch er ist bereits entkommen. Katharina begrüßt die Beamten im Schlafanzug und wird gebeten, sich für eine Vernehmung fertigzumachen. Der Kommissar Beizmenne und Staatsanwalt Hach sind wütend, dass Götten entkommen ist. Katharina wird aus dem Haus fortgeführt und ihr Gesicht wird brutal der Presse gezeigt, indem sie an den Haaren gezogen wird, denn die Presse muss „ihrer Berichterstattungspflicht nachkommen".

Das Verhör im Polizeipräsidium beginnt (Szenen 81-92 oben). Beizmenne versucht Katharina bei einer Ungenauigkeit zu ertappen, weil sie zu viel mit ihrem Wagen gefahren ist. Doch das lässt sich aufklären. Katharina bittet dann darum, in eine Zelle gebracht zu werden, da sie nicht mit den Mittag essenden Beamten in einem Raum bleiben möchte. Während Katharina in der Zelle ist, sehen Beizmenne und sein Assistent Möding sich Fahndungsfotos und Filme über Ludwig und Katharina an. Es wird klar, wie viel und wie lange Götten bereits überwacht worden ist.

Der ZEITUNGS-Reporter Tötges erscheint vor dem Haus von Katharinas Mutter und er versucht für die ZEITUNG eine Story zu machen. Da die Mutter nicht da ist, spricht er mit Einwohnern und Nachbarn der Mutter. Der Fotograf macht Fotos. Ein ZEITUNGS-Reporter interviewt Blorna unterdes beim Skiurlaub in Österreich zur „Blum-Affäre". Blorna antwortet dem Reporter, doch wird ihm gegenüber wütend.

Im Polizeipräsidium wird die (illegale) Zusammenarbeit zwischen Tötges und Beizmenne gezeigt, die Recherche-Ergebnisse austauschen. Tötges „leiht" sich Unterlagen von Beizmenne aus. Das weitere Verhör von Katharina bleibt ohne greifbares Ergebnis, doch die kalte unmenschliche Atmosphäre des Polizeiapparats wird deutlich.

(Rückblende Party: Katharina und Götten in einer Fensternische.) Katharina wird in ihrer Wohnung von anonymen Anrufen belästigt. Sie fährt von ihrer Wohnung weg und wird verfolgt. Der Kommissar Möding nähert sich ihr.

Kulturinformationen

Die ZEITUNG

Die ZEITUNG ist der Bild-Zeitung nachgebildet, eine Boulevard-Zeitung und die größte Zeitung Deutschlands und Europas. Eine aggressive, konservative Zeitung, die für die Verdrehung der Wahrheit bekannt wurde. Sie war gegen die herrschende politische Partei von Willy Brandt.

Zusammenarbeit von Presse und Polizei

Heinrich Böll konstruiert hier einen Zusammenhang zwischen der Aufklärungsarbeit der Polizei und der Hetze der Bild-Zeitung. Dieser Zusammenhang ist oft behauptet worden, lässt sich allerdings nicht beweisen. Die Behauptung zeigt jedoch den Hass, den sich die Bild-Zeitung in diesem politischen Klima zugezogen hat.

Fragen

1. Warum besteht Katharina Blum auf dem Wort Zärtlichkeit?

2. Wie wird ihre Verhaftung im Film gezeigt? Warum sollen wir mit Katharina Blum sympathisieren?

3. Wie wird der Charakter des Beizmenne gezeigt. Was für ein Typ ist er? Warum sollen wir ihn hassen?

4. Besprechen Sie die Szene auf dem Szenenfoto.
   a. Wo erscheint diese Szene im Film?
   b. Wie filmen Schlöndorff und von Trotta den Tanz?
   c. Es ist Karneval in Köln: Wie haben Katharina und Ludwig sich verkleidet?

5. Warum erhält Katharina wohl die anonymen Anrufe und Schreiben? Was sagt das über das politische Klima der Bundesrepublik?

III. Kungeleien

Szenen 170-271
Freitag, den 7. Februar 1975

Szene 170-180   Katharinas Wohnung

Szene 181-192   Im Kloster

Szene 193-194   Im Krankenhaus

Szene 195-212   Polizeipräsidium

Szene 213-249   Polizeipräsidium

Szene 250-266   Katharinas Wohnung

Szene 267-271   Woltersheims Wohnung

Katharina informiert ihren Arbeitgeber Blorna am Telefon über die bisher vorliegenden ZEITUNGS-Berichte. Blorna und seine Frau diskutieren den Fall in ihrem Ferienhaus in Österreich.

Katharina trifft den Professor und Politiker Stäubleder, der ihr den Hof gemacht hat, in einem Kloster. Stäubleder bittet Katharina, ihn aus dem Spiel zu lassen, da es für ihn weit reichende Konsequenzen haben würde. Er möchte den Schlüssel für sein Wochenendhaus zurückhaben, den er Katharina gegeben hat.

Der Reporter Tötges ist (illegal) ins Krankenzimmer von Katharinas Mutter eingedrungen und versucht mit ihr zu sprechen. Er zeigt ihr den Artikel mit der Beschreibung von Katharinas schlechtem Charakter.

Tötges und Beizmenne lesen den Artikel über Katharinas Mutter im Präsidium und vernehmen dann Frau Woltersheim, der mögliche Verwicklungen unterstellt werden. Katharina liest die letzten Berichte der ZEITUNG in ihrer Wohnung und erbricht sich. Die weitere Vernehmung von Katharina ist unergiebig, und es wird dem Betrachter schnell klar, dass sie unschuldig ist.

Katharina erhält weitere anonyme Anrufe in ihrer Wohnung. Der letzte ZEITUNGS-Artikel liegt vor ihr und den Wolterheims, die sie in die Wohnung gebracht haben. Katharina dreht durch und zerstört ihre Wohnung. Daraufhin kommt sie in die Wohnung ihrer Tante, Frau Woltersheim. Von dort telefoniert sie heimlich mit Ludwig, doch die Polizei hat eine Fangschaltung gelegt.

Kulturinformationen

Eigentumswohnung

Eigentum ist in Deutschland wesentlich schwerer zu erhalten als in den USA. Das erklärt die Verwunderung von Beizmenne, als er Katharina als Wohnungsbesitzerin erkennt. Es spielt auch ein gewisser Neid mit hinein.

Fragen

1. Was meint Tötges, wenn er sagt „Man muss einfachen Leuten etwas Artikulationshilfe geben"?

2. Was meint Katharina mit dem Satz „Alle Leute, die ich kenne, lesen die Zeitung"?

3. Was bedeutet die Stäubleder-Affäre für die dramatische Verwicklung des Films?

IV. Beziehungen zerbrechen

Sehen Sie den vierten Teil und beantworten Sie dann die folgenden Fragen.

Szenen 272-329
Samstag, den 8. Februar 1975

Szene 272- 279	In Köln
Szene 280-305	Blornas Haus
Szene 306-312	Im Krankenhaus.

Szene 306-309
Im Krankenhaus

Hinterlassene Habseligkeiten von Katharinas Mutter sind auf einem Tisch ausgebreitet.

KRANKENSCHWESTER   Zwei Fotorähmchen mit Familienbildern, ein Paar Gesundheitsschuhe – Toilettenartikel in einem Plastikbeutel. Die Kleider sind in einem Koffer mit einer entsprechenden Aufstellung; an Wertgegenständen zwei Eheringe, eine Brosche und ...

KRANKENSCHWESTER   (*off*) ...zweiunddreißig Mark und fünfzig Pfennig in bar.

Zu den Gegenständen gehört auch eine Brosche mit einem Heiligenbild.

KATHARINA   Gefällt sie Ihnen?

KRANKENSCHWESTER   Och – danke schön.

Der Arzt geht, die ZEITUNG lesend, auf Katharina zu.

ARZT   Sollte dieser Tötges tatsächlich zu ihr vorgedrungen sein, wie er hier behauptet, werde ich Anzeige erstatten. Ich halte es allerdings für ausgeschlossen, dass der Kerl tatsächlich die Frechheit gehabt hat, es zu tun. – Ich werde, wie gesagt, rechtliche Schritte in Erwägung ziehen und die Ärztekammer unterrichten – Wir können unvorhergesehene Einwirkungen nicht nachweisen...

ARZT   (*off*) ... aber auch nicht ausschließen. Die Operation ist sehr günstig verlaufen, ihre Mutter befand sich auf dem Weg zur Besserung.

KATHARINA   Diese Leute sind Mörder und Rufmörder – aber es ist ja geradezu ihr Beruf, unschuldige Menschen um ihre Ehre zu bringen, manchmal um ihr Leben – sonst kauft ihnen ja niemand ihre Artikel ab.

ARZT   (*off*) Sind Sie Marxistin?

Szene 313-323   Vor Stäubleders Haus

Szene 324-329   Haus Woltersheim

Die Blornas sind zurück in Köln und fahren als erstes zu Hach, der sich als ihr Freund herausstellt. In Köln kennt jeder jeden.

ZEITUNGS-Reporter vor Blornas Haus. Auch der Taxifahrer kennt Blornas schon als Arbeitgeber der „Prostituierten" Blum. Stäubleder erscheint auch, um über Katharina zu sprechen. Stäubleder versucht Blorna zu überzeugen, auf Katharina einzuwirken nicht mit einem ZEITUNGS-Reporter zu sprechen wie angekündigt wurde.

Katharina erhält die Habseligkeiten ihrer Mutter ausgehändigt, die nach dem Besuch von Tötges überraschend gestorben ist. Katharina ist kühl und distanziert und äußert sich über die Verbrecher der ZEITUNG. Sie hilft mit beim Waschen ihrer toten Mutter. Katharina fährt dann zum Haus Stäubleders, in dem Ludwig sich versteckt hat. Ludwig ist jedoch bereits verhaftet worden.

Blorna berichtet über Ludwig, der kein Terrorist, sondern lediglich ein Bundeswehrdeserteur ist. Frau Blorna gesteht, dass sie Katharina den Plan der Lüftungsanlage in dem Haus gezeigt hat, in dem Katharina wohnt. So ist Ludwig entkommen. Konrad Beiters, Frau Woltersheims Freund, sagt, dass er als einziger von der Presse verschont wurde, da er ein alter Nazi ist. Alle versuchen, Katharina das Interview mit Tötges auszureden. Sie möchte jedoch wissen, „wie so einer aussieht."

Kulturinformationen

Katholizismus

Köln ist eine der wichtigsten katholischen Städte in Deutschland, mit einem der drei Erzbischofssitze. Böll war ebenfalls katholisch und wollte die Verflechtung von Politik und Kirche in seinem Roman kritisieren.

Der Kalte Krieg

Der Film spielt während des Kalten Krieges, und es war politische Praxis, einen Gegner als Kommunisten zu bezeichnen, um ihn zu erledigen. Eben das versucht der Arzt mit seiner Bemerkung nach dem Tode von Marias Mutter.

Das Ruhrgebiet

Katharinas Familie kommt aus dem Ruhrgebiet, Westdeutschlands größtem Stahl- und Industrierevier. Dort leben hauptsächlich Arbeiter, die die Bild-Zeitung lesen, um sich zu informieren.

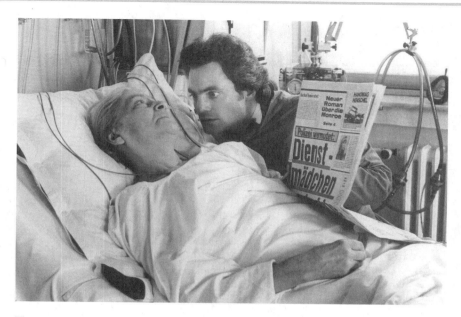

Fragen

1. Analysieren Sie die Wirkung des Bilds.
   a.   Wer liegt im Bett?
   b.   Wer steht neben der Frau im Bett?
   c.   Was sagt die Schlagzeile der ZEITUNG?

2. Warum sagt Katharina: „Diese Leute (der ZEITUNG) sind Mörder und Rufmörder"? Stimmen Sie mit Katharinas Meinung überein?

3. Wie würden Sie Blorna einschätzen? Er scheint alle Beteiligten zu kennen. Warum erscheint er so sympathisch?

V. Tötges Tod

Sehen Sie den fünften Teil und beantworten Sie dann die folgenden Fragen.

Szenen 330-368
Sonntag, den 9. Februar 1975

Szene 330-340   In der Kneipe

Szene 341-352   Katharinas Wohnung

Szene 353-356   Gefängnis

Szene 357-361   Gefängnis

Szene 362-368   Friedhof

Es ist immer noch Karneval, es wird weiter gefeiert. Katharinas Kusine ist stolz auf die Presseberichte über Katharina.

In ihrer Wohnung wartet Katharina auf Tötges, der sich als der Schleimer herausstellt, wie sie es erwartet hat. Er möchte mit ihr nicht nur ein Interview machen, sondern sie auch „ganz groß rausbringen". Doch zuerst möchte er mit ihr bumsen. Katharina erschießt Tötges.

Katharina ist wieder im Gefängnis. Möding und Beizmenne versuchen ihr einen weiteren Mord anzuhängen. Katharina begegnet Ludwig zufällig im Gefängnis. Sie küssen sich, und werden gewaltsam von den Polizisten getrennt.

Der Zeitungsherausgeber Lüding hält bei der Beerdigung von Tötges eine scheinheilige Rede, in der er die Schüsse beschreibt, die „uns alle, die Pressefreiheit, unsere junge Demokratie getroffen haben".

Kulturinformationen

Axel Springer

Axel Cäsar Springer war der Herausgeber der Bild-Zeitung, der sehr von seiner konservativ-christlichen Mission überzeugt war. In seinen Zeitungen herrschte eine Sprachregelung. So durfte niemals von der DDR (Ostdeutschland) als Staat gesprochen werden, sondern nur von der SBZ, der Sowjetischen Besatzungszone.

Fragen

1. Warum heißt es im Film am Ende: „Ähnlichkeiten sind ... unvermeidlich"? Haben die Produzenten Interesse an einem Prozess mit der ZEITUNG?

2. Diskutieren Sie die Lehre des Films. Ist die Pressefreiheit immer heilig?

Allgemeine Fragen zur Analyse der Handlung und Technik des Films

1. Was erreicht der Film in der Vorspannszene durch den Wechsel von Schwarzweiß zu Farbe? Gibt es andere Mittel, die den Zuschauer beeinflussen sollen?

2. Warum werden die Wochentage genau angegeben? Warum spielt der Film wohl während der Karnevalszeit? Was erreicht die Story durch ihre Reduzierung auf wenige Tage?

3. Beschreiben Sie die Entwicklung von Katharina zu einer politisch wachen jungen Frau. In welchen Szenen wird das besonders deutlich? Finden Sie Zitate, die diese Wandlung zeigen.

4. Welche Rolle spielt die Musik im Film? Spielen Sie einzelne Szenen und zeigen Sie die Funktion von Musik und Inhalt.

5. Warum wurde die letzte Szene der Trauerrede in den Film eingefügt, die so nicht im Originaltext von Böll enthalten ist? Ist die Szene Ihrer Meinung nach wichtig?

6. Gibt es Zeitungen, Zeitschriften oder Fernsehsender in den USA, die ebenfalls die Rechte der Pressefreiheit verletzen? Wie könnte man dagegen vorgehen?

7. Analysieren Sie die Szene ganz genau, die anfängt, als Katharina einen Revolver holt und mit Patronen lädt, und endet, als sie den Reporter erschießt.
   a. Aus wie viel Schnitten (Einstellungen) besteht diese Sequenz?
   b. Welche symbolische Bedeutung hat das Bild von dem Kölner Dom und der Parkanlage vor dem Hochhaus, die von Schlöndorff und von Trotta in die Sequenz eingeschnitten werden?
   c. Beschreiben Sie den Effekt des Tons, als der Reporter die Wohnung betritt.
   d. Aus wessen Perspektive wird diese Sequenz zum größten Teil gesehen?

8. Besprechen Sie die Ironie der Szene auf dem Szenenfoto am Anfang des Kapitels.

Und zum Schluss eine Wortübung

Wählen Sie bitte das passende Wort für die Lücke.

Berichten   (der) Bundeswehrdeserteur

(die) Flucht   (die) Freiheit

(die) Haushälterin   (der) Sensationsjournalismus

Terroristen

Die junge _____ Katharina Blum lernt beim Tanzen den _____ Ludwig Götten kennen, verliebt sich in ihn, verbringt die Nacht mit ihm und verhilft ihm am nächsten Tag zur _____. In dem Glauben, sie sei eine Komplizin des vermeintlichen „_____" Götten, wird die unschuldige und prüde Blum verhaftet und von der ZEITUNG in einer großen Story herausgebracht. Nach den verlogenen _____ und dem Tod von Katharinas Mutter erschießt die verzweifelte Katharina den skrupellosen Reporter Tötges.

Böll kritisiert den Verlust der persönlichen _____ durch den _____ und die Menschen, die diese Zeitungen lesen und finanzieren.

CHAPTER 6

Die Ehe der Maria Braun

PERSONEN

Maria Braun
Hermann Braun, Marias Mann
Bill, Marias Geliebter
Karl Oswald, Marias Chef
Senckenberg, der Prokurist
Marias Mutter
Opa Berger
Willi, Marias Schwager
Betti, Marias Freundin

VHS/DVD Deutsch mit englischen Untertiteln.
Rated: R. 115 Minuten. 1979

Der Film zerfällt in fünf Teile, die nacheinander gesehen werden können. Es empfiehlt sich, dazu fünf fünfzig Minuten Kurzstunden zu verwenden. Es empfiehlt sich, den Film mit deutschen (nicht englischen!) Untertiteln zu spielen, da die Hintergrundgeräusche die Dialoge oftmals überschatten.

SZENENFOLGE

nach dem Drehbuch *Die Ehe der Maria Braun* für Rainer Werner Fassbinder von Peter Mertesheimer (München 1997). Da das Drehbuch vom Filmtext abweicht, ist es reizvoll den aktuellen Text mit dem geplanten Drehbuch zu vergleichen.

I. Die Suche nach Hermann

Szenen 1-8
Hermann

Szene 1	Standesamt
Szene 2	Straße mit Trümmergrundstück
Szene 3	Wohnung Mutter/ Küche
Szene 4	Bahnhof
Szene 5	Wartesaal
Szene 6	Wohnung Mutter/ Küche
Szene 7	Ruinengrundstück
Szene 8	Wohnung Mutter/ Schlafzimmer Maria

Der Film beginnt mit einer Kriegstrauung mitten im Bombenhagel; am nächsten Tag muss Hermann Braun zurück an die Front. Bei Kriegsende zählt er zu den Vermissten; lange Zeit sucht Maria ihn vergeblich unter den heimkehrenden Soldaten auf dem Bahnhof. Sie schlägt sich durch und besorgt Lebensmittel und Zigaretten für die Familie auf dem Schwarzmarkt. Maria beschließt, in einem Nachtclub zu arbeiten.

Kulturinformationen

Schwarzmarkt

Das Leben in den westlichen Besatzungszonen wurde bis zur Währungs-reform 1948 vom Schwarzmarkt dominiert. Das Geld war entweder der Dollar oder Zigaretten (Lucky Strike). Der Lebensstandard war extrem niedrig, viele Leute hungerten, es sei denn man hatte Zugang zu Schwarzmarktwaren.

Kriegsheimkehrer

Das Leben in den westlichen Besatzungszonen war ein Leben der Frauen. Die Männer waren entweder gefallen oder vermisst, hauptsächlich im Osten (Sibirien), wo Tausende bis in die Mitte der fünfziger Jahre festgehalten wurden. Die täglichen Suchmeldungen im Radio waren ein Teil dieser Kultur.

Westdeutschland

Westdeutschland wurde als Bundesrepublik 1949 als Zusammenschluss von der amerikanischen, britischen und französischen Besatzungszone gegründet, nachdem ein Zusammenschluss mit der sowjetischen Besatzungszone fehlgeschlagen war. Westberlin, als Zusammenschluss der amerikanischen, britischen und französischen Zone, war nicht Teil der Bundesrepublik.

Das Leben in Ruinen

Bis in die späten fünfziger Jahre waren Ruinen ein Teil des Bildes einer deutschen Großstadt, in der DDR bis in die sechziger, teilweise siebziger Jahre. Fast jede große Stadt war im Zweiten Weltkrieg von den alliierten Bombenangriffen zerstört worden.

Fragen

1. Beschreiben Sie die Hauptfiguren in diesem Film, wie sie in der Küche erscheinen, Maria, Betti und die Mutter.

2. Wodurch unterscheidet sich Maria von den anderen Personen in dem Film?

3. Welche Hintergrundgeräusche hören wir in den ersten Szenen? Was bedeuten die Geräusche für den Film?

4. Worüber spricht die Rotekeuzschwester mit Maria im Wartesaal?

5. Welche Dinge hat Maria auf dem Schwarzmarkt besorgt? Was hat sie dafür getauscht?

II. Maria wird aktiv

Szenen 9-23
Bill und Hermann

Szene 9	Schwarzmarkt
Szene 10	Wohnung Mutter/ Küche
Szene 11	Leere Bar
Szene 12	Büro Bronski
Szene 13	Arztpraxis
Szene 14	Bahnhof
Szene 15	Bar
Szene 16	Park
Szene 17	Wohnung Mutter/ Küche
Szene 18	Bar
Szene 19	Wiese vor dem Haus
Szene 20	Schlafzimmer
Szene 21	Arztpraxis
Szene 22	Wohnung Mutter/ Hausflur/ Flur/ Küche
Szene 23	Schlafzimmer

Maria beschließt, in einer Bar für GIs zu arbeiten. Dafür muss sie ein Gesundheitsattest von einem Arzt bekommen, der Maria seit ihrer Kindheit kennt. Der Arzt ist traurig, da er weiß, dass Marias Arbeit auch sexuelle Kontakte verlangt. So lernt Maria Bill kennen, einen schwarzen Soldaten. Zwischen Maria und Bill entspinnt sich eine Liebesbeziehung, die in eine Schwangerschaft mündet. Bill wird von Marias Familie aufgenommen. Plötzlich steht Hermann in der Tür. Es kommt zwischen beiden Männern zum Kampf, bei dem Maria Bill mit einer Flasche erschlägt.

Kulturinformationen

Ärzte

Mediziner hatten in dieser Zeit Zugang zu Drogen, besonders Morphium. Das Verhalten des Arztes zeigt sehr deutlich die vorhandene Morphiumsucht unter den Medizinern, die in dieser stressigen Zeit arbeiten mussten.

Unterhaltung für Soldaten

Amerikanische Soldaten hatten ein striktes Fraternisierungsverbot, d.h. Deutsche und Amerikaner durften nicht miteinander sprechen und keinerlei Kontakt aufnehmen. Ausnahmen waren die Soldatenclubs, in denen Frauen als Animiermädchen eingesetzt wurden.

Schwarze Amerikaner

Die schwarzen amerikanischen Besatzungssoldaten waren die ersten Afrikaner, die die meisten Deutschen sahen. Es gab trotz der rassistischen Nazipolitik meist keine Vorurteile, sondern lediglich Neugier den „Negern" gegenüber.

Fragen

1. Was tauscht Maria bei dem Schwarzmarkthändler (gespielt von Rainer Werner Fassbinder)?

2. Beschreiben Sie Marias Mutter und Opa Berger!

3. Wo wird die amerikanische Bar stattfinden? Was macht Maria, bevor sie mit dem Besitzer spricht?

4. Welche Haltung zeigt der Arzt Maria gegenüber? Welche Musik hören Sie im Hintergrund?

5. Warum zerreißt Maria Hermanns Bild auf dem Bahnhof?

6. Beschreiben Sie Bill! Was sind seine Absichten? Was für ein Mensch ist er?

7. Wie reagiert Marias Familie auf Bill?

8. Was für einen Eindruck bekommen wir von Maria durch die „Bill-Episode"?

9. Warum erschlägt Maria Bill?

10. Welche Hintergrundgeräusche hören Sie in diesen Szenen, welche Musiktitel können Sie identifizieren? Versuchen Sie die Bedeutung der Titel zu beschreiben.

III. Marias Erfolg

Szenen 24-34
Oswald

Szene 24   Gerichtssaal

Szene 25   Zuchthaus/ Besuchsraum

Szene 26   Bahnhof

Szene 27
Eisenbahn/ Abteil

Die Szene beginnt mit der Kamera auf Oswald, der Zeitung liest und nicht aufsieht, als sich die Abteiltür öffnet. Maria stöckelt herein und schließt die Tür.

MARIA   Guten Tag.

OSWALD   (*ohne aufzusehen*) Guten Tag.

Oswald wirft einen flüchtigen Blick über seine Zeitung, will weiterlesen, stutzt, fährt dann erstaunt hoch und springt auf.

MARIA   (*deutet auf die Plätze*) Ist das alles noch frei?

OSWALD   Aber natürlich ... Überall ... wo Sie wollen ...

Maria räumt Oswalds Zeitung von Sitz und setzt sich auf seinen Platz. Sie lächelt Oswald gut erzogen an.

MARIA   Danke schön. In Fahrtrichtung ist es mir am liebsten.

Oswald nimmt seine Zeitung, setzt sich Maria gegenüber und starrt sie an.

OSWALD   Ich weiß, es klingt dumm ... aber haben wir uns nicht schon mal gesehen?

MARIA   Ganz sicher nicht.

OSWALD   Erst vor kurzem?

MARIA   Erst recht nicht.

OSWALD   So.

Maria nickt verbindlich, sieht dann zum Fenster raus. Die Tür öffnet sich, und der Schaffner erscheint mit Marias Koffer in der Hand.

SCHAFFNER   Ihre Fahrkarte. Und Ihr Koffer. Sie können ...

Maria funkelt den Schaffner beschwörend an.

MARIA   Danke, Sie können den Koffer ins Gepäcknetz legen.

Der Schaffner kapiert, schiebt den Koffer über ihr ins Gepäcknetz und gibt Maria die Fahrkarte. Zwinkert verschwörerisch.

SCHAFFNER   Ich wünsche Ihnen eine gute Reise, gnädige Frau.

MARIA   (*würdevoll*) Danke, Herr Schaffner.

Maria lehnt sich zurück und schließt die Augen. Der Schaffner geht. Oswald hat den Vorgang beobachtet und lächelt jetzt, weil er sich zusammenreimen kann, was passiert ist. Er beugt sich zu Maria, die weiterhin die Augen geschlossen hat.

OSWALD   Darf ich mich bekannt machen? Oswald, Karl Oswald.

MARIA   Angenehm.

OSWALD   Ich bin in der Textilbranche.

MARIA   Angenehm.

Oswald richtet sich ratlos auf, fördert eine Schachtel Zigaretten hervor.

OSWALD   Zigarette?

MARIA   Danke. Ich rauche nicht.

Oswald steckt die Packung wieder weg.

OSWALD   Ich auch nicht.

Oswald macht nach einer Pause den letzten Anlauf.

OSWALD   Fahren Sie auch so gerne Eisenbahn?

MARIA   Manchmal.

OSWALD   Man kann so gut dabei nachdenken.

MARIA   (*macht die Augen auf, lächelt.*) Sehen Sie? Das ist genau das, was ich die ganze Zeit versuche.

Wortübung

Verbinden Sie die Wörter aus dem Text in der linken Spalte mit den richtigen Synonymen aus der rechten Spalte.

1.	die Fahrtrichtung	verstecken
2.	das Gepäcknetz	herausholen
3.	zusammenreimen	respektvoll
4.	fördern	anstarren
5.	hüllen	zurückgehen
6.	hochachtungsvoll	vorwärts
7.	die Stimme senken	der Stoß
8.	funkeln	resolut
9.	zurückweichen	den Kopf senken
10.	die Verbeugung	die Kofferablage
11.	entschlossen	leise sprechen
12.	der Ruck	verstehen

Szenen 28-33
Karriere

Szene 28   Autofahrt

Szene 29   Wohnung Mutter/Küche

Szene 30   Zuchthaus/Besuchsraum

Szene 31   Schlosshotel/Konferenzzimmer

Szene 32   Schlosshotel/Hotelzimmer

Szene 33   Schlafzimmer Oswald: Oswald, Maria. Oswald spielt
Klavier. Affäre

Vor Gericht nimmt Hermann die Tat auf sich und er wird zu einer längeren Zuchthausstrafe verurteilt. Maria besucht ihn im Zuchthaus: Mit dem Leben wollen sie anfangen, sobald sie wieder zusammen sind. Auf einer Eisenbahnfahrt lernt Maria den Fabrikanten Karl Oswald kennen, der ihr anbietet, für sie zu arbeiten. Maria kann Englisch und hilft bei Verhandlungen mit Ausländern, macht jedoch auch weitergehende Investitions- und Expansionsvorschläge. Oswald, ein älterer Herr, verliebt sich in Maria. Die Angestellte wird seine Geliebte, doch die Initiative geht von ihr aus, denn sie will klare Verhältnisse.

Kulturinformationen

Exilanten

Oswald ist einer von zehntausend Exilanten, die Deutschland während der Nazizeit verließen um nicht ermordet zu werden. Darunter zählten nicht nur Juden oder rassisch Verfolgte, sondern auch viele Intellektuelle oder andere politisch Verfolgte. Es ist nicht klar, zu welcher Gruppe Oswald gehört.

Eisenbahnen

Es ist nicht üblich, in Deutschland in der ersten Klasse Eisenbahn zu fahren. Auch heute noch sind es meistens Ausländer oder Geschäftsleute, die nicht das Flugzeug benutzen wollen. Die meisten Menschen benutzen die zweite Klasse, auch im Intercity.

Fragen

1. Welches Angebot macht Oswald an Maria?

2. Beschreiben Sie die Hintergrundgeräusche in den Szenen, und versuchen Sie, ihre Bedeutung herauszufinden.

3. Beschreiben Sie das Zusammenspiel der Personen in Szene 29. Welchen Eindruck erhalten wir von Marias Familie?

4. Wie ist die Beziehung zwischen Hermann und Maria in der Zuchthausszene?

5. Szene 31 zeigt die Fähigkeiten Marias. Was ist ihr Talent?

6. Wie reagiert Senckenberg auf Marias Methoden?

7. Wie beginnt die Affäre zwischen Oswald und Maria?

8. Wie beurteilen Sie die Person der Maria von dieser Szene her?

9. Beschreiben Sie Senckenberg. Was ist seine Rolle in Oswalds Betrieb? Welche Rolle spielt er im Film?

IV. Maria macht Karriere

Szenen 34-53
Geschäftsfrau

Szene 50
Wohnung Mutter/Wohnzimmer

Überall stehen die Reste eines üppigen kalten Büffets. Die Geburtstagsgäste: Willi, Betti, Maria, Oswald. Die Mutter posiert neckisch vor einer neuen Musiktruhe. Herr Wetzel fotografiert. In einer Ecke sitzt Opa Berger in einem Sessel und schläft. Die Mutter löst sich aus der Pose und geht auf Wetzel zu.

MUTTER   (*kokett*) Na, wie war ich?

WETZEL   Süß.

Wetzel kneift die Mutter in den Hintern, die Mutter juchzt[1]. Maria sieht schnell weg.

MUTTER   Und jetzt eins, wo wir alle drauf sind.

WETZEL   Opa Berger auch.

MARIA   (*schnell*) Ich mach es.

MUTTER   Soweit kommt's noch. Die ganze Familie soll drauf sein. Herr Oswald, wenn Sie vielleicht die Freundlichkeit hätten, ...

Herr Wetzel gibt Oswald den Fotoapparat. Oswald ist höflich bemüht, aber sehr fremd unter den anderen, die sich jetzt gruppieren und denen er alleine gegenübersteht. Opa Berger wird auf einen Stuhl vor die Truhe gesetzt. Er begreift[2] nichts und schläft sofort wieder ein.

OSWALD   (*Apparat einstellend*) Ich fürchte nur, dass meine Künste ...

MUTTER   (*auf der Truhe*) Macht nichts, macht gar nichts. Opa Berger wackelt[3] sowieso immer, da kann der beste Fotograph nichts machen. Mir geht's nur darum, dass wir alle drauf sind an meinem Ehrentag.

WETZEL   Scharf[4] sind wir selber.

Wetzel und die Mutter lachen, die Mutter gibt Wetzel einen Klaps, die anderen sind eher betreten[5].

BETTI   Opa Berger ist wieder eingeschlafen. Soll ich ihn wecken?

MUTTER   Ach was, der bleibt wie er ist. Der schläft immer.

WETZEL   Wer schläft, der sündigt nicht.

Außer Wetzel selbst lacht niemand über den Witz, die Mutter und Wetzel sitzen, Kopf-an-Kopf gelehnt auf der Truhe, vor ihnen im Stuhl der schlafende Opa Berger. Maria sieht etwas distanziert neben der Truhe, Willi und Betti getrennt, außen an den beiden Seiten.

MUTTER   Immerhin war Opa Berger der einzige Mann, der mich in den kalten Nachkriegswintern gewärmt hat.

WETZEL   Na, na ...

MUTTER   (*Pointe*) Er hat mir nämlich immer Anmachholz[6] gebracht.

Alle, bis auf Maria, brechen in Lachen aus. Maria sieht ernst auf Oswald. Oswalds verlegenes Lächeln wird unter Marias Blick traurig. Dann knipst Oswald. Opa Berger schreckt durch das Blitzlicht hoch.

OSWALD   (*krächzt*) Verdunklung[7]!

Alle lachen. Die Gruppe löst sich auf. Die Mutter nimmt Oswald den Fotoapparat aus der Hand.

MUTTER   Da könnte der Goebbels hier eine Rede halten, er wäre nicht aufgewacht, der Opa.

WETZEL   (*an der Musiktruhe*) Musik! Der Tanz ist eröffnet!

Wetzel stellt die Musik an und fordert die Mutter auf. Die Umstehenden lachen. Wetzel und die Mutter tanzen. Maria steht mit Betti zusammen, sie beobachtet Oswald, der sich mit Willi unterhält.

MARIA   (*auf das Paar*) Es ist mir irgendwie nie in den Sinn gekommen, dass meine Mutter auch eine Frau ist. Und dann kommt einer daher und schon ist sie eine.

BETTI   Irgendwie kommt es mir ungehörig[8] vor, für ihr Alter. Ich weiß nicht, es ist sicher spießig[9] und ungerecht, aber es kommt mir halt so vor.

MARIA   Das ist nur, weil du selbst unglücklich bist. Dann sehen alle glücklichen Leute gleich auch ein bisschen unanständig[10] aus.

BETTI   Du hast schon recht. Ich bin unglücklich, weil bei uns einfach nichts mehr läuft. Und weil ich unglücklich bin, läuft dann erst recht nichts mehr. Wenn wir alleine sind, Willi und ich, dann ist es manchmal so, als ob wir schon tot wären. Was sage ich, tot. Das wär' ja noch was. Er findet mich einfach langweilig, ich spüre das, und das ist das Schlimmste.

MARIA   Dann tu was dagegen.

BETTI   Du redest schon genau wie er. Ich taug halt nun mal bloß zu dem, was ich bin. Mehr kann ich nicht aus mir machen. Dicker werden kann ich, das ist alles.

MARIA   Dicker werden wir alle.

BETTI   Du doch nicht. Du kannst da gar nicht mitreden. Wenn es so weiter geht, finde ich nicht mal mehr einen Liebhaber.

MARIA   Die Liebhaber werden auch dicker.

BETTI	Weiß dein Oswald eigentlich alles? Weiß er von Hermann?
MARIA	Nein.
BETTI	Das sieht dir aber gar nicht ähnlich. Dass du ihm was verschweigst. Und außerdem, rauskommen wird es irgendwann sowieso.
MARIA	Ich weiß, irgendwie ist es die einzige Lüge in meinem Leben. Als es anfing zwischen uns, da war es nicht wichtig, und als es wichtig wurde, da konnte ich es nicht mehr sagen.
BETTI	Wirklich, Maria Braun, das sieht dir gar nicht ähnlich. Was ist, wenn du es ihm jetzt einfach sagst?
MARIA	Ich glaube, er würde mich umbringen[11].

Maria löst sich von Betti und geht zu Oswald, der jetzt alleine steht.

MARIA	Du siehst traurig aus.
OSWALD	Ich bin traurig.
MARIA	Komm, wir tanzen. Ganz wild. Bis wir nicht mehr können.
OSWALD	Ja, ganz wild. Bis wir nicht mehr können.

Maria und Oswald gehen in die Mitte des Raums, wo Mutter und Wetzel tanzen, stehen in Tanzhaltung da. Tanzen aber nicht. Sie sehen sich ernst an.

MARIA	Sag mir, was ist.
OSWALD	Ich werde dich immer lieben so lange ich lebe.

Oswald hat das sehr feierlich gesagt, fast wie einen Schwur[12]. Über Marias Gesicht läuft eine Träne. Maria lehnt sich an Oswald, um die Träne zu verbergen. Sie beginnen sanft und zärtlich zu tanzen. Oswald sieht jetzt froh und entschlossen aus.

Wortübung

Verbinden Sie die Wörter aus dem Text in der linken Spalte mit den richtigen Synonymen aus der rechten Spalte.

1. juchzen   zittern
2. begreifen   kein Licht
3. wackeln   frech
4. scharf   der Eid
5. betreten   lachen
6. das Anmachholz   nicht akzeptabel
7. die Verdunklung   peinlich

8. ungehörig	klar, auch sexuell gemeint
9. spießig	verstehen
10. unanständig	töten
11. umbringen	Holz zum Heizen
12. der Schwur	kleinbürgerlich

Szenen 51-53
Hermann

Szene 51   Zuchthaus/Besuchsraum

Szene 52   Büro Maria

Szene 53   Zuchthaus/Besuchsraum

Maria macht zielstrebig Karriere, und wird ein wichtiger Partner in Oswalds Firma. Auf ihre Art bleibt Maria ihrem Mann treu und baut ein neues Leben auf, das sie später mit Hermann genießen will. Bei ihren Besuchen im Zuchthaus berichtet sie Hermann von ihrer Affäre mit Oswald. Auch Oswald wird bei Familienfesten in Marias Familie integriert. Während Maria Karriere macht, hat ihre Schwester Betti Probleme mit ihrem eigenen Mann. Marias Mutter verliebt sich in einen neuen Mann, Herrn Wetzel. Oswald interessiert sich für Marias Mann und besucht ihn im Zuchthaus. Als Hermann aus dem Zuchthaus entlassen wird, verpasst sie ihn – er hat sich nach Kanada abgesetzt.

Kulturinformationen

Wirtschaftswunder

Westdeutschland erlebt ein unerhörtes „Wirtschaftswunder" nach der Staatsgründung 1949. Innerhalb von zehn Jahren hatte Deutschland wieder den Lebensstandard von 1938 erreicht, dank des Marshallplans und der Politik von Konrad Adenauer und Ludwig Erhard, Wohlstand für alle, auch Soziale Marktwirtschaft genannt.

Soziale Marktwirtschaft

Soziale Marktwirtschaft ist das Konzept von Adenauers Wirtschaftminister Ludwig Erhard, der sozialistische Ideen mit kapitalistischen Ideen verbinden wollte. So spielten Gewerkschaften immer eine hervorragende Rolle, siehe Szene 38.

Fragen

1. Beschreiben Sie Betti. Wie ändert sich ihre Stimmung in diesen Szenen?

2. Was ist Marias Einstellung zu ihrer Affäre mit Oswald? Was ist daran ungewöhnlich?

3. Erklären Sie, was in der Konferenzszene geschehen ist. Welche Rolle spielt Maria? Was sagt Sie dem Reporter?

4. Was will der Anwalt von Maria in Szene 41?

5. Wer ist Wetzel? Wie reagiert Maria auf ihn?

6. Was ist mit Oswald geschehen? In welcher Stimmung finden wir ihn am Ende der abgedruckten Szene 50?

7. Beschreiben Sie, was mit Hermann geschehen ist. Können Sie sein Verhalten verstehen?

8. Betrachten Sie die Szene 51, Maria und Hermann im Besuchsraum. Wie gestaltet Fassbinder die Beziehung visuell?

V. Marias Ende

Szenen 54-67
Maria und Hermann

Szene 54   Wohnung Oswald

Szene 55   Haus Maria

Szene 56   Büro Maria

Szene 57   Haus Maria

Szene 58   Restaurant Bastei

Szene 59   Ruine der Schule

Szene 60   Haus Maria

Szene 61   Büro Maria

Szene 62   Haus Maria/Wohnzimmer

Szene 63   Restaurant Bastei

Szene 64   Haus Maria/Bad

Szene 65   Haus Maria

Szene 66   Haus/Bad

Szene 67   Haus Maria

Hermann ist nach Kanada ausgewandert, um dort Karriere zu machen, kehrt jedoch zurück. Maria erwartet ihn in ihrem Haus. Oswald ist inzwischen gestorben, er hat Maria zu seiner Erbin gemacht. Bei der Testamentseröffnung erfährt sie von einer Vereinbarung zwischen Oswald und Hermann, der sie dem Fabrikanten als Liebhaberin überlassen hat, so lange wie er noch zu leben hat. Das richtige Eheleben zwischen Maria und Hermann, immer wieder aufgeschoben, könnte nun beginnen. Doch

Maria zündet sich eine Zigarette am offenen Gasherd des neuen Hauses an und löst damit - Absicht oder Unfall? - eine Explosion aus, die das Haus zerstört, in dem beide, Maria und Hermann, umkommen.

Kulturinformationen

Fußball-Weltmeisterschaft 1954

Die Erringung der Fußballweltmeisterschaft 1954 bedeutet für Deutschland, dass es jetzt wieder vollwertiges Mitglied zumindest in der Welt des Sports war. Im Nachhinein hat dieser Titel eine fast mythische Bedeutung erhalten.

Eigenheim

Marias Besitz eines Eigenheims bedeutete, dass die Deutschen jetzt wieder an ein eigenes Haus denken konnten, zumal in den fünfziger Jahren die große Masse in engen Mietswohnungen leben musste.

Fragen

1. Wie ist Marias Stimmung beim Bezug des Hauses? Erklären Sie ihre Stimmung.

2. Worüber sprechen Maria und Oswald im Restaurant (Szene 58)?

3. Erklären Sie Marias Verhalten der Sekretärin Frau Ehmcke gegenüber.

4. Wie verhalten sich Senckenberg und Maria, nachdem sie von Oswalds Tod gehört haben?

5. Versuchen Sie, die Szene 63 zu deuten, in der Maria allein im Restaurant ist.

6. Was bedeutet die Einspielung der Übertragung des Fussballspiels der Weltmeisterschaft 1954 in der letzten Szene?

7. Warum ist Maria betrunken, als Hermann zurückkommt?

8. Warum trägt Maria drei verschiedene Kleider in der letzten Szene?

9. Warum kommen Senckenberg und die Anwältin in der letzten Szene zu Maria?

10. Glauben Sie, dass Maria am Ende Selbstmord begeht, oder handelt es sich um einen Unfall?

11. Warum hat Fassbinder die letzten sieben Minuten des Films als eine durchgehende Szene gestaltet?

12. Wie ist die Beziehung zwischen Hermann und Maria in dieser letzten Szene?

Allgemeine Fragen zur Analyse der Handlung und Technik des Films

1. Finden Sie Szenen, wo Fassbinder Nahaufnahmen und Detailaufnahmen kombiniert und diskutieren Sie die Wirkung dieser Szenen.

2. Welche Objekte zeigt Fassbinder immer wieder in seinem Film und welche Bedeutung können Sie diesen Objekten zuordnen?

3. Welche Rolle spielt der Ton in *Die Ehe der Maria Braun*? Versuchen Sie die Bedeutung in einigen wichtigen Szenen herauszustellen.

4. Zeigen Sie Szenen, in denen Fassbinder Tableaus oder Standbilder zeigt, Szenen, die wie ein gestelltes Bild ausssehen. Was ist die Wirkung dieser Tableaus?

5. Sehen Sie Unterschiede im abgedruckten Drehbuch des Films mit dem Shooting Script, dem aktuellen Filmdrehbuch? Erklären Sie diese Unterschiede.

Und zum Schluss eine Wortübung

Fügen Sie die folgenden Wörter in den Text unten ein:

Alliierten   (die) Beziehung   (der) Bombenhagel

(das) Kriegsende   (die) Wiederkehr

Realistisch betrachtet währt Maria Brauns Ehe nur einen Tag: Im _____ getraut, wird ihr Mann Hermann gegen Ende des Zweiten Weltkrieges an die Front zurückbeordert und bleibt auch nach _____ unauffindbar. Ohne Unterlass auf seine _____ hoffend, beginnt Maria, wie so viele Frauen dieser Zeit, erstmals einer eigenständigen Arbeit nachzugehen. Als Animiermädchen arbeitet sie in einer Bar der _____ , wo sie mit zumeist amerikanischen Soldaten zusammenkommt. Als der Mann ihrer besten Freundin Betti zurückkehrt und von Hermanns Tod berichtet, kehrt Maria in die Bar zurück und beginnt eine _____ mit einem sie zutiefst liebenden Amerikaner. Hermann aber vergisst sie dabei nie, gibt ihn als den einzigen an, den sie wirklich liebt - und eines Tages taucht ihr Mann wie aus dem Nichts wieder auf.

CHAPTER 7

Die Blechtrommel

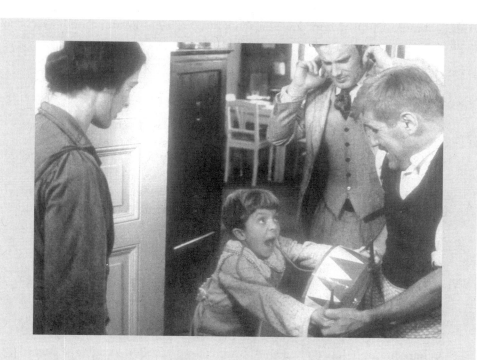

PERSONEN

Oskar Matzerath
Agnes Matzerath
Alfred Matzerath
Jan Bronski
Anna Koljaiczek
Sigismund Markus
Bebra

VHS/DVD Deutsch mit englischen Untertiteln.
Rated: R. 142 Minuten. 1979

Der Film enthält 126 Szenen, die man für den Unterricht in sechs Teile gliedern kann. Es empfiehlt sich sechs fünfzigminütige Kurzstunden zu verwenden, um das Material des Kapitels zu behandeln und mindestens eine weitere Stunde am Ende, um den Film zu besprechen.

SZENENFOLGE

wird dem Buch *Die Blechtrommel als Film / Volker Schlöndorff; Günter Grass. - 1. Aufl.. - Frankfurt am Main: Zweitausendeins, 1979* entnommen und weicht an einigen Stellen von der Szenenfolge im Film ab.

Informationen zum Film

Volker Schlöndorff war der erfolgreichste Regisseure des neuen deutschen Kinos, als er *Die Blechtrommel* drehte. Schlöndorff war besonders für seine Literaturverfilmungen bekannt. Vor diesem Film hatte er Robert Musils *Der junge Törless*, Heinrich Kleists *Michael Kohlhaas* und Heinrich Bölls *Die verlorene Ehre der Katharina Blum* verfilmt. Der Film bleibt bis heute sein erfolgreichstes Werk. Schlöndorff dreht heute Filme sowohl auf Deutsch wie auch auf Englisch. Sein bekanntester amerikanischer Film ist *The Handmaid's Tale* nach dem Roman von Margaret Atwood.

Die Darsteller des Films waren meist auch schon durch andere Filme bekannt. Angela Winkler, Mario Adorf und Heinz Bennent hatten für Schlöndorff in *Die verlorene Ehre der Katharina Blum* gearbeitet, und waren wie Schlöndorff und Grass überzeugte Sozialdemokraten. David Bennent, der Oskar spielt, ist Heinz Bennents Sohn, und war zur Zeit der Dreharbeiten elf Jahre alt. Der Film bekam 1979 den Academy Award als Best Foreign Film, der erste deutsche Film, der diesen Preis gewonnen hat.

Die Blechtrommel spielt in der damals freien Stadt Danzig, die früher ein Teil des größeren Deutschland war, aber zur Zeit des Films ein unabhängiger Staat, der unter der Aufsicht des Völkerbunds (eine Organisation die nach dem Ersten Weltkrieg gegründet wurde, um weitere Kriege zu vermeiden) war und seit dem Ende des Zweiten Weltkriegs die polnische Stadt Gdansk ist. Danzig ist Heimat für Deutsche, Polen und Kaschuben (eine slawische Volksgruppe). Die Stadt spiegelt die wachsende Unruhe des deutschstämmigen Bürgertums wider. Da Mischehen zwischen Deutschen und Polen oder Kaschuben nicht selten waren, zeigt der Film auch die Absurdität der Rassenpolitik der Nazis.

I. Die Zeit vor Oskars Geburt/Die Zeit vor seinem Unfall

Szenen 1-19

Szene 1   Kaschubei

Szene 2   Flussufer/Holzhafen

Szene 3   Bürohaus in Chicago

Szene 4   Markt am Hafen

Szene 5   Wehrbezirkskommando

Szene 6   Vor dem Wehrbezirkskommando

Szene 7   Küche des Lazaretts

Szene 8   Markt am Hafen

Szene 9   Labesweg

Am Anfang des Films hören wir Oskars Stimme, wie sie die Jahre vor seiner Geburt beschreibt. Er erzählt von seiner Großmutter, und wie sie von einem Flüchtling schwanger wurde, bevor der Mann nach Chicago entfloh. Wir sehen auch wie die Tochter der kurzen Affäre, Oskars Mutter, aufwächst und wie sie sich in ihren Cousin Jan Bronski und gleichzeitig in Alfred Matzerath verliebt.

Szene 10   Wohnung Matzerath/Schlafzimmer

Szene 11   Gebärmutter von Agnes Matzerath

Szene 12   Wohnung Matzerath/Schlafzimmer

Szene 13   Wohnung Matzerath/Wohnzimmer

Szene 14   Kolonialwarenladen

Oskar erzählt von seiner Geburt, und von dem Versprechen seiner Mutter, dass er in seinem dritten Lebensjahr eine Blechtrommel bekommen soll. Folgende Szenen zeigen, wie Oskar aufwächst und wie er an seinem dritten Geburtstag beschließt, nicht mehr zu wachsen.

Szene 19   Wohnung Matzerath/Schlafzimmer

Szene 15
Wohnung Matzerath/Wohnzimmer

Innen/Nacht

Greff stellt Oskar an den Türrahmen und schneidet mit dem Fahrtenmesser eine Kerbe ins Holz.

GREFF   Zwölfter September anno Neunzehnhundertsieben-
                 undzwanzig. Nächstes Jahr bist du so groß (*er zeigt es*)
                 ... und dann so, dann so, bis du so groß bist wie ich.

MATZERATH   (*kommt dazu*) Aktien-Bier, schön kühl und frisch aus
                 dem Keller. *Oskar rutscht zu seiner Großmutter und will
                 ihr unter die Röcke kriechen. Sie schiebt ihn beiseite. Die
                 Spieler setzen sich. Bierflaschen springen schnalzend auf.*

AGNES   (*fragt den Bäcker*) Spielen Sie mit, Herr Scheffler?

SCHEFFLER   (*schaut auf seine Taschenuhr*) Nein, nein. Spielen Sie
                 nur. Ich kiebitze lieber ... im Übrigen muss ich bald ins
                 Bett.

GRETCHEN SCHEFFLER   Er ist immer müde.

GREFF   Da hätten Sie keinen Bäcker heiraten dürfen,
                 Gretchen.

*Er lacht unverhältnismäßig laut. Um Oskar kümmert sich keiner mehr. Er
verkriecht sich unter der Tischplatte, im Schatten des herunterhängenden
Tischtuches.*

MATZERATH   Achtzehn ...

JAN BRONSKI Ja.

MATZERATH   Zwanzig ...

JAN BRONSKI Ja.

Sie reizen weiter bis dreißig.

MATZERATH   Passe.

JAN BRONSKI Passe auch.

AGNES   Spielen wir mal einen kleinen Herz Hand.

Man spielt.

Währenddessen spielt Agnes einen Buben. Sie bedienen.

AGNES   (*spielt aus*) Ja, wenn die Jungens so liegen ... damit wir
                 klar sehen.

Sie gibt ab. Bronski spielt Karo.

AGNES   Herrgott, Jan, pass doch auf, du weißt doch, dass Karo
                 blank ist.

MATZERATH   Nicht streiten, Kinder, spielen!

AGNES   Und der geht auch noch durch.

Das Spiel ist aus. Sie zählen.

AGNES   Was habt ihr denn? Achtzehn Äugelchen. Und ein Spiel zwei, aus der Hand drei, Schneider vier, mal Herz ist vierzig.

JAN BRONSKI   Was lag denn im Skat? ... na, siehste, zwei Karo, könnt' ich doch nicht wissen.

Szene 16
Flur

Die Tür geht auf, Oskar kommt heraus. Drinnen sieht und hört man die Kartenspieler. Nach einem kurzen Blick auf die Kerbe an dem Türpfosten macht Oskar die Tür wieder hinter sich zu.

OSKARS STIMME   An diesem Tag, an dem ich über die Welt der Erwachsenen und meine eigene Zukunft nachdachte, beschloss ich, einen Punkt zu machen. Ich wollte von jetzt an keinen Finger breit mehr wachsen, für immer der Dreijährige, der Gnom, bleiben.

Oskar geht entschlossen durch den dunklen Flur zum Laden.

Szene 17   Kolonialwarenladen

Szene 18
Keller

In der offenen Falltür erscheinen Matzerath, Mama und der Rest der Geburtstagsgesellschaft, plötzlich ernüchtert.

AGNES   Da isser ja! Mein Gott, er ist die Treppe runtergefallen!

Pfadfinderführer Greff ist als erster heran, nimmt den bewusstlosen Oskar vorsichtig hoch, trägt ihn die Treppe hinauf.

GRETCHEN SCHEFFLER Ich lauf schnell rüber zu Doktor Hollatz.

MAMA   (*schreit Matzerath an*) Er blutet! Wieso war die Klappe auf? Alfred, du warst das ... Du Mörder! Du hast die Falltür...

MATZERATH   (*schreit zurück*) ... ich han dat Bier jeholt.

AGNES   ... die Falltür hast du...

MATZERATH   ... beruhige dich doch, ich han bloß dat Bier für euch geholt.

AGNES   Mörder!

Sie knallt ihrem Manne eine, und da er versucht, sie zu beruhigen, noch eine mit dem Handrücken.

Jan versucht zu vermitteln.

JAN　　　　　　Ich bitte dich, Agnes, ich bitte euch ... seid doch vernünftig.

MATZERATH　Halt dich da raus, Cousin!

Jan schaut betreten zu Boden.

In dem Kellerloch liegt auf einem Mehlsack, unbeschädigt, die rotweiß geflammte Blechtrommel.

Szene 19
Wohnung Matzerath/ Schlafzimmer

Oskar liegt in seinem Bettchen. Dr. Hollatz beugt sich mit seinem großen, schwarzen Bart über ihn. Schließlich richtet sich der Arzt auf und spricht mit ernster Miene, Oskar den Rücken kehrend, zu den Eltern.

DR.. HOLLATZ　　Noch ein, zwei Wochen Bettruhe und dann kann das kleine Oskarchen wieder aufstehen.

Oskar öffnet vorsichtig ein Auge.

OSKARS STIMME　Mein Kellersturz war ein voller Erfolg. Fortan hieß es: an seinem dritten Geburtstag stürzte unser kleiner Oskar die Kellertreppe runter, blieb zwar sonst beieinander, nur wachsen wollt' er nicht mehr, kein Zentimeterchen.

Kulturinformationen

Der 2. Weltkrieg

In der Nacht zwischen dem 31. August und dem 1. September 1939 marschierten deutsche Truppen in Polen ein. Laut nationalsozialistischer Propaganda hatten polnische Truppen einen deutschen Radiosender bei Gleiwitz an der Grenze zwischen Deutschland und Polen überfallen. Hitler und die Nazis behaupteten, dass Deutschlands Angriff eine Verteidigungsaktion war. Und am frühen Morgen am 1. September hörte man Hitlers Worte im Radio „Seit heute morgen wird zurückgeschossen, Bombe wird mit Bombe vergolten, Gas mit Gas." Innerhalb einiger Wochen fiel Polen. Im Film wird der Krieg in Polen durch die Kampfszenen vor der polnischen Post dargestellt.

Fragen

1. Warum ist Oskars Großvater auf der Flucht?
2. Was hat er in Chicago vermutlich aufgemacht?
3. Warum verliebt sich Agnes in Matzerath?
4. Beschreiben Sie das Verhalten von Agnes und Bronski auf der Geburtstagsfeier.
5. Warum beschließt Oskar nicht mehr zu wachsen?
6. Welches Kartenspiel wird auf der Party gespielt?
7. Was macht Oskar, damit er nicht mehr wächst?
8. Warum meint Agnes, dass Matzerath die Schuld für den Unfall trägt?
9. Was meint der Arzt, der Oskar kurz nach dem Unfall besucht?

II. Oskars Lebensjahre bis er den Liliputaner Bebra kennen lernt

Szene 20-41

Szene 20   Labesweg
Szene 21   Wohnung Matzerath/Wohnzimmer
Szene 22   Labesweg
Szene 23   Gemüseladen Greff
Szene 24   Labesweg
Szene 25   Klassenzimmer
Szene 26   Praxis Dr. Hollatz
Szene 27   Kolonialwarenladen
Szene 28   Hof
Szene 29   Innenstadt/Heveliusplatz
Szene 30   Polnische Post/Schalterhalle
Szene 31   Polnische Post/Eingang
Szene 32   Straße vor Spielzeuggeschäft
Szene 33   Spielzeuggeschäft
Szene 34   Straße
Szene 35   Tischlergasse
Szene 36   Pension Flora
Szene 37   Stockturm

Szene 38   Stockturm

Szene 39   Spielzeuggeschäft

Szene 40   Labesweg

Szene 41   Kolonialwarenladen

Oskar wird älter ohne zu wachsen. Mit seiner Trommel geht er bald den Erwachsenen auf die Nerven. Als sein Vater das erste Mal versucht ihm die Trommel wegzunehmen, schreit Oskar so lange und so laut, bis die Glasscheibe der Standuhr zerbricht. Auf diese Weise lernt Oskar, dass er durch sein Trommeln Macht über andere hat. Am ersten Schultag schreit er, als die Lehrerin versucht, ihm die Trommel wegzunehmen und dabei zerbricht ihre Brille. Beim Arzt zerbricht sein Schrei Gläser, die ein Embryo und Tierkörper enthalten. Und als seine Mutter den kleinen Oskar beim Spielzeugladenbesitzer zurücklässt, um ihren Liebhaber Jan Bronski zu treffen, steigt Oskar auf einen Kirchturm und schreit, bis alle Fenster der Läden in der Straße, wo seine Mutter und sein Onkel Jan im Hotel sind, zerbrechen.

Szene 21
Wohnung Matzerath/Wohnzimmer

Eins-zwei, eins-zwei trommelnd, betritt Oskar die Wohnung. Seine Mama sitzt am Tisch, vor ihr Rechnungen, das Kassenbuch und Jan Bronskis Briefmarken-Album.

Jan Bronski hält eine Pinzette in der Hand, mit der er gerade eine Briefmarke aufgehoben hat. Oskar will sie anfassen.

MATZERATH   Ich han jesacht, nich in der Wohnung! Außerdem is die Trommel kaputt, du wirst dir wehtun.

Tatsächlich ist der Trommelboden ausgefranst; zackige, scharfe Blechränder kommen Oskars Pulsadern gefährlich nahe. Matzerath stellt die Teller ab. Oskar will sich verdrücken.

MATZERATH   Lass die Trommel hier, Oskar. Wenn du dich verletzt, bin ich's wieder gewesen!

Er greift nach der Trommel, schneidet sich in den Finger.

MATZERATH   Siehste, ich han es ja gesacht.

Oskar klammert sich nun umso fester daran, mit beiden Händen.

Agnes geht zum Büffet und versucht es anders.

AGNES   Du gibst mir die Trommel, Oskar, und ich geb' dir ein Stück Schokolade.

Sie hält es ihm mit spitzem Mund hin.

JAN   Hm, die gute Schokolade! Gib Mama die Trommel, Oskar!

OSKAR   Nein! Oskar will nicht!

MATZERATH   Dann eben nicht!

Er zieht kräftig an der Trommel. Oskar ebenso. Es geht eine Weile hin und her, da lassen Oskars Kräfte nach, das Rund entgleitet ihm. Mit einem letzten Ruck stemmt Oskar sich dagegen und stößt einen ersten zerstörerischen Schrei aus. Die runde, geschliffene Scheibe, die das honiggelbe Zifferblatt der Standuhr vor Fliegen und Staub schützt, zerspringt und fällt, teilweise nochmals scherbend, auf die Dielen.

Alle erstarren. Erschrocken lässt Matzerath die Trommel los.

MATZERATH   Die Uhr ist kaputt.

Auch Oskar schaut ungläubig auf das Werk seiner Stimme. Bleich und hilflos sehen die Erwachsenen einander an.

JAN   (*bewegt trockene Lippen, unhörbar*) O du Lamm Gottes, du nimmst hinweg die Sünden der Welt...

AGNES   (*nimmt ein Fegeblech*) Scherben bringen Glück!

OSKARS STIMME   So entdeckte ich, dass meine Stimme es mir ermöglichte, in derart hoher Lage anhaltend und vibrierend zu singen, dass niemand mehr wagte, mir meine Trommel wegzunehmen. Denn wenn mir meine Trommel weggenommen wurde, schrie ich, - und wenn ich schrie, zersprang Kostbarstes.

Szene 25
Klassenzimmer

Innen/Tag

Der Raum füllt sich mit sechsjährigen Knaben. Die Frauen reihen sich an der Wand gegenüber der Fensterfront auf, während die ABC-Schützen bereits von den Schulbänken Besitz ergreifen. Die Mütter halten jetzt die Zuckertüten in den Armen.

Fräulein Spollenhauer kommt, die Lehrerin. Sie trägt ein eckig geschnittenes Kostüm, das ihr ein trocken-männliches Aussehen gibt. Dieser Eindruck wird noch durch den knappsteifen, Halsfalten ziehenden Hemdkragen verstärkt.

FRÄULEIN SPOLLENHAUER   Guten Morgen ... guten Morgen, Kinder.

Vielstimmiger Gegengruß.

FRÄULEIN SPOLLENHAUER   Ich heiße Spollenhauer und bin eure Lehrerin, nennt mich einfach Fräulein, ja? Nun, liebe Kinder, könnt ihr vielleicht ein Liedchen singen?

Die Kinder schreien durcheinander.

Da rafft sich Oskar auf, zieht mit einem Griff die Stöcke unter seinen Hosenträgern hervor und trommelt laut los.

FRÄULEIN SPOLLENHAUER   Du bist sicher der kleine Oskar, von dir haben wir schon viel gehört. Wie schön du das kannst! Nicht wahr, Kinder? Ist unser Oskar nicht ein guter Trommler?

Lautstark schallt es ihr entgegen.   Ja, ja, ja!

FRÄULEIN SPOLLENHAUER   Doch nun wollen wir die Trommel im Klassenschrank verwahren...

Oskar umarmt seine Trommel.

FRÄULEIN SPOLLENHAUER   Sie wird müde sein und schlafen wollen. Nachher, wenn die Schule aus ist, sollst du deine Trommel wiederbekommen.

Eingeschüchtert durch Oskars unerbittlichen Blick zieht sie ihre Hände mit den kurz gestutzten Fingernägeln, die sich schon am Instrument vergreifen wollten, zurück.

FRÄULEIN SPOLLENHAUER   Du bist aber ein böser Oskar!

Sie geht zum Katheder, öffnet ihre Handtasche, fischt einen Packen Zettel heraus, behält einen davon für sich, gibt die anderen zur Weiterverteilung an die Mütter und verkündet, indem sie mit den Fingergelenken knackt.

FRÄULEIN SPOLLENHAUER   Ich lese euch jetzt den Stundenplan vor. Also ...Montag: Schreiben ... Alle zusammen: Schreiben...

CHOR   (*jauchzend*) Schreiben.

FRÄULEIN SPOLLENHAUER   Rechnen ...

CHOR   (*mit Trommelbegleitung*) Rech-nen!

FRÄULEIN SPOLLENHAUER   Oskar, du wirst jetzt aufhören! - Religion ...

Oskars atheistischer Trommelwirbel erstickt die Antwort des Chores.

Das ist zuviel für Fräulein Spollenhauer. Sie eilt herbei, wagt den Zugriff, da lässt Oskar seinen glastötenden Schrei los. Die obere Scheibe des Klassenfensters zerspringt. Die Kinder verstummen. Ungehindert dringt frische Frühlingsluft in den Raum. Plötzlich hat die Spollenhauer einen Rohrstock in der Hand, lässt ihn auf Oskars Pultdeckel knallen, dass die Tinte im Fässchen einen violetten Sprung macht. Und dann lässt sie den biegsamen Stock wütend auf die Blechtrommel sausen.

Da kommt es Oskar an, da steigt es in ihm hoch. Sein Schrei lässt die beiden Brillengläser der Spollenhauer zu Staub werden. Geblendet, tastet sie sich mit leicht blutenden Augenbrauen über die nunmehr leeren Brillenfassungen zurück zum Katheder, wo sie unbeherrscht zu greinen beginnt.

Szene 26
Praxis Dr. Hollatz

DR. HOLLATZ (*mit Blick auf ein Karteiblatt*) ...sonderbar ... sehr
sonderbar ... Wie alt, sagen Sie, ist er jetzt?

AGNES   Sechs Jahre, Herr Doktor

Der Arzt schüttelt bedenklich den Kopf, will von der Mama wissen

DR. HOLLATZ Und wie lange ist es her, dass er die Kellertreppe
runtergestürzt ist?

AGNES   Am zwölften September waren es vier Jahre, Herr
Doktor.

DR. HOLLATZ Wir werden uns die Wirbelsäule noch einmal genau
ansehen. Ziehen Sie das Oskarchen aus, Schwester Inge.

*Die Schwester will Oskar ausziehen, sie stößt dabei auf seinen entschiedenen
Widerstand, denn: um ihn zu entkleiden, müsste ja erst die Trommel beiseite.*

SCHWESTER INGE   (*sanft*) ... nun sei aber brav, mein Junge du
bekommst deine Trommel ja gleich wieder...

AGNES   Gib die Trommel her. Ich halte sie solange.

Oskar hält sein Blech fest, zeigt sich absolut verstockt.

SCHWESTER INGE   Schau, so kannst du doch nicht aus dem
Hemdchen schlüpfen...

*Oskar bleibt stur, Schwester Inge wendet sich an den Doktor, zuckt hilflos die
Schultern.*

AGNES   Oskarchen, wenn du nich lieb bist, macht dich der
Onkel Doktor nich jesund.

*Oskar fixiert einen Fötus in Spiritus. Der Arzt will selbst eingreifen — womit
Oskar eine Serie zerstörerische Schreie auslöst. Gleich mit dem ersten, noch
relativ sparsam bemessenen Ton schneidet Oskar die Vitrine, in der Dr.
Hollatz sauber beschriftete Spiritusgläser mit Schlangen, Molchen, Kröten,
Schweine-, Menschen- und Affenembryonen verwahrt, der Länge und Breite
nach auf, lässt sodann einen nahezu quadratische Scheibe aus der Ansichtsseite
des Glasschrankes vornüber klappen und zu Boden fallen, wo sie tausendmal
zerspringt. — gibt dann seinem Schrei etwas mehr Profil und eine geradezu
verschwenderische Dringlichkeit. Nacheinander zerplatzen die Gläser.*

DR HOLLATZ Außerordentlich ... Außerordentlich ... ich werde
dieses Stimmphänomen in einer Abhandlung in
unserer Fachzeitschrift gebührend würdigen ... wenn
Sie damit einverstanden sind, Frau Matzerath.

Fragen

1. Wie versuchen die Eltern den kleinen Oskar zu überreden, seine Trommel aufzugeben?

2. Schauen Sie sich das Foto am Anfang des Kapitels an.
    a. Was macht Onkel Jan in dieser Szene und warum?
    b. Warum will Oskars Vater die Trommel wegnehmen?
    c. Wie lenkt Schlöndorff unseren Blick auf Oskar?
    d. Wer hat Oskar die Trommel gekauft?

3. Was haben die Kinder an diesem ersten Schultag mit in die Schule gebracht?

4. Was tun die Kinder in der Schule, als die Lehrerin den Stundenplan vorliest?

5. Was tut Oskar, während die Lehrerin liest?

6. Warum kann die Krankenschwester Oskars Hemd nicht ausziehen?

7. Was liest Agnes ihrer Mutter vor, während sie im Kolonialwarenladen sind?

8. Warum geht Oskar gern in die Stadt?

9. Worauf deutet die Szene am Ende dieses Teils, wenn Oskar die Fensterläden mit seiner Stimme zerbricht?

Wortschatz

Welche Wörter in Liste A sind mit den Wörtern in Liste B verwandt?

zersplittern	der Embryo
der Liliputaner	das Gasthaus
entkleiden	die Stadtmitte
der Vetter	die Spiele
schreien	der Zwerg
das Spielzeug	laut weinen
das Hotel	der Cousin
die Innenstadt	zerbrechen
der Fötus	ausziehen

Strukturen

Beim Erzählen seiner Geschichte verwendet Oskar das Präteritum, die Zeitform die beim Erzählen bevorzugt wird. Unten erscheinen einige seiner Sätze. Schreiben Sie diese Sätze im Perfekt.

Beispiel: An diesem Tag beschloss ich für immer der Gnom zu bleiben.
An diesem Tag habe ich beschlossen der Gnom zu bleiben.

1. Mein Kellersturz war ein voller Erfolg.

2. An seinem dritten Geburtstag stürzte unser kleiner Oskar die Kellertreppe runter.

3. So entdeckte ich, dass meine Stimme mir viel ermöglichte.

4. Wenn ich schrie, zersprang Kostbares.

5. Die Männer in den Uniformen suchten meinen Großvater.

6. Nach dem Sprung ins Wasser tauchte Koljaiczek nie wieder auf.

7. Über die Jahre saß meine Großmutter in ihren vier Röcken und verkaufte ihre Gemüse auf dem Markt.

8. Sie wurde älter.

9. Meine Mutter sorgte sich um ihren Cousin Jan.

10. Da hielt meine arme Mama ihren Vetter Jan zum ersten Mal.

11. Ihre Kriegsliebe blieb ungetrübt.

12. Eines Tages tauchte Matzerath auf.

Kulturinformationen

Günter Grass hat den Roman *Die Blechtrommel*, nach dem der Film gedreht wurde, im Jahre 1956 geschrieben. Zusammen mit seiner Novelle *Katz und Maus*, in der Oskar erwähnt wird aber keine wichtige Rolle spielt, machten diese zwei Werke den Autor zum *Enfant terrible* der deutschen Literatur. Trotz oder wegen der Kontroverse, die das Werk durch sein Thema und seine Bilder hervorrief, wurde der Roman zu einem internationalen Bestseller. Besonders heikel waren die Bilder, die bürgerliche Moral als eine Scheinmoral enthüllten, und Themen, die sich brutal und ehrlich mit der Vergangenheit auseinandersetzten. Vierzig Jahre später hat Grass das Thema noch einmal in seiner Novelle *Krebsgang* aufgenommen.

III. Oskars Leben bis zum Ausbruch des Kriegs

Szenen 42-63

Szene 42   Zirkus

Szene 43   Zirkuszelt/Menagerie

Als Oskar 10 Jahre alt wird, besucht er einen Zirkus, wo er den Liliputaner Bebra kennen lernt. Bebra warnt ihn, dass „die anderen" kommen, womit er die Nazis meint. Zum ersten Mal hat Oskar in dieser Szene gezeigt, dass er richtig sprechen kann. Das tut er in Zukunft immer mit Kindern und Zwergen. Erwachsenen gegenüber lallt er dagegen wie ein Dreijähriger.

Szene 43
Zirkuszelt/Menagerie

In der Pause.

Oskar stiehlt sich weg, klettert unter den Wagen durch und stößt auf ein paar Zwergziegen.

Da geht der Clown Bebra in Hosenträgern und Pantoffeln an ihm vorbei. Er trägt einen Wassereimer.

Die Blicke der beiden kreuzen sich flüchtig. Bebra bleibt sofort stehen, stellt den Eimer ab und legt den großen Kopf schief.

BEBRA	(*neidisch*) Schau, schau! Heutzutage wollen die Dreijährigen schon nicht mehr wachsen. (*Oskar antwortet nicht drauf*). Bebra mein Name ...(*stellt sich der Zwerg vor, der Oskar um etwa 10 cm überragt*). Ich stamme in direkter Linie vom Prinzen Eugen ab, ergo von Ludwig dem Vierzehnten, denn dieser war sein Vater - nicht irgendein Savoyarde, wie behauptet wird.
OSKAR	Oskar – (*sagt Oskar jetzt und reicht Bebra die Hand*).
BEBRA	Sagen Sie, bester Oskar, Sie dürften jetzt vierzehn oder fünfzehn Jährchen zählen...
OSKAR	Neun - neuneinhalb.
BEBRA	Nicht möglich! Und wie alt schätzen Sie mich?
OSKAR	Fünfunddreißig.

BEBRA	Sie sind ein Schmeichler, junger Freund. Fünfunddreißig, das war einmal. Im August feiere ich mein Dreiundfünfzigstes. Ich könnte Ihr Großvater sein! – Sind Sie auch Künstler?
OSKAR	Nicht eigentlich, wiewohl ich … *Er stößt einen seiner schrillen glaszerstörenden Schreie aus, dem – drei Glühbirnen der Zirkusplatzbeleuchtung zum Opfer fallen. Bebra reißt vor Staunen die Augen auf.*
OSKAR	… wie Sie sehen, durchaus zu einem Kunststück fähig bin.
BEBRA	Bravo, bravissimo! Sie müssen zu uns kommen …unbedingt.
OSKAR	Wissen Sie, Herr Bebra … (*entgegnet Oskar, setzt sich auf eine der Deichseln und lässt seine Beinchen baumeln*) Wissen Sie, ich rechne mich lieber zu den Zuschauern und lasse meine kleine Kunst im Verborgenen blühen.
BEBRA	(*erhebt seinen zerknitterten Zeigefinger*) Bester Oskar, glauben Sie einem erfahrenen Kollegen: Unsereins darf nie zu den Zuschauern gehören. Unsereins muss vorspielen und die Handlung bestimmen, sonst tun es die anderen! (*Er kommt ganz nahe heran, flüstert bedeutungsvoll*) Und die anderen werden kommen, sie werden die Festplätze besetzen. Sie werden Fackelzüge veranstalten! Sie werden Tribünen bauen, Tribünen bevölkern und von Tribünen herunter unseren Untergang predigen!

Oskars Name wird gerufen.

BEBRA	Man sucht Sie, bester Freund. Wir werden uns wieder sehen. Wir sind zu klein, als dass wir uns verlieren könnten.

AGNES MATZERATH   Oskar! Oskar!

Sie sieht gerade noch, wie Bebra ihr entwischtes Söhnchen auf die Stirn küsst. Sie bekreuzigt sich.

Bebra ergreift den Wassereimer und trippelt, Schultern rudernd, davon, nicht ohne noch einmal zurückzurufen.

BEBRA	Sie werden kommen!

Szene 44	Treppenhaus
Szene 45	Wohnung Matzerath/Wohnzimmer
Szene 46	Maiwiese/Tribüne
Szene 47	Brösen/Zoppot
Szene 48	Mole
Szene 49	Wohnung Matzerath/Küche
Szene 50	Wohnung Matzerath/Wohnzimmer
Szene 51	Wohnung Matzerath/Schlafzimmer
Szene 52	Wohnung Matzerath/Wohnzimmer
Szene 53	Markus
Szene 54	Herz-Jesu-Kirche
Szene 55	Kolonialwarenladen
Szene 56	Kolonialwarenladen
Szene 57	Wohnung Matzerath/Küche
Szene 58	Treppenhaus
Szene 59	Friedhof
Szene 60	Landstraße
Szene 61	Bauernhof
Szene 62	Friedhof
Szene 63	Bauernhof

Bebras Bekanntschaft hat einen tiefen Eindruck auf Oskar gemacht, der kurz danach mit seinem Vater eine Naziversammlung besucht und mit seinem Trommeln das Spektakel stört. In den folgenden Monaten sieht Oskar zu, wie seine Mutter und sein Onkel Jan ihre Affäre immer gewagter fortsetzen. Eines Tages beobachtet Oskar durch einen Spalt in der Tür sogar, wie Jan Agnes im Schlafzimmer befriedigt, gleich neben der Küche, wo Matzerath das Essen vorbereitet. Agnes wird von Jan schwanger.

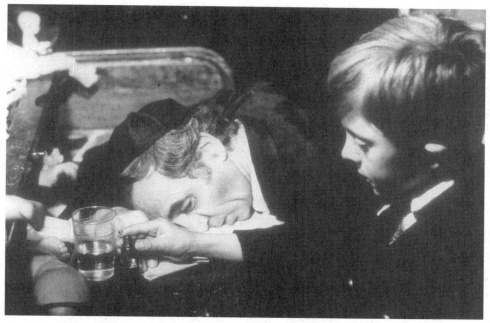

Oskar (David Bennent) steht neben seinem Freund Sigismund Markus (Charles Aznavour.)

1. Warum interessiert sich Oskar für die Clowns, obwohl er am Anfang Angst hat im Zirkus?

2. Wodurch wird das Bild von Beethoven ersetzt?

3. Warum will Matzerath keinen Regenschirm tragen?

4. Worüber ärgert sich der Gauleiter?

5. Was zieht der Fischer aus dem Wasser?

6. Worum streiten die Möwen am Strand?

7. Was kocht Matzerath zum Abendessen?

8. Was macht Oskar mit seiner Trommel in der Kirche?

9. Wie wissen wir, dass Matzerath weiß, dass Agnes eine Affäre hatte?

10. Warum darf Markus nicht zu der Beerdigung?

11. Was macht Markus, wenn er doch endlich am Grab steht?

Fragen

1. Wie ist Sigismund Markus gestorben?

2. Was hält Oskar in der Hand?

3. Was ist vor dieser Szene passiert?

4. Wie zeigt das Bild seine Informationen?

IV. Die polnische Post

Szenen 64-83

Szene 64	Danzig
Szene 65	Synagoge
Szene 66	Innenstadt/Spielzeuggeschäft von außen
Szene 67	Spielzeuggeschäft von innen
Szene 68	Heveliusplatz
Szene 69	Polnische Post von außen
Szene 70	Polnische Post von innen
Szene 71	Stadtpanorama
Szene 72	Polnische Post/Fensterloser Platz
Szene 73	Polnische Post/Flur und Paketraum
Szene 74	Polnische Post/Treppe/Korridor erster Stock
Szene 75	Polnische Post/Kinderzimmer
Szene 76	Polnische Post
Szene 77	Polnische Post/Fensterloser Raum
Szene 78	Heveliusplatz
Szene 79	Polnische Post/Fensterloser Raum
Szene 80	Polnische Post/Hof
Szene 81	Friedhofstraße
Szene 82	Innenstadt
Szene 83	Panorama von Danzig

Im vierten Teil verliert Oskar zwei Personen, die ihm im Leben viel geholfen und bedeutet haben, den Juden Sigismund Markus und seinen Onkel Jan Bronski. Markus hat ihn sein Leben lang mit Blechtrommeln versorgt. Onkel Jan, der vielleicht nicht sein Onkel sondern sein Vater war, hat ihm mehrmals eine Trommel geschenkt. Markus begeht Selbstmord, da er weiß, dass die Nazis ihn nicht am Leben lassen werden. Jan Bronski stirbt bei einem Angriff der Nazis auf die polnische Post, wohin er und Oskar gegangen sind, um Oskars Trommel reparieren zu lassen.

Fragen

1. Welche drei Szenen beginnen mit den Worten „es war einmal?"

2. Wer spricht, während das Szenenbild das Stadtpanorama von Danzig zeigt? Was ist das Datum?

3. Was passiert am 1. September 1939?

4. Welche Karte hält Jan Bronski in der Hand, als er gefangen genommen wird?

Wortübung

Welche Sätze in der ersten Gruppe sind mit den Ausdrücken in der zweiten Gruppe in der Bedeutung fast gleich?

Erste Gruppe

1. Der alte Koljaiczek ist den Gendarmen entkommen.

2. Es waren viele Wolkenkratzer zu sehen.

3. Meine Mutter sorgte sich um ihren Cousin.

4. Im Keller stapelten sich zumeist Persilschachteln.

5. Oskar kollidiert mit einem Radfahrer.

6. Eine ganze Liliputanergruppe tauchte hinter Bebra auf.

7. Oskar lallt vor Erwachsenen wie ein Dreijähriger.

8. Oskar betrachtet den finster blickenden Menschen auf dem Foto.

9. Der Vater und der Onkel standen vor dem Volksempfänger und hörten Hitlers Rede.

10. Roswitha kam im Krieg ums Leben.

Zweite Gruppe

a. Oskar stößt gegen ein Fahrrad.

b. Viele kleine Menschen erschienen in der Arena.

c. Matzerath und Bronski saßen vor dem Radio, in dem der Führer zu hören war.

d. Oskar schaut auf den böse aussehenden Mann im Bild.

e. Im Untergeschoss befand sich Waschpulver.

f. Agnes machte sich Sorgen um ihren Vetter.

g. Die Italienerin starb an der Front.

h. Mein Großvater ist der Polizei entflohen.

i. Man konnte viele hohe Gebäude erkennen.

j. Oskar spricht wie ein kleines Kind, wenn ältere Menschen anwesend sind.

V. Maria

Szenen 84-100

Nach dem Tod von Oskars Mutter braucht er ein Mädchen, das sich um ihn kümmert. So kommt Maria, um bei der Familie zu wohnen. Oskar verliebt sich in Maria, da er kein Kind mehr ist, auch wenn er immer noch wie ein Kind aussieht. Eines Tages kommt er ins Wohnzimmer, als Maria und Alfred Matzerath auf der Couch Sex haben, und er ärgert sich und versucht sie dabei zu stören. Maria wird schwanger, aber da sie auch einmal mit Oskar geschlafen hat, kann es sein, dass Oskar der Vater ist. Dieser Zweifel zeigt Oskars Fragen, ob Bronski oder Matzerath sein Vater ist.

Fragen

1. Wie alt sind Maria und Oskar, als sie zur Matzerath Familie kommt?

2. Was machen Oskar und Maria mit dem Brausepulver?

3. Wie versucht Oskar Maria und Matzerath vom Sex abzuhalten?

4. Wie heißt das Kind?

5. Was verspricht Oskar dem Kind?

Kulturinformationen

US-Zensur

Obwohl die Filmversion des Romans *Die Blechtrommel* keine Kontroverse in Europa hervorgerufen, und sogar in Amerika ohne Probleme in den Kinos gespielt hat, wurde die Blockbuster Videothek in Oklahoma City 1997 wegen Obszönität angezeigt. Nach Meinung des Staatsanwalts verstieß der Film gegen das Jugendschutzgesetz, indem er einen Darsteller unter 16 Jahren in sexuellen Szenen zeigt. David Bennent war zur Zeit der Dreharbeit nur 11 Jahre alt, obwohl er im Film einen Sechzehnjährigen spielte. Zwei Szenen im Film deuten darauf hin, ohne irgendetwas direkt zu zeigen, dass Oskar und Maria Sex miteinander haben. Und in einer dritten Szene ist Oskar anwesend, wenn sein Vater und Maria auf der Couch Sex haben. Am Anfang wurden alle Kopien beschlagnahmt, aber die spätere Entscheidung eines höheren Gerichts hat den Film wieder freigegeben.

VI. Oskars Karriere/Kriegsende

Szenen 101-127

Szene 117   Danziger Panorama

Szene 118   Wohnung Matzerath/Wohnzimmer

Szene 119   Keller Matzerath

Szene 120   Labesweg

Szene 121   Kolonialwarenladen

Szene 122   Keller Matzerath

Szene 123   Friedhof

Szene 124   Wohnung Matzerath/Schlafzimmer

Szene 125   Labesweg/Vor dem Laden

Szene 126   Bahnhof Langfuhr

Szene 127   Kaschubei

Oskar verlässt seine Familie und schließt sich Bebras Liliputaner-Truppe an. Mit seinem Talent Glas zu „zersingen" ist er eine Sensation und reist mit der Gruppe überallhin. Während dieser Zeit verliebt er sich in Roswitha, eine italienische Liliputanerin. Es scheint als ob Oskar endlich glücklich sein kann, aber dann kommt die Invasion in die Normandie und Roswitha kommt bei einem Luftangriff ums Leben. Nach dem Krieg geht Oskar wieder nach Hause und kauft Kurt, seinem Bruder/Sohn, wie versprochen eine Blechtrommel zum dritten Geburtstag. Als die Russen in Danzig einmarschieren, verstecken sich die Matzeraths und andere in ihrem Keller. Die Russen finden sie aber, und Alfred erstickt an einer Nazianstecknadel, die Oskar ihm gegeben hat, als er versucht die Nadel vor den Nazis zu verstecken. Am Grab seines Vaters wirft Oskar seine Trommel ins Grab, fällt hinter ihr auch hinein und man meint, er wird jetzt wieder wachsen. Das letzte Bild zeigt die Großmutter auf dem Kartoffelfeld wie am Anfang.

Fragen

1. Wie zeigt Oskar, dass er die Italienerin Roswitha liebt?

2. Welches Talent hat Bebra?

3. Was trägt Roswitha zu der Vorstellung bei?

4. Was für ein Instrument spielt Bebra?

5. Warum läuft Roswitha trotz der Gefahr zurück?

6. Wessen Bild ersetzt das Hitlerbild?

7. Wie kommt die Anstecknadel in Alfred Matzeraths Hand?

8. Warum verlassen alle Deutschen Danzig am Ende des Films ?

9. Warum bleibt die Großmutter zurück?

Allgemeine Fragen zur Analyse der Handlung und Technik des Films

1. Oskar ist keine sympathische Figur. Trotzdem identifizieren wir uns oft mit ihm. Suchen Sie einige Stellen heraus, wo wir ihn vielleicht sympathisch finden, und erklären Sie, wie Schlöndorff uns dazu bringt, Oskar bemitleidenswert zu finden.

2. Warum will Oskar nach seinem dritten Jahr nicht mehr wachsen?

3. Was kritisiert Schlöndorff durch den Charakter Bebra?

4. Suchen Sie die Stellen im Film heraus, wo Schlöndorff auf historische Ereignisse anspielt.

5. Warum entscheidet Oskar am Grab seines Vaters, dass er groß werden will?

6. Wie zeigt uns der Autor die Geschichte Deutschlands durch die Geschichte Oskars?

7. Warum endet der Film mit der Szene, mit der er begonnen hat? Gibt es wesentliche Unterschiede zwischen dem Anfang und dem Ende des Films?

8. Wie genau zeigt der Film den geschichtlichen Kontext?

9. Warum ist es unklar, wer Oskars Vater ist, und ob er oder Alfred Matzerath der Vater von Marias Kind ist?

10. Volker Schlöndorff erzählt Oskars Geschichte manchmal aus der subjektiven Sicht von Oskar (Ich-Erzählung) und manchmal aus der objektiven Sicht der Kamera (Er-Erzählung). Suchen Sie drei Szenen heraus, die diesen Wechsel der Perspektive illustrieren.

11. Beschreiben Sie im einzelnen, wie die Szene der Naziversammlung (wo Oskar seine Trommel hinter der Tribüne spielt) gestaltet ist. Aus wie vielen Schnitten besteht diese Szene? Was macht der Ton (Musik, Geräusche, Sprache)? Was für Aufnahmen werden gebraucht (Nahaufnahmen, Kranaufnahmen, usw.)? Wie ist die Bewegung der vielen Personen?

12. Suchen sie alle Szenen heraus, in denen wir Oskars Stimme hören. Was geschieht in diesen Szenen? Was erzählt Oskar? Was erzählt die Kamera?

Und zum Schluss eine Wortübung

Wählen Sie bitte das passende Wort für die Lücke.

Dritten Reiches	Zweiten Weltkrieges	(der) Geburtstag
versprochen	(der) Schultag	(die) Beerdigung
wachsen	(der) Künstler	gefällt
zerbricht	allein	

An seinem dritten _____ bekommt Oskar eine Blechtrommel, was seine Mutter ihm bei seiner Geburt _____ hat. An seinem dritten Geburtstag fällt das Kind auch eine Treppe hinunter, und hört auf zu wachsen. Über die nächsten dreizehn Jahre, 1933-1945, die auch die Jahre des _____ sind, sieht Oskar die Nazizeit aus der Perspektive eines Dreijährigen. Wenn etwas ihm nicht _____, schreit er so laut, dass er Glas _____. Meistens schreit er, wenn jemand versucht, ihm seine Blechtrommel wegzunehmen, wie zum Beispiel am ersten _____ oder beim Arzt. Aber er schreit auch, wenn seine Mutter ihn _____ lässt, um seinen Onkel Jan in einem Hotel für ein Rendezvous zu treffen. Er schreit auch später im Leben, als er _____ wird und in einem beliebten Theaterakt Glas „zersingt". Oskar verliert seine Mutter vor Anfang des _____, als er noch ein Kind ist. Er verliert seinen Onkel Jan kurz nach Anfang des Krieges. Und seinen Vater verliert er kurz nach Kriegsende. An dem Tag der _____ seines Vaters, fällt er in dessen Grab hinein und entschließt sich zu _____.

CHAPTER 8

Das schreckliche
Mädchen

PERSONEN

Sonja Rosenberger
Sonjas Vater
Sonjas Mutter
Sonjas Oma
Professor Juckenack
Martin Wegmus, Sonjas Mann
Fräulein Juckenack, Sonjas Lehrerin

VHS/PAL Deutsch. NTSC Deutsch mit englischen Untertiteln.
Rated: PG-13. 90 Minuten. 1990

Der Film zerfällt in vier Teile, die nacheinander gesehen werden können. Es empfiehlt sich, dazu vier fünfzig Minuten Kurzstunden zu verwenden.

SZENENFOLGE

nach dem Drehbuch der Kinemathek Berlin und der Sentana Film München

I. Sonjas Kindheit

Szenen 1-3

Szene 1   Vorspann

Szene 2   Sonja auf einem Denkmal

Szene 3   Sonja vor ihrer Schule

Sonja singt am Beginn des Films und hinter ihr sehen wir Bilder von verschiedenen Bundespräsidenten. Die Kamera schwenkt über den Pfilzinger Dom zu einem Graffiti mit der Aufschrift „Wo wart ihr zwischen 39-45? Wo seid ihr jetzt." Sonja stellt sich vor. In einer Reihe von schnellen Schnitten sehen wir Sonjas schwangere Mutter als Religionslehrerin und ihre Rektorin, die verlangt, dass sie aufhört zu unterrichten. Sonjas Familie zieht ins Klosterstift mitten in der Stadt und Sonja erzählt vom Umzug. Die Familie sitzt am Mittagstisch, während Sonja den gebackenen Fisch in den Fluss wirft. Weitere Szenen zeigen den Vater in der Kirche, auf den Sonja stolz ist. Sonja erzählt von ihrer Schule und ihrer Lehrerin Fräulein Juckenack, die befiehlt, Milchglasfenster ins Klassenzimmer einzubauen. Fräulein Juckenack gibt Noten nach einer Spendenliste und regt Sonja zur Teilnahme an einem Aufsatzwettbewerb an mit dem Titel „Freiheit für Europa".

Fragen

1. Warum heißt der Film *Das schreckliche Mädchen?*

2. Was bedeutet das Grafitti „Wo wart Ihr zwischen 39-45? Wo seid ihr jetzt?"?

3. Warum muss Sonjas Mutter mit dem Unterrichten aufhören?

4. Was bedeutet die „Befreiung" des Fisches von der kleinen Sonja?

5. Erklären Sie die Biergartenszene. Warum tanzt Sonja?

6. Warum bekommt das Klassenzimmer Milchglasfenster?

7. Was zeigt die Spendenliste über den Charakter der Frau Juckenack? Was sagt es über die Stadt Pfilzing?

8. Erklären Sie den Titel des Aufsatzwettbewerbs „Freiheit für Europa"!

9. Versuchen Sie den Unterschied zwischen Schwarzweiß und Farbe im Film zu erklären.

10. Können Sie den unterschiedlichen Gebrauch der Farben im Film erklären, rot, gold oder braun?

Kulturinformationen

Europa

Westdeutschland hatte nach dem Krieg ein Identitätsproblem und wollte sich nicht als Nation verstehen. Stattdessen arbeitete man mit großer Energie an einem Gesamt-Europa, in dem Deutschland als Nation verschwinden sollte.

Vergangenheitsbewältigung

Die „Vergangenheitsbewältigung", „Coming to terms with the past," eigentlich „Overpowering the past," war das zentrale Problem Westdeutschlands in der Nachkriegszeit. Es bestand hauptsächlich in der Verdrängung, das heißt, man sprach nicht über die Vergangenheit.

Pfilzing

Pfilzing im Film ist in Wirklichkeit Passau. Passau ist eine typische bayerische Kleinstadt, in Niederbayern an der Donau gelegen, wo man über die Vergangenheit nicht sprach, um die Fiktion aufrecht zu erhalten, alles sei in der Nazizeit in Ordnung gewesen.

Anna Rosmus

Sonja Wegmus' Vorbild ist Anna Rosmus aus Passau, die ihre Erlebnisse in mehreren Büchern beschrieben hat. Frau Rosmus arbeitet und wohnt heute mit ihren Töchtern in Maryland, bei Washington.

II. Der Aufsatzwettbewerb

Szenen 4-9

Szene 4   Im Archiv

Szene 5   In Paris

Szene 6   Im Rathaus

Szene 7   Bei Wegmus

Szene 7
Haus Rosenberger

Haustür

Frl. Juckenack stürmt herein. Der Vater kommt nicht zum Gruß.

SONJA   (*Off Stimme*) .. zu uns gekommen.

FRÄULEIN JUCKENACK   Ist die Sonja da?

Esszimmer

Die Familie sitzt bei Tisch. Auch Martin ist dabei.

FRÄULEIN JUCKENACK   Ach, ich stör beim Essen. (*Sie gerät für einen Moment aus dem Konzept.*) Ach.

MUTTER   Den Herrn Assessor Wegmus kennen's ja.

FRÄULEIN JUCKENACK   Grüß Gott.

MUTTER   Grüß Gott, Fräulein Juckenack Wollen's was mitessen? Robert! Nina!

Robert holt einen Stuhl. Nina ein Gedeck.

FRÄULEIN JUCKENACK   Ein neuer Aufsatzwettbewerb. Sonja! Vom Herrn Bundespräsidenten Dr. Carstens. Ich wollts dir nur gleich sagen. Ihnen. Entschuldigung. Es fällt mir schwer, zur Sonja Sie zu sagen. Ich mag sie halt so gern. (*Sie tätschelt ihre Hand.*)

VATER   Der Herr Assessor auch.

Fräulein Juckenack macht ein erstauntes Gesicht. Die Mutter blickt den Vater etwas vorwurfsvoll an, tut Frl. Juckenack Essen auf. Das weitere Gespräch hören wir nicht. Sie essen.

SONJA   (*Off Stimme*) Dann hab ich gesagt: „Wie lautet denn das Thema?" Dann hat sie gesagt: „Der europäische Gedanke". Da hab ich gesagt: „Das hatte ich doch schon. Gibt's denn kein anderes Thema?" Da hat sie gesagt ...

FRÄULEIN JUCKENACK   (*beim Essen*) Doch. Aber ... das lautet "Meine Heimatstadt im Dritten Reich"?!

SONJA   Das ist ein schönes Thema. Das nehm ich.

FRÄULEIN JUCKENACK   Meine Heimatstadt im Dritten Reich? Geh, was wollen's denn da schreiben?

SONJA   Na, wie sich die Stadt gegen den Nationalsozialismus wehrt. Besonders die Kirche. Da kamma viel schreiben. Zum Beispiel über den Pfarrer Schulte.

FRÄULEIN JUCKENACK   Sehr lobenswert.

VATER   Nehmt euch ein Beispiel an der Sonja.

ROBERT   (*genervt*) Okay.

Szene 8   Sonjas Forschungen

Szene 9   Sonjas Schwierigkeiten

Sonja arbeitet für ihren Aufsatz im Archiv der Stadt Pfilzing. Sonjas Klasse erhält einen neuen Lehrer, Martin Wegmus, den alle Schülerinnen lieben. Sonjas Freundin Iris betet am Votivbaum um Martins Liebe. Sonjas Vater ist empört darüber, als er hört, dass einige Kinder in der Kirche vorab die Prüfungsfragen zugeschoben bekommen. Als auch Martin Sonja im Auto einen Prüfungstext geben will, lehnt sie ab. Sonja gewinnt den Aufsatzwettbewerb und betet am Votivbaum um Martins Liebe. Als er hinzukommt, verloben sie sich.

Sonja genießt ihren Gewinn, eine Reise nach Paris 1976. Sonja kauft ein Brautkleid und kommt im Bus in Erklärungsnot wegen der politischen Zugehörigkeit Westdeutschlands. Sonja geht auf den Eiffelturm. Im Rathaus wird Sonja der Pfilzinger Orden verliehen, der Pfilztaler. Sonjas Oma ist stolz auf sie und sagt: „Nehmt's euch ein Beispiel an der Sonja!" Fräulein Juckenack stellt Sonja ihren Bruder, den Professor, vor. Martin kehrt aus München nach Pfilzing zurück. Sonja erhält ein neues Aufsatzthema von Fräulein Juckenack: „Meine Heimatstadt im Dritten Reich". Wie die Oma sagt der Vater jetzt auch zu den Geschwistern: „Nehmt euch ein Beispiel an der Sonja!". Sonja hofft wieder auf einen Preis.

Für weitere Informationen geht Sonja zu Professor Juckenack, der den ehemaligen Bürgermeister Zumtobel als Nazi bezeichnet und Sonja wegschickt. Im Rathausarchiv sind die Zumtobel-Akten als vertraulich klassifiziert. Die Witwe Zumtobel wirft Sonja aus der Schokoladenfabrik, als sie von ihren Forschungen erfährt. Sonjas Oma erzählt, wie Zumtobel sie in der Nazizeit vor dem Gefängnis gerettet hat. Die Mutter schickt Sonja zu Dr. Kogler, doch auch der wirft sie hinaus. Die alte Frau Guggenwieser erwähnt kurz vor ihrem Tod den „braunen Heinrich", doch mehr erfährt Sonja nicht. Damit ist der Abgabetermin für den Aufsatz verstrichen. Wir sehen die erste Neonazi-Aktivität am Biertisch.

Kulturinformationen

Votivbaum

In katholischen Gegenden ein besonderer Baum, es kann auch ein Kreuz sein, worauf die Gläubigen ihre Wünsche schreiben, besonders die Bitte um Heilung von Krankheit, oder Rettung aus Geldnot. Sonjas Bitte ist recht kindlich im Vergleich dazu.

Fragen

1. Warum lehnt Sonja die Bevorzugsbehandlung mit den Prüfungsfragen ab?

2. Was lernt Sonja bei ihrer Parisreise? Wie wird die Bundesrepublik dort angesehen?

3. Warum ist das Fräulein Juckenack wohl nicht so begeistert über das neue Aufsatzthema?

4. Warum möchte die Witwe Zumtobel nicht über ihren Mann sprechen?

5. Was ist ein Votivbaum?

6. Beschreiben Sie die Großmutter. Warum ist sie anders als die anderen Familienmitglieder?

7. Was für ein Mensch ist Professor Juckenack?

8. Erklären Sie die Reaktion von Frau Zumtobel auf Sonjas Anfrage, die Akten sehen zu wollen.

III. Sonja findet Dokumente

Szenen 10-13

Szene 10   Sonjas und Martins Ehe

Szene 11   Die Drohungen der Pfilzinger

Szene 11
Trickfahrt Domplatz/ Wohnzimmer Rosenberger

Die Couchecke bewegt sich auf fahrbarem Untersatz hoch über den Platz. Die Familie (Vater, Mutter, Martin, Sonja) sitzen am Couchtisch um einen Telefonanrufbeantworter. Robert ist gegangen. Der Vater hat die Beschreibung in der Hand.

MARTIN   Jetzt den Kopf auf das Zeichen da stellen.

VATER   Naa. Doch.

Er schaltet um. Wir hören aufgezeichnete Telefonanrufe. Dazwischen Reaktionen.

FRAUENSTIMME   Wenn Sie weiter Ihre dreckige Nase in fremde Angelegenheiten stecken ... dann geht es Ihnen schlecht und Ihren Kindern auch!

MÄNNERSTIMME   Wer seine Kinder Sarah und Rebecca tauft, der ist kein ehrlicher Deutscher ...

FRAUENSTIMME   Judenhure ... Kommunisten-Votze

FRL. JUCKENACK/TELEFON   Frau Rosenberger hören Sie zu. Wir
                        wissen jetzt, dass ihre Tochter eine Ostspionin
                        ist. Wir haben schon Beweise.

MÄNNERSTIMME   Wir machen dich kalt Sonja Wegmus. Und deine
                Kinder auch. Ihr habt keine ruhige Minute mehr.

Der Vater schaltet aus. Die Familie sitzt bedrückt da, schweigt.

TELEFON   / *klingelt* /

Die Mutter hebt den Hörer ab.

MUTTER   (*nach Zögern*) Rosenberger.

FRL. JUCKENACK/TELEFON   Hier spricht eine wohlmeinende
                        Freundin. Verlassen Sie diese Stadt, packen
                        Sie Ihre Sachen und verschwinden Sie. Alle
                        miteinander!

MUTTER   (*ins Telefon*) Sehr lobenswert.

Szene 12   Sonjas Sieg vor Gericht

Szene 13   Sonjas endgültiger Sieg

Sonja und Martin heiraten, doch maskierte Männer werfen einen Stein
auf das Hochzeitsauto und zerbrechen die Heckscheibe. Sonja und
Martin ziehen in die Wohnung neben den Eltern. Ihre Töchter werden
getauft. Sonja will jetzt Geschichte studieren. Sonja findet einen Artikel
über die Denunziation eines jüdischen Händlers. Juckenack dementiert
die Existenz eines KZs im Nachbarort, doch die Großmutter weiß
vom Lager. Juckenack hält eine Vorlesung über Antisemitismus an der
Universität. Sonja besucht die Vorlesung mit ihren Kindern.

Sie hat keinen Zutritt mehr zum Zeitungsarchiv, doch vom Enkel
Zumtobels bekommt sie die Vollmacht. Jetzt aber liegen die Akten
angeblich nicht mehr im Rathausarchiv. Sonja will die Stadt verklagen,
doch der Familienanwalt Dr. Röder will sie nicht vertreten. Sonjas
Familie hört Drohanrufe ab, und in einer surrealen Einstellung wird
das Wohnzimmersofa zum Karussell. Eine anonyme Anruferin wird als
Fräulein Juckenack erkannt.

Sonja hat vor Gericht gewonnen und Sonja wird von Reportern
interviewt. Archivar Schulte im Rathaus hat weitere Ausreden, um ihr
die Zumtobel-Akte vorzuenthalten. Und schließlich wird die Sperrfrist
zur Herausgabe der Akte verlängert. Sonja und Martin streiten sich
immer häufiger. Sonja gewinnt einen weiteren Prozess, doch die Akten
sind jetzt angeblich verschwunden. Schließlich hat Sonja Glück und eine
ahnungslose Vertretung des Archivdirektors gibt die Akten heraus, die
Sonja direkt beim Bürgermeister kopiert. Sonja geht mit Reportern ins
Archiv und bekommt die Originale zu sehen.

Fragen

1. Beschreiben Sie die Wirkung des Films in mehreren Szenen, besonders der Gerichtsszene, und der Telefonszene.

2. Beschreiben Sie das Foto oben. Was sagt es über Sonjas Charakter aus?

3. Wofür steht das Motiv des Stammtisches der Biertrinker?

4. Warum versuchen die Pfilzinger Autoritäten, Sonja bei ihrer Arbeit zu behindern?

5. Wie verhalten sich Sonjas Eltern?

6. Wie verhält sich ihr Mann?

7. Wie verhält sich ihre Großmutter (Oma)?

8. Was erfahren wir über Professor Juckenack?

IV. Sonja wird unabhängig

Szenen 14-19

Die Familie studiert Akten. Es finden sich jetzt Beweise gegen Juckenack und Brummel. Gewalttäter werfen Sprengsätze in das Haus der Eltern. Sonja konfrontiert Juckenack mit den Beweisen, der ihr jetzt offen droht. Obwohl sie Angst hat, gibt sie nicht auf. Ihr Mann Martin versteht Sonjas Engagement nicht mehr, und eine Apothekerin will Sonjas Tochter keine Ohrentropfen geben.

Sonjas Buch ist fertig, sie ist Ehrendoktorin und lädt die Presse in ihr Haus. Sie hält einen Vortrag an der Universität Pfilzing und kündigt Enthüllungen über Juckenack und Pfarrer Brummel an, die jetzt als Denunzianten enttarnt sind. Die Eltern lesen in der Zeitung, dass Juckenack gegen Sonja klagen will. Inzwischen erzählen immer mehr Leute über Juckenacks nationalsozialistische Vergangenheit.

Sonja zieht zu ihren Eltern. Juckenack behauptet, er habe klagen müssen. Im Gerichtssaal sieht sie sich auf dem Scheiterhaufen. Der Prozess platzt, weil der Richter von der Leiter gefallen ist. Onkel Franz spricht von einer „gefährlichen" Situation. Die Apothekerin grüßt jetzt wieder die Eltern, weil Sonja nun bekannt ist. Sonja steht Modell für eine Büste. Beim Festakt protestiert Sonja und will nicht weiter mitmachen bei dieser heuchlerischen Feier und flieht zu ihrem Votivbaum.

Szene 19
Rathaus (Vorletzte Szene)

Der Bürgermeister (Goldene Kette) ehrt die Bürgerin Sonja.

BÜRGERMEISTER   Wir sind hier zusammengekommen, um ein unerschrockenes Ringen um die Wahrheit zu belohnen. Ein Sich-Nicht-Abhalten-Lassen durch immer neue Widerstände und Schwierigkeiten. Herzlichen Glückwunsch.

Sonja schweigt. Er gibt ihr die Hand.

Stürmischer Applaus. (Stangl, Dr. Faschin, Diözesanrat und –rätin).

Die Oma steht mit den Eltern und Geschwistern (Robert in Uniform) mit den kleinen Töchtern zusammen.

OMA   Nehmt's euch ein Beispiel an der Sonja!

BÜRGERMEISTER   So, meine Damen und Herren, jetzt darf ich den neuen Chefredakteur des „Pfilzinger Morgen", Herrn Hanspeter Zöpfel ans Mikrophon bitten.

Zöpfel tritt heran, wischt sch den Schweiß von der Stirn.

ZÖPFEL   Ich will nicht viel Worte machen. Gerade als Journalist. Ich möchte nur sagen: Ich hoffe, dass der Künstler, Archibaldo Knips, das Typische, das Wesentliche im Ausdruck der jungen Frau getroffen hat. Darf ich Sie bitten, liebe Frau

Wegmus-Rosenberger, Ihre Büste hier vor uns selbst zu enthüllen.

Sonja nimmt das Tuch von der Büste. Sie wird unsicher. Ein plötzlicher Gedanke an Kapitulation, an Vereinnahmung.

SONJA   Na, ich lass mich doch von euch nicht als Büste ins Rathaus stellen. Ich bin doch ein lebendiger Mensch.

MUTTER   (*erschrocken*) Kind, was hast du denn ...

SONJA   Gar nichts hab ich. Aber auf sowas fall ich doch nicht rein. Weil ihr die Hosen voll habt, weil ihr Angst habt, was ich sonst noch aufbring ...

MUTTER   Sonja, bitte, sei jetzt still.

SONJA   (*schreit*) Ich bin nicht still. Das isses doch grad, was die wollen, merkst du denn das nicht.

Sonja nimmt die kleinere Tochter, die zu weinen begonnen hat, auf den Arm.

FRAU STANGL   Was unterstellen Sie denn da!

SONJA   (*schreit, ausser sich*) Aber darauf fall ich nicht rein. Den Gefallen tue ich euch nicht. Das ist ja Beschiss. Ihr wollt mich nur bescheißen. Ihr wollt mich ja gar nicht ehren. Stumm soll ich werden. Das Maul soll ich halten.

DIÖZESANRÄTIN   Ja, und das hältst jetzt auch.

DR. FASCHING   Der passt doch die ganze Richtung nicht in diesem Land.

DIÖZESANRÄTIN   Dann geh doch in die DDR.

SONJA   Ja, leck mich doch am Arsch.

Das kleinere Kind schreit. Die Oma nimmt das größere Kind an die Hand.

SONJA   Das ist doch meine Heimat. Meine Heimat. Ihr Arschlöcher!

Die Mutter tritt heran, gibt ihr ein Ohrfeige. Sonja schlägt erschrocken zurück. Der Vater fällt in Ohnmacht. Sonja läuft mit ihrem weinenden Kind hinaus.

Fragen

1. Welches Bild zeichnet der Film von der Gesellschaft der Bundesrepublik?

2. Wie werden die Pfilzinger Bürger in diesem Film dargestellt?

3. Warum benutzt der Film surreale Elemente?

4. Nennen Sie Symbole, die eine besondere Rolle spielen.

5. Warum kommentiert Sonja den Film oft aus dem Off?

Allgemeine Fragen zur Analyse der Handlung und Technik des Films

1. Woher kommt der Titel des Films? Diskutieren Sie den Titel.

2. Welche Lügen gibt es in Pfilzing, und wie entdeckt Sonja diese Lügen?

3. Was bedeuten der Stammtisch und die Biertrinker?

4. Was haben die Pfilzinger mit den Gewalttätern zu tun?

5. Wie verhalten sich Sonjas Eltern? Ändert sich ihre Haltung im Lauf des Films?

6. Welche Rolle spielt die Religion und die Kirche in Sonjas Leben?

7. Wie benutzt der Film Farbe und Schwarzweiß?

8. Welche Rolle spielen die rot eingefärbten Szenen?

9. Wo erscheint Braun im Film und welche Rolle spielt die Farbe?

10. Welche anderen Farben können Sie finden, und wie kann man diese Farbe inhaltlichen Elementen zuordnen?

11. In welchen Szenen ist der Film nicht realistisch? Wozu dient diese Verfremdung?

12. Gibt es Elemente des Dokumentarfilms? Wo finden sich solche Stellen?

13. Wo bemerken Sie Tempowechsel zwischen einzelnen Szenen? Was ist ihre Funktion?

Und zum Schluss eine Wortübung

Bitte fügen Sie die Wörter in den Text ein.

(der) Aufsatzwettbewerb	Dritten Reich
einschüchtern	Europa
Pfilzing	(das) Stadtarchiv

Die Musterschülerin Sonja hat als beste Deutsche einen europäischen

_____ über „Die Freiheit in _____ "

gewonnen. Mit einem weiteren Aufsatz zum Thema „Meine Heimatstadt

im _____ " möchte sie über den Widerstand

schreiben, mit dem sich die weltlichen und kirchlichen Honoratioren

ihrer niederbayerischen Heimatstadt _____ gegen

die Nazis gewehrt haben. Doch bei ihren Recherchen stößt sie auf

unerwartete Schwierigkeiten. Zeitzeugen verweigern die Auskunft, das

_____ will die gewünschten Dokumente nicht

herausgeben. Plötzlich scheint sich die ganze Stadt gegen sie verschworen

zu haben. Aber Sonja lässt sich nicht _____.

CHAPTER 9

Das Versprechen

PERSONEN

Konrad
Sophie
Barbara, Konrads Schwester
Harald, Barbaras Mann
Alexander, Sophies und Konrads Sohn
Gérard, Sophies Lebensgefährte
Elisabeth, Konrads Frau
Lena, Konrads und Elisabeths Tochter
STASI Beamter Müller
Professor Lorenz

VHS/NTSC Deutsch mit englischen Untertiteln. VHS/PAL Deutsch
Unrated. 119 Minuten. 1994

Der Film zerfällt in vier Teile, die nacheinander gesehen werden können. Es empfiehlt sich, dazu vier fünfzig Minuten Kurzstunden zu verwenden.

SZENENFOLGE

nach dem Filmszenarium *Das Versprechen oder Der lange Atem der Liebe* von Peter Schneider und Margarethe von Trotta (Berlin: Volk & Welt, 1995)

I. Die Flucht

Sehen Sie jetzt den ersten Teil und beantworten Sie die Fragen unten, auch wenn Sie nicht alles verstanden haben.

Szenen 1-24
Erster Fluchtversuch

Szene 1   Berlin (1961)

Eine Montage von Archivaufnahmen zeigt Bilder aus der unmittelbaren Vorzeit des Mauerbaus: Chruschtschow und Kennedy einander die Hände schüttelnd, Chruschtschow und Ulbricht sich umarmend. Dann: die Bautrupps der DDR am Brandenburger Tor, die Sperren aus Stacheldraht, die Mauer, die wächst. Die Auffahrt der Panzer auf beiden Seiten, Lyndon B. Johnson und Willy Brandt, die zu den Westberlinern sprechen. Fliehende und Winkende. Viele winkende Hände.

Untertitel: Ostberlin

Oktober 1961

KOMMENTAR   Im August 1961 war die Welt schon geteilt, aber niemand wollte die längst gezogene Grenze wieder erkennen, als sie zur vollen Höhe ausgebaut war. Für die Idee und die Ausführung hatte Moskau das Copyright, der Stacheldraht[1] wurde von westdeutschen Firmen geliefert. Der Westen protestierte, drohte, lamentierte ... die Mauer wuchs. Alle Verbindungen[2] zwischen den beiden Hälften Berlins wurden abgeschnitten, und für die Menschen wurden die paar hundert Meter zwischen Osten und Westen zur längsten Wegstrecke der Welt. So begann eines der merkwürdigsten Experimente in der Geschichte. Aus einem Volk, das einmal dem Wahn erlegen war, die Welt zu beherrschen, wurden allmählich zwei Völker. Und bald hielt nur noch die Mauer die Illusion aufrecht, dass nur eine Mauer die Deutschen trennte.

Wortinformationen

1. Stacheldraht   Draht an Gefängnissen
2. Verbindungen   z. B. Verbindungen zwischen Menschen

Aufgabe

Geben Sie eine kurze Beschreibung der geschichtlichen Hintergründe des Films. Dazu hilft besonders die Webseite des Deutschen historischen Museums Berlin, die auch Filme und Tondokumente enthält. http://www.dhm.de/lemo/html/

Szene 2	Turnhalle Ostberlin
Szene 3	Straße Ostberlin
Szene 4	Kanalisation
Szene 5	Straße Ostberlin
Szene 6	Kanalisation
Szene 7	Straße Ostberlin/Telefonzelle
Szene 8	Straße Westberlin/Kanalausstieg
Szene 9	Villa Marianne
Szene 10	Stasigebäude/Verhörraum
Szene 11	Stasigebäude/Innenhof
Szene 12	Villa Marianne/Salon
Szene 13	Villa Marianne/Garten
Szene 14	Elternhaus Konrad
Szene 15	Modesalon Marianne
Szene 16	Garderobe im Modesalon
Szene 17	Modesalon Marianne
Szene 18	Vorraum Modesalon
Szene 19	Werkstatt Modesalon
Szene 20	Schule Ostberlin
Szene 21	Klassenzimmer
Szene 22	Villa Marianne/Salon
Szene 23	Villa Marianne
Szene 24	Ostberlin

Nach den Schwarzweißaufnahmen des Vorspanns wechselt die nächste Szene zu Farbe und zeigt junge Leute, die auf einem Schulfest in Ostberlin tanzen. Fünf der Schüler gehen zu einem offenen Gullydeckel und vier gehen durch die Kanalisation in den Westen. Konrad bleibt zurück, da eine Militärpatrouille in dem Augenblick kommt, als er sich die Schuhe zubinden will. Konrads Vater und seine Schwester Barbara kommen und der Vater macht ihm Vorhaltungen.

Unterdessen erreichen Konrads Freundin Sophie und ihre Freunde den Westen und schlafen sich in der Villa von Sophies Tante aus. Sophie beschließt bei ihrer Tante zu bleiben und in ihrem Modestudio zu arbeiten. Sophies Stiefvater kommt zur Tante um sie zurückzuholen, wird jedoch von beiden abgewiesen. Sophies Mutter erhält Besuch von der Stasi in ihrer Schule in Ostberlin, wo sie als Lehrerin arbeitet. Ihr wird befohlen, jeglichen Kontakt zu ihrer Tochter abzubrechen, da diese zum Klassenfeind übergelaufen sei. Auch Konrad muss seine versuchte Flucht bei der Stasi erklären.

Szenen 25-31
Ein zweiter Fluchtversuch

Szene 25	Übungshalle der Nationalen Volksarmee
Szene 26	Mauer mit Grenzstreifen
Szene 27	Elternhaus Konrad
Szene 28	Mauer mit Wachturm
Szene 29	Villa Marianne. Salon
Szene 30	Kongresshalle Westberlin
Szene 31	S-Bahnhof Ostberlin
Szene 32	Straße Ostberlin
Szene 33	Garderobe im Modesalon
Szene 34	Modesalon
Szene 35	Schlafsaal Kaserne

Ostdeutsche Grenzsoldaten bei der Ausbildung. Konrad und Harald, der sich als Pazifist herausstellt, da er nicht auf den Klassenfeind einstechen will. Grenzbilder. Bei einem Sonntagessen bei Konrads Eltern kommt es zu einem Streit über die offizielle Politik der DDR, die nur vom Vater unterstützt wird. Konrad beim Wachdienst nachts an der Grenze, wo er zu fliehen versucht, doch von einem anderen Soldaten zurückgehalten wird.

Sophie und Freunde sitzen vorm Fernseher und sehen einen Film über Menschen, die durch einen selbstgebauten Tunnel fliehen. Sophie findet einen Fluchthelfer, Max, der verspricht Konrad aus Ostberlin herauszubringen. In Ostberlin gibt ein junger Mann Konrad genaue Anweisungen für seine Flucht. Als Konrad am vereinbarten Treffpunkt erscheint, wird eine junge Frau gerade von der Stasi ins Auto gezerrt. Sie hatte mit derselben Gruppe wie Konrad fliehen wollen, doch das gesamte Unternehmen war verraten worden. Wir sehen, wie sie im Modesalon bei ihrer Tante weint. Konrad weint auch im Schlafsaal seiner Kaserne im Osten.

Kulturinformationen zur Geschichte Ostberlins

Die Mauer

Die Mauer wurde am 13. August 1961 zwischen Ost- und Westberlin gebaut, um die Flucht von Ostberlin nach Westberlin zu verhindern. Sie bestand bis zum 9. November 1989.

Ford Taunus

Der Ford Taunus war ein typisches westdeutsches Auto der sechziger Jahre. Es repräsentierte die westdeutsche Kultur für die Ostdeutschen.

Volkspolizei/ Stasi

Die Volkspolizei und die Stasi waren die Organe, die die Bürger der DDR in ihrem diktatorischen System unter Kontrolle hielten.

Schule in der DDR

Die Schule in der DDR war ein politisches Kontrollinstrument. Nur sich wohl verhaltende Schüler durften später auf eine Universität gehen. Man konnte als Junge seine Chancen fördern, indem man zunächst in der Armee diente.

Nationale Volksarmee (NVA)

Jeder Ostdeutsche musste für drei Jahre zur Nationalen Volksarmee, um den Sozialismus gegen den Kapitalismus zu verteidigen. Die meisten Soldaten wurden in der Nähe zur „Staatsgrenze West" eingesetzt.

Tunnelbau

Es gab viele abenteuerliche Versuche, die Mauer zu überwinden. Viele versuchten es durch einen Tunnel, andere mit einem Heißluftballon, oder in Koffern, im doppelten Boden eines Autos und ähnlichem. Man kann Bilder und Werkzeuge dieser Fluchtversuche heute im Museum am Checkpoint Charlie besichtigen.

Fragen

1. In welchem Jahr beginnt der Film?

2. Welche Gefühle weckt die Musik in Szene 1?

3. Wie würden Sie diese Musik beschreiben?

4. Welche Musik hören wir in Szene 2?

5. Warum geht Konrad nicht mit den anderen? Was verspricht er Sophie?

6. Warum ist der Vater so empört über Konrad?

7. Warum sagt der junge Mann „Ich liebe Fords"?

8. Welche Argumente gibt der Stasimann im Gespräch mit Konrad für den Mauerbau?

9. Warum ärgert sich Sophie über den Besuch ihres Stiefvaters?

10. Was will der Stiefvater von Sophie?

11. Was erwartet die Stasi und die Schulleitung von Sophies Mutter?

12. Was muss Konrads Familie machen?

13. Worüber streitet sich Konrads Familie?

14. Worüber ist Sophie so unglücklich?

II. Prag

Sehen Sie die folgenden Szenen 36 – 68 und beantworten Sie die Fragen.

Szenen 36-68

Szene 36   Die Mauer (1968)

Szene 37   Institutsgelände

Szene 38   Astrophysikalisches Institut

Szene 39   Kirche Ostberlin

Szene 40   Prag

Szene 41   Prag/Platz 1

Szene 42   Prag/Platz 2

Szene 43   Prag/Platz 1

Szene 44   Prag/Platz 2

Szene 45   Prag/Hotelfoyer

Szene 46   Prag/Platz 1

Szene 47
Prag/Café

Sophie und Konrad in einem Prager Café mitten im Gespräch. Nach sieben Jahren Trennung versuchen sie die alte Vertrautheit wiederzufinden.

SOPHIE   Hast du mich gleich wiedererkannt?

KONRAD   Sofort. An deinem Gang.

SOPHIE   Auch schon von weitem?

KONRAD   Ich würde dich immer erkennen.

SOPHIE	Wenn ich nicht gewesen wäre, hätten wir uns wieder verpasst[1].
KONRAD	Das ist nicht wahr.
SOPHIE	Doch.
KONRAD	Ich hätte jedes Hotel nach dir durchsucht, jedes Zimmer, ich ... ich hätte ganz Prag auf den Kopf gestellt, um dich zu finden.
SOPHIE	Wie damals, als du den Deckel[2] über mir zugemacht hast?
KONRAD	Ich bin hingefallen, das hast du doch gesehen.
SOPHIE	Und als ich deine Flucht vorbereitet[3] hatte, da bist du gar nicht erst hingegangen.
KONRAD	Wer hat dir denn diesen Schwachsinn erzählt? Wolfgang? Und das hast du geglaubt?
SOPHIE	Auf jeden Fall konntest du in Ruhe zu Ende studieren. Das war ja wohl die Hauptsache.
KONRAD	Ich bin gut, Leute wie ich werden gebraucht. Muss ich mich dafür entschuldigen?
SOPHIE	Es gab nur einen kleinen Preis zu zahlen: mich.
KONRAD	Sophie – du weißt, dass nichts davon wahr ist. Du hättest ja auch zurückkommen können, als du gesehen hast, dass es mir unmöglich war ...
SOPHIE	Zurück? Ich dachte, wir wollten beide weg!
KONRAD	Dein Leben drüben war dir eben wichtiger.
SOPHIE	Ich bin weggegangen, das ist wahr. Ob ich irgendwo angekommen bin, weiß ich nicht. Ich habe immer irgend etwas vermisst – dich, meine Mutter ...
KONRAD	Sophie – jetzt fängt eine neue Zeitrechnung an ...

Sophie beugt sich vor, küsst Konrads Hände, lächelt ihm zuversichtlich zu.

Wortinformationen

1.	verpassen	Jemanden nicht treffen, nicht erreichen: „Ich habe meinen Zug verpasst."
2.	der Deckel	Womit man etwas zudeckt. Ein Deckel auf einer Dose.
3.	die Flucht vorbereiten	Sophie hat einen Fluchthelfer für Konrad bezahlt.

Szene 48   Prag/Hoteltreppe

Szene 49   Prag/Hotelzimmer

Szene 50   Prag/Vortragssaal

Szene 51
Prag/Hotelhalle

*Während Konrad und Sophie durch eine Drehtür die Hotelhalle betreten,
ist der letzte Satz aus Konrads Vortrag zu hören; „... dabei werden häufig
Protonenflairs freigesetzt..."Lorenz sitzt, in ein Manuskript vertieft, an
einem Tisch in der Hotelhalle, aber er scheint nur auf die beiden gewartet zu
haben. Er beobachtet Konrad und Sophie, wie sie zur Rezeption gehen und sich
den Zimmerschlüssel holen. Auf dem Weg zum Fahrstuhl müssen sie dicht an
Lorenz vorbei. Erst jetzt bemerkt Konrad ihn. Konrad sucht sein Erschrecken
zu überspielen, stellt Lorenz vor.*

KONRAD   (*zu* SOPHIE) Mein Professor ...

LORENZ   Sagen wir lieber: sein tiefbesorgter[1] Freund.

              (*zu Sophie*) Darf ich mich vorstellen: Ewald Lorenz.

SOPHIE   Sophie Sellmann.

LORENZ   Ich habe von Ihnen gehört. Bitte ...

*Er bittet die beiden zu sich an den Tisch, gießt Wein in zwei bereitstehende
leere Gläser.*

LORENZ   Ihr Freund ist gerade dabei, seine Karriere zu ruinieren.
              Selbstverständlich fällt nicht nur mir auf, dass er ständig
              abwesend ist. Sie wollen ihn uns doch nicht etwa
              abspenstig machen?

SOPHIE   Im Gegenteil. Ich habe mich entschlossen ihn dem
              Sozialismus zu erhalten. Ich zieh' mit ihm nach Prag.

LORENZ   Sie wollen hier leben? In Prag? Wie denn – wovon denn?

KONRAD   Mit deiner Hilfe. Warum sollte ein Mitarbeiter des
              berühmten Lorenz nicht hier in Prag seine Doktorarbeit
              schreiben? Immerhin hat der alte Kepler hier seine
              „Astronomia Nova" geschrieben. Wenn du mir eine
              entsprechende Delegierung besorgst[2] ...

LORENZ   (*zu Sophie*) Und Sie wollen Konrad zuliebe dem Westen
              wieder den Rücken kehren?

SOPHIE   Wundert Sie das? Demokratie plus Sozialismus – das ist
              die Zukunft.

LORENZ   (*lachend*) Klingt wie Rosa Luxemburg.

SOPHIE   Na und?

LORENZ   Das müssen Sie mir erklären.

SOPHIE   Konrad hat mir erzählt, dass Sie nach dem Krieg nicht in den Westen gezogen sind, obwohl Sie eine Menge Angebote hatten. Sie haben sich damals auch für etwas entschieden.

LORENZ   Ich habe mich damals eher gegen etwas entschieden als für etwas. Als ich aus der Sowjetunion kam, luden mich meine ehemaligen Arbeitgeber von Siemens nach München ein. Viele kannte ich noch aus der Nazizeit. Irgendwie störte mich alles. Schon so ein Satz eines ehemaligen Parteigenossen: „Nur ein Deutscher kann das Rätsel der Wasserstofffusion lösen..." Die Erwartung so vieler Kollegen, von meinen Leiden in den sowjetischen Lagern zu hören..., diese ganze hochmütige Ignoranz ... Sie wollten mich als Trophäe vorführen. Ich wollte keine Trophäe werden.

SOPHIE   Halten Sie Ihre Entscheidung immer noch für richtig?

LORENZ   Hier in Prag, in diesem Frühjahr, schöpfe ich wieder Hoffnung.

In der Höhe der ersten Etage kommt ein Mann ins Bild, der die drei beobachtet: Ruhländer.

Wortinformationen

1.	tiefbesorgt	Lorenz macht sich große Sorgen um seinen Studenten Konrad, da er nicht zum Kongress geht, und der Stasimann es herausfinden könnte.
2.	besorgen	Lorenz soll Konrad Arbeit beschaffen.

Viele Jahre später, 1968, ist Konrad Physiker in Potsdam am Astrophysikalischen Institut. Als Assistent von Professor Lorenz bekommt er die Erlaubnis, an einem Kongress in Prag teilzunehmen. Konrads Schwester Barbara ist inzwischen Pastorin an einer evangelischen Kirche in Berlin geworden.

Konrad und Sophie verpassen sich zunächst in Prag und streiten sich dann über ihre verschiedenen Lebensläufe. Doch sie sind dann sehr glücklich wieder zusammensein zu können. Konrads Professor Lorenz drückt seine Besorgnis darüber aus, dass Konrad so oft von dem Kongress abwesend ist. Konrad und Sophie gehen in ein Prager Tanzlokal und in die berühmte Bibliothek von Johannes Kepler, wo Konrad und Sophie beschließen zusammen in Prag zu bleiben.

Szenen 52-68
Der Einmarsch

Szene 52	Prag/Bibliothek
Szene 53	Prag/Tanzlokal
Szene 54	Prag/Hotelzimmer
Szene 55	Prag/Hotelhalle
Szene 56	Ostberlin/Gemeindezimmer
Szene 57	Universitätsgebäude/Treppenhaus
Szene 58	Straße vor der Universität
Szene 59	Astrophysikalisches Institut
Szene 60	Astrophysikalisches Institut/Dachterrasse
Szene 61	Gerichtsgebäude/Flur
Szene 62	Grenzübergang
Szene 63	Warteraum Grenzübergang
Szene 64	Straße vor Konrads Haus
Szene 65	Wohnung Konrad
Szene 66	Krankenhaus Ostberlin
Szene 67	Astrophysikalisches Institut
Szene 68	S-Bahn Westberlin

Nachts rollen russische Panzer auf den Straßen und wecken Konrad und Sophie in ihrem Hotelzimmer. Am nächsten Morgen gibt es im Hotel und auf den Straßen Verstörung und Aufruhr. Sophie drängt auf die Strasse und wird von sowjetischen Soldaten weggeschleppt. Unterdessen verfolgen Barbara und Harald in Ostberlin den Einmarsch der russischen Truppen in Prag. Sie demonstrieren und werden von der Stasi verhaftet.

Konrad arbeitet wieder im Institut. Konrads Vater will bei der Gerichtsverhandlung von seiner Tochter teilnehmen, wird aber nicht zugelassen. Es entwickelt sich ein Streitgespräch zwischen der Richterin und Konrads Vater, der erstmals seine Distanz zum Regierungssystem der DDR erkennen lässt. Sophie will wieder in die DDR fahren, um Konrad zu erzählen, dass sie seit ihrem Zusammensein in Prag schwanger ist. Zu ihrer Überraschung erhält sie die Einreiseerlaubnis nach Ostberlin. Konrads Berliner Wohnung wird von Stasi-Agenten bespitzelt, und so beschließt Sophie, dass sie hier nicht mehr leben möchte. Konrad überzeugt sie, dass es sich lohnt auf seine nächste Westreise zu warten, die er demnächst nach Stockholm unternehmen wird. Konrad kann nicht fahren, da sein Vater schwer krank wird und stirbt. Sophie beschließt sich von Konrad zu trennen.

Kulturinformationen

Prager Frühling

Im Januar 1968 wurde der Reformpolitiker Alexander Dubček Parteichef der Tschechoslowakischen Kommunistischen Partei (KPČ) und plante ein Reformprogramm unter dem Schlagwort „Sozialismus mit menschlichem Antlitz". Darin eingeschlossen waren „Pressefreiheit und Aufhebung der Zensur, Demokratisierung, Versammlungsfreiheit, Abbau des Zentralismus und wirtschaftliche Reformen mit einem Abrücken von der Planwirtschaft." Moskau war der Ansicht, dass die Situation in der Tschechoslowakei außer Kontrolle war, und so marschierten in der Nacht vom 20. auf den 21. August 1968 sowjetische Truppen in die Tschechoslowakei ein. Damit war das Experiment beendet.

Nazis

Der Vergleich der diktatorischen Praktiken zwischen den Nazis und den Kommunisten war in der DDR verboten. Konrads Vater hat mit diesem Vergleich einen schweren Tabubruch begangen.

Kepler

Johannes Kepler, geb. am 27. Dezember 1571 in Weil bei Stuttgart, gest. am 15. November 1630 in Regensburg, ist bekannt für das dritte Keplerscher Gesetz, das die Beziehung zwischen Proportionen und Umlaufzeiten von Planeten berechnet.

Delegierung

Einem DDR-Wissenschaftler musste von der Partei, der Sozialistischen Einheitspartei Deutschland (SED), erlaubt werden, einen Vortrag an einem Kongress im Ausland zu halten. Das nannte sich „Delegierung".

Der Dritte Weg

Seit Beginn des Kalten Krieges träumten die Intellektuellen in Ost und West von einem Dritten Weg, einer friedlichen Vereinigung von Kapitalismus und Sozialismus. Prag schien diesen Dritten Weg für einige Monate 1968 zu bieten.

Rosa Luxemburg

Rosa Luxemburg, geb. im russ. Polen am 5. März 1871, gest. (ermordet) am 15. Januar 1919 in Berlin, eine der Gründer des Spartakusbundes, des Vorläufers der Kommunistischen Partei Deutschlands (KPD).

Siemens

Großer deutscher Elektrokonzern, ursprünglich in Berlin, heute in München und Erlangen beheimatet.

Kriegsgefangene

Nach dem Zweiten Weltkrieg verblieben Tausende von Kriegsgefangenen in der Sowjetunion, die erst zwischen 1950-55 freigelassen wurden.

Fragen

1. Warum haben sich Sophie und Konrad zunächst verpasst?

2. Was werfen sie sich gegenseitig vor?

3. Sind Sophie und Konrad glücklich mit ihrem Leben?

4. Was meint Sophie damit, wenn sie sagt: „Ob ich irgendwo angekommen bin, weiß ich nicht"?

5. Endet die Cafészene optimistisch oder pessimistisch?

6. Warum sagt Professor Lorenz „sein tiefbesorgter Freund"?

7. Wie kann Konrad seine Karriere ruinieren?

8. Warum ist Prof. Lorenz vor dem Mauerbau nicht in den Westen gegangen?

9. Warum sind Sophie und Konrad glücklich?

10. Was erwarten alle, Professor Lorenz eingeschlossen, vom Prager Frühling?

11. Wer war Rosa Luxemburg?

12. Welche Bedeutung hat die letzte Einstellung mit Ruhländer auf der ersten Etage?

13. Warum ist es so etwas Besonderes, nach Prag fahren zu dürfen?

14. Barbara: "Wir trauern um eine große Hoffnung, die heute begraben wurde." Über welche Hoffnung spricht Barbara?

15. Was will Konrad nicht unterschreiben? Warum hat Prof. Lorenz unterschrieben?

16. Welche Gründe zählt Konrad auf, warum Sophie nicht wieder in die DDR zurückkommen soll? Welche Alternative bietet er an?

17. Kommentieren Sie den folgenden Satz von Professor Lorenz: „Empörung ist etwas Mengenmäßiges, das sich verbraucht. Das wird sich auch bei dir verbrauchen. Ich habe einfach keine Kraft mehr. Ich habe Talent und nicht mehr viel Zeit. Ich muss mein Talent schützen."

18. Kommentieren Sie den folgenden Satz von Konrads Vater: „Sogar in der Nazizeit, als ich abgeurteilt wurde, durften meine Eltern an der Verhandlung teilnehmen."

III. Zwölf Jahre später

Sehen Sie die Szenen 69–108 und beantworten Sie die Fragen.

Szenen 69-108
Die Trennung

Szene 69	Die Mauer (1981)
Szene 70	Kirche Ostberlin
Szene 71	Pfarrgarten
Szene 72	Grenzübergang
Szene 73	Kongresshalle
Szene 74	Treppenhaus
Szene 75	Wohnung Sophie
Szene 76	Straße an der Mauer
Szene 77	Wohnung Sophie
Szene 78	Hausflur
Szene 79	Olympiastadion
Szene 80	Cafeteria Olympiastadion
Szene 81	Astrophysikalisches Institut
Szene 82	Grenzübergang Friedrichstraße
Szene 83	S-Bahnhof Friedrichstraße
Szene 84	Wohnung Konrad
Szene 85	Wohnung Sophie
Szene 86	Astrophysikalisches Institut/Dachterrasse
Szene 87	Wohnung Konrad
Szene 88	Astrophysikalisches Institut
Szene 89	Straße Ostberlin
Szene 90	Wohnung Sophie
Szene 91	Astrophysikalisches Institut
Szene 92	Lichthof Gefängnis
Szene 93	Besucherraum Gefängnis
Szene 94	Astrophysikalisches Institut
Szene 95	Kirche Ostberlin
Szene 96	Wohnung Sophie
Szene 97	Büro Gefängnisdirektor
Szene 98	Gefängnishof

Szene 104
Wohnung Konrad

Ein parkender Lada auf der Straße. Elisabeth steht am Fenster und beobachtet die beiden Männer im Fahrzeug. Sie wendet sich abrupt um, geht entschlossen auf Konrad zu und versetzt ihm eine schallende Ohrfeige.

ELISABETH Das ist für deine Heuchelei.

KONRAD   Bist du verrückt geworden?

ELISABETH Warum verheimlichst du mir, dass du in Barbaras Montagskreis gehst? Warum muss ich das ausgerechnet von Müller erfahren?

KONRAD   Ich wollte dich nicht damit belasten.

Aus Elisabeth bricht es heraus. Sie sucht Worte für eine zu lange ertragene Verletzung.

ELISABETH Ausschließen wolltest du mich, ausschließen, wie du mich immer aus allem ausgeschlossen hast – aus deiner Beziehung zu Barbara, aus deiner Geschichte mit Sophie, mit Alexander, aus allem.

KONRAD   Du wolltest doch, dass Alexander nicht mehr herkommt!

ELISABETH Weil Lena und ich dir völlig gleichgültig sind, seit Alexander aufgetaucht ist. – Ich sehe doch, was in deinem Kopf vorgeht, wenn du hier sitzt, deinen Wodka in dich hineinschüttest! Du bist überhaupt nicht mehr da, du denkst nur noch darüber nach, wann du ihn, ob du ihn und wie lange du ihn noch sehen kannst.

KONRAD   Harald ist tot. Ich kann nicht einfach so weiterleben, als wenn nichts passiert wäre.

ELISABETH Und uns bringst du großzügig auch mit in Gefahr!

KONRAD   Das wusste ich, dass du so reagierst.

Elisabeth will Konrad mit dieser Auslegung nicht davonkommen lassen.

ELISABETH Du irrst dich, ich habe keine Angst. Ich würde alles mitmachen, wenn es dir wirklich um uns ginge. Aber du lebst ja gar nicht mehr mit mir, sondern nur noch mit deinen ewig jungen Gespenstern.

KONRAD   Mein Leben ist hier und mit dir.

Elisabeth geht zum Bücherregal, nimmt einen Band heraus, schlägt ihn auf und hält die Schleife von Sophies Kleid hoch.

ELISABETH   Und das hier? Deine Reliquie?

Szene 105   S-Bahnhof Friedrichstraße

Szene 106   Grenzübergang Friedrichstraße

Szene 107   S-Bahnhof Friedrichstraße

Szene 108   Kegelhalle

Barbara ist jetzt Pastorin in einer Ostberliner Kirche. Sie spricht für die Notwendigkeit einer Friedensbewegung in der DDR. Konrad fährt nach Westberlin zu einer internationalen Konferenz und er benutzt seinen Aufenthalt, um Sophie zu besuchen. Er lernt Sophies Lebensgefährten Gérard kennen, der als Journalist für Le Monde arbeitet und Konrad für ein Interview ausfragt. Konrad und Alexander machen einen Spaziergang entlang der Westberliner Seite der Mauer. Sie haben ein intensives Vater-Sohn-Gespräch über Konrads und Sophies Beziehung. Konrad lernt Sophie in ihrem Beruf als Reiseleiterin kennen. Konrad und Sophie merken, dass sie sich noch immer lieben.

Der Stasibeamte Müller erpresst Konrad zu einer Rücknahme des Interviews mit Gérard, das inzwischen in Le Monde erschienen ist. Konrad unterschreibt, da er sonst niemals seinen Sohn wiedersehen könnte. Alexander besucht seinen Vater in Ostberlin und erzählt vom Besuch des Vaters in Westberlin. Konrads Frau Elisabeth bittet ihren Mann, Alexander das nächste Mal allein zu treffen, da sie und ihre Tochter sich sonst zu sehr aufregen würden.

Sophie sitzt zu Hause, sieht DDR-Fernsehen und weint. Konrad sieht Westfernsehen und sieht Harald im Fernsehen, der sich an ein Fenster bei der Mauer angekettet hat. Die Stasi nimmt ihn fest. Barbara besucht ihren Mann. Müller versucht Konrad wieder zu erpressen und seine Schwester dazu zu überreden mit Harald in den Westen zu gehen. Harald wird gegen seinen Willen aus der DDR herausgeworfen. Er fährt zu Sophie, die nicht da ist, und beim Versuch über die Grenze zurückzugehen wird er erschossen.

Konrad und seine Frau streiten sich und die Frau verlässt ihn. Konrad wartet auf seinen Sohn, der jetzt nicht mehr einreisen darf. Konrad geht zu Müller und schlägt ihn zusammen. Daraufhin verliert er seine Stellung.

Kulturinformationen

Grenzübergang Friedrichstraße

Der Bahnhof Friedrichstraße mitten in Berlin war der wichigste Übergang von West- nach Ostberlin. Er spielte eine Rolle in vielen bekannten Filmen und Romanen. Die Abfertigungsstelle erhielt den Namen „Tränenbunker" wegen der vielen Tränen, die hier vergossen wurden.

Kirchen in der DDR

Kirchen waren niemals illegal unter dem marxistischen System der DDR. Es war jedoch schwierig, als Mitarbeiter von Kirchen eine wichtige Funktion im Staat einzunehmen. So entwickelten sich die Kirchen zu einer wichtigen Oppositionskraft in der DDR, die von der Stasi bespitzelt wurden. Die Kirchen mit ihren Friedenskampagnen wurden ein wichtiger Faktor in der Revolution von 1989.

Montagskreis

Die DDR-Revolution wurde durch Gesprächsgruppen in den Kirchen vorbereitet, den so genannten Montagskreisen. Die Stasi hatte ein großes Interesse daran, die Teilnehmer dieser Montagskreise und die Kirchenbesucher festzustellen.

Grenzanlagen

Die Mauer teilte West- von Ostberlin nur im Stadtgebiet. Die Grenze zwischen den Außenbezirken bildete eine komplexe Grenzanlage, die auch zwischen Westdeutschland und der DDR existierte. Es gab mehrere Zäune, Sandstreifen, Wasssergraben, Betonsperren, Hundelaufanlagen, Minenfelder und Wachtürme in Sehweite mit Personal der NVA, Abteilung Grenztruppen. Die Soldaten hatten strikten Befehl auf Flüchtlinge zu schießen. In den 27 Jahren der Teilung starben mehrere hundert Menschen bei Fluchtversuchen.

Fragen

1. Wer sind die Störenfriede in der Kirche? Warum stören sie?

2. Kommentieren Sie den folgenden Satz von Barbaras Mann Harald: „Wie lange wird der real existierende Sozialismus dahinsiechen, bis er abkratzt? ... Zu lange für ein Menschenleben."

3. Was fragt Konrad Sophie?

4. Kommentieren Sie den folgenden Satz von Sophie: „Mach dich nicht lächerlich. Du kannst nicht zwanzig verpasste Jahre auf'n Paar ... offene Schnürsenkel schieben ... auf die Mauer, auf die Stasi, auf was weiß ich nicht. Irgendwann musst du dein Leben, auch wenn es dir nur passiert ist, zu deinem erklären."

5. Warum unterschreibt Konrad die Erklärung für Müller?

6. Kommentieren Sie den folgenden Satz des Stasimanns Müller: „Als ich so alt war wie Ihr Alexander, wollte ich schon für die Staatssicherheit arbeiten. Das war ein Kinderwunsch. Erinnern Sie sich an die Aufklärungsfilme gegen die Nazis? Da ist in mir so ein... Hass entstanden – ich wollte unbedingt etwas dafür tun, dass so was nie wieder passiert. [Denn] die Wahrheit, lieber Professor, liegt grundsätzlich bei uns."

7. Wie erklärt Konrad seinem Sohn, warum er im Osten geblieben ist?

8. Warum möchte Elisabeth nicht, dass Alexander sie wieder besucht?

9. Worüber unterhalten sich Alexander und Konrad?

10. Was hat die Stasi Harald angeboten?

11. Warum will Barbara nicht in den Westen gehen?

12. Wer ist Elisabeth?

13. In welche Gefahr könnte Konrad Elisabeth bringen?

14. Worüber streiten sich Konrad und Elisabeth?

15. Von welchen Gespenstern spricht Elisabeth?

16. Wieso ist die Schleife eine Reliquie?

IV. November 1989

Sehen Sie die Szenen 109 bis 118 und beantworten Sie die Fragen (mündlich oder schriftlich).

Szenen 109-118
Maueröffnung

Szene 109 Die Mauer (1989)

Szene 110 Heizungskeller Schwimmhalle

Szene 111 Schwimmhalle

Szene 112 Straße vor Konrads Haus

Szene 113 Wohnung II Konrad

Szene 114 Wohnung Sophie

Szene 115 Wohnung II Konrad

Szene 116 Geöffneter Grenzübergang

Szene 117 Straße vor Konrads Haus

Szene 118 Geöffneter Grenzübergang

Konrad hat seine Stelle als Physikprofessor verloren und arbeitet als Hausmeister in einem Schwimmbad. Er lebt allein in einem Altbauzimmer. Alexander holt seine Mutter von ihrem Schreibtisch weg, weil die Mauer offen ist. Konrad sieht vom Balkon die vielen Autos zur geöffneten Mauer vorbeifahren. Alexander begegnet Konrad auf der Straße und nimmt ihn mit zum geöffneten Grenzübergang. Aufgeregte Leute. Konrad und Sophie sehen einander von gegenüberliegenden Straßenseiten skeptisch an. Wird es zu einem Happy End kommen?

Kulturinformationen

Der 9. November 1989

Um 19.00 Uhr (7:00 PM) am 9. November 1989 wurde in den Abendnachrichten des DDR-Fernsehens gemeldet, dass die Mauer jetzt offen sei. Im Laufe des Abends und der Nacht machten sich Hunderttausende auf den Weg, um Westberlin ohne Visum zu erkunden.

Fragen

1. Warum hat Konrad seine Stelle als Physikprofessor verloren?

2. Erklären Sie den Satz der älteren Frau: "Wenn nach dreißig Jahren der Käfig aufgemacht wird, kann man nicht mehr fliegen."

3. Was sagt STASI-Mann Müller?

4. Warum sieht Sophie am Ende des Films so traurig aus?

Allgemeine Fragen zur Analyse der Handlung und Technik des Films

1. Warum heißt der Film *Das Versprechen*?

2. Kommentieren Sie das folgende Bild der Mauer von Westberlin aus gesehen. Warum haben die Berliner wohl so viel Graffiti auf die Mauer gemalt?

3. Was glauben Sie? Werden Sophie, Konrad und Alexander zusammen leben? Begründen Sie Ihre Aussage.

4. Erzählen Sie die Geschichte des Films aus Konrads Sicht.

5. Erzählen Sie die Geschichte des Films aus Sophies Sicht.

6. Beschreiben Sie Konrad als Ossie. Welche Charaktereigenschaften an ihm sind ostdeutsch?

7. Beschreiben Sie Sophie als Wessie. Welche Charaktereigenschaften an ihr sind westdeutsch?

8. Wo steht Professor Lorenz politisch? Sehen Sie bei ihm auch politische Symbolik?

9. Besprechen Sie von Trottas Stil an Hand der Szene im Hotel, als Konrad und Sophie die Treppe zum Zimmer aufgehen. Achten Sie auf Mise-en-scène, Einstellungsgröße, Bewegung, und Musik.

Und zum Abschluss eine Wortübung

Setzen Sie die passenden Wörter aus der Liste in der richtigen Form in den Text ein.

Teil 1.

begleitet	Jugendliche
verpasst	verspricht

Der Film *Das Versprechen* beginnt im Herbst 1961. Vier _____ fliehen in den Westen. Ein fünfter, Konrad, _____ die Gelegenheit und bleibt zurück. Aber er _____ seiner Freundin, Sophie, nachzukommen. Während Konrad dann Karriere als Physiker macht, arbeitet Sophie als Model in Westberlin. Sieben Jahre später _____ Konrad seinen Professor zu einem Kongress nach Prag.

Teil 2.

| (die) Hauptsache | heftig | (die) Ruhe |
| streiten sich | (der) Unterschied | vermisst |

Sophie reist auch nach Prag, um Konrad zu treffen. Sophie ist unglücklich, dass Konrad damals nicht mitgekommen ist, und die beiden _____, nicht _____, aber ein bisschen. Sie findet einen _____ zwischen sich und Konrad. Er wollte in _____ studieren und Physiker werden. Das war für ihn die _____. Sophie wollte weg vom Osten. Sie ist jedoch bereit, bei Konrad in Prag zu bleiben, denn sie _____ ihn und ihre Mutter sehr.

Teil 3.

| bleiben ... stehen | entdecken | hupen |
| mitten in | reichen | (die) Stimmung |

Aber es ist zu spät. Sowjetische Panzer rollen in die Stadt. Danach verbietet man Sophie die Einreise in den Osten und Konrad die Reise in den Westen. — Zwanzig Jahre später fällt die Mauer. Es gibt eine frohe _____ am Grenzübergang. Man hört Autos _____, Leute schütteln sich die Hände, fallen einander in die Arme, _____ Sektflaschen herum. _____ _____ diesem Jubel _____ Konrad und Sophie einander. Sie _____ und blicken sich an.

Der Film ist zu Ende.

CHAPTER 10

Sonnenallee

PERSONEN

Micha Ehrenreich
Mario, sein Freund
Michas Mutter
Michas Vater
Der ABV
Miriam, Michas Freundin
Sabrina, Marios Freundin
Wuschel, Michas und Marios Freund
Michas Onkel Heinz

VHS/DVD (Zone 2) Deutsch ohne englische Untertitel.
Der Film ist nicht erhältlich in NTSC oder DVD (Zone 1).
Freigegeben ab 6 Jahren. 89 Minuten. 1999

Der Film zerfällt in sechs Teile, die nacheinander gesehen werden können. Es empfiehlt sich, dazu sechs fünfzig Minuten Kurzstunden zu verwenden.

SZENENFOLGE

nach dem Buch *Sonnenallee* (Quadriga: Berlin, 1999)

I. Erster Tag

Sehen Sie den ersten Teil und versuchen Sie die Geschichten von den Bildern her zu beschreiben, auch wenn Sie nicht alles verstanden haben.

Szenen 1-16
Michas Clique und Familie

Szene 1	Ein weiter Himmel über dem Vogtland
Szene 2	Sonnenallee, 1. Tag
Szene 3	Aussichtsturm. Westseite
Szene 4	Sonnenallee
Szene 5	Wachturm
Szene 6	Spielplatz
Szene 7	Wohnung Miriam
Szene 8	Spielplatz
Szene 9	Auf der anderen Straßenseite
Szene 10	Spielplatz
Szene 11	Im Bus
Szene 12	Grenzkontrollbaracke
Szene 13	Wohnung Micha
Szene 14	Grenzkontrollbaracke
Szene 15	Vor Miriams Haus
Szene 16	Wohnung Micha

Michas Clique und Familie werden vorgestellt, sowie der ABV. Westbesucher beobachten die Ossies von der Aussichtsplattform. Die Clique trifft sich auf dem Spielplatz und sie reden über Musik, besonders Westmusik. Der ABV konfisziert den Song „Moscow". Westbesucher betrachten die Ossies vom Bus wie Tiere in einem Safaripark. Der ABV kommt in die Wohnung, in der der Vater mit dem Mufuti (Multifunktionstisch) kämpft, um von einem verlorenen Westpass zu erzählen. Die Mutter hat den Pass gefunden und versteckt ihn. Onkel Heinz, der Westonkel, kommt zu Besuch.

Kultur- und Wortinformationen

DDR-Kultur

Sektorengrenze

Der ABV (Abschnittsbevollmächtigter), der Vertreter der Volkspolizei und Bewacher der Grenzbewohner, war verantwortlich für die Ordnung an der Grenze. Nur politisch relativ zuverlässige Bürger durften nahe im Osten an der Grenze wohnen.

Schule

Die Schule (Polytechnische Oberschule oder POS) war ein Instrument in der DDR, das die Konformität innerhalb der Jugend stärken sollte. Nur pro-kommunistische Jugendliche durften später studieren. FDJ (siehe unten) und NVA (Nationale Volksarmee) durften in der Schule agitieren.

Die Stones

Die Rolling Stones galten als der Inbegriff des Westens mit ihrem Protestpotential. Die Platten waren im Osten nicht erhältlich, außer man kaufte sie im Schwarzhandel mit Westgeld.

FDJ

Die FDJ (Freie Deutsche Jugend) mit ihren blauen Hemden war die Jugendorganisation der SED. Durch Mitarbeit in der FDJ konnte man sich einen Studienplatz sichern.

Multifunktionstisch

Der Multifunktionstisch (Mufuti) war eine typische Erfindung der siebziger Jahre. Er kam ursprünglich aus dem Westen, wo er in kleinen Wohnungen Platz sparen sollte. In der DDR wurde der Tisch mit den für die Planwirtschaft des Ostens typischen Fehler hergestellt.

Fragen

1. Was rufen die Wessies von der Aussichtsplattform?

2. Beschreiben Sie Wuschel. Was sind seine Interessen?

3. Was passiert im Film, als Miriam das erste Mal vorbeigeht?

4. Was macht der ABV mit der Kassette?

5. Wer ist Onkel Heinz?

6. Warum besucht der ABV die Ehrenreichs?

7. Welche Rolle spielt der Reisepass im Film?

8. Beschreiben Sie die verschiedenen Freunde der Schwester.

9. Beschreiben Sie die Probleme, die der Vater mit dem Multifunktionstisch hat.

II. Zweiter und dritter Tag

Sehen Sie jetzt den zweiten Teil und beantworten Sie dann die Fragen unten.

Szenen 17-22
Michas Schule (2. Tag)

Szene 17	Schule/Leerer Klassenraum, 2. Tag
Szene 18	Zimmer/Gang Schule
Szene 19	Klassenzimmer
Szene 20	Grenzkontrollbaracke
Szene 21	Sonnenallee und Spielplatz

Michas Schule und die Schuldisko werden vorgestellt. Wir beobachten einen typischen Schulalltag an einer Ostberliner Schule. Micha erhält den Vorschlag, drei Jahre zur Armee zu gehen, damit er später studieren kann. Dieser Teil des Films endet mit der Schuldisko, auf der es zum Fiasko kommt.

Szene 22
Schuldisko

Innen/Nacht Ca. 90 Jugendliche lungern kreisförmig durch den abgedunkelten Raum. Moppel, die nicht so attraktive Freundin von Miram, rastet zu einem Instrumental von „Die Butlers", nämlich zu „ Butlers Boogie" völlig selbstvergessen aus. Eine einfache Rundumleuchte gibt dem Ganzen die nötige poppige Atmosphäre. Drei farbige Glühbirnen leuchten im Takt der Musik abwechselnd auf. Die Lichtorgel.

Kosscke, wie immer modisch mit (billiger) grüner Sonnenbrille, legt die Platten auf einen vorsintflutlichen Plattenspieler und fingert an den verbotenen Westtapes rum, die verstohlen auf dem Tisch liegen. Ihm gegenüber ist die Cola-Ausgabe.

Moppel erreicht ihren Höhepunkt. Um die (kleine) Tanzfläche gruppieren sich die Jugendlichen. Auf der einen Seite die Jungs (unterschiedlichen Alters, wobei Wuschel die unterste Grenze markiert). Auf der anderen Seite die Mädchen (die albern sind und im Grunde die Jungs aus der eigenen Schule ziemlich blöde finden).

Obwohl man hier und da mal kurz eine Zigarette aufflammen sieht —Rauchen verboten—, ist der Raum rauchgeschwängert. Unterm Tisch, in dunklen Ecken etc., wird ordentlich gepafft. Da Bier zu teuer wäre, geht unter den Tischen billiger Fusel um, den man sich in die Cola-Flasche kippt.

Missmutig und ein wenig stumpf betrachten Wuschel, Appel, Brötchen, Mario und Micha die tanzende Moppel.

BRÖTCHEN   Riesen-Stimmung.

WUSCHEL   Wenn der weiter diesen Ostmüll[1] spielt, kommste an
keene Braut[2] ran.

APPEL   Hättste doch was von dir mitgebracht.

WUSCHEL   Biste irre? Würdest du das Meißner Porzellan deiner
Hundertpro[3]-Eltern mitbringen?

APPEL   Nee.

WUSCHEL   Siehste.

*Inzwischen hat sich die total verschwitzte Moppel zusammen mit Lady Bump
dem Tisch genähert.*

MOPPEL   *(zu Brötchen)* Tanzenwa?[4]

*Brötchen wird plötzlich nervös, sein Verhalten passt irgendwie nicht zu ihm.
Ist er wirklich rot geworden? Lady Bump zu Micha, der sich bemüht, nicht
laufend zu Miriam rüberzustarren.*

LADY BUMP   Tanzenwa?

*Auch ein blindes Huhn findet manchmal ein Korn! Kosscke hat einen Song
aufgelegt, der sogar Wuschels Anerkennung verdient.*

WUSCHEL   *(zu Lady Bump)* Tanzenwa?

*Wuschel tanzt mit der Lady Bump. Brötchen polkt an einer Colaflasche rum.
Appel glotzt und wippt rhythmisch.*

MARIO   *(zu Micha)* Heute musst du sie klarmachen.

*Micha schaut zu Miriam. Miriam schaut zu Micha. Sie lächelt zumunternd.
Moppel freut sich darüber und gibt Micha ein heimliches Zeichen, sich
aufzuraffen. Micha steht auf, er geht auf sie zu, der Abstand zu IHR scheint
sich mit jedem Schritt zu vergrößern. Er kommt an dem tanzenden Wuschel
vorbei.*

WUSCHEL   *(zu Lady Bump)* „Exile on Mainstreet" ist die
heißeste Scheibe[5] überhaupt. Wenn ich sie hab,
kannste se mal bei mir hören.

*Micha kommt an Brötchen vorbei, der ihm ein oder auch zwei (!) Kondome
reicht.*

BRÖTCHEN   *(augenzwinkernd, der Kenner)* Für den Fall der Fälle.

*Micha ignoriert ihn. Ein Schnitt versetzt ihn wieder auf seine
Ausgangsposition (Wuschel noch mal?), der schwere Gang will einfach kein
Ende nehmen. Wir nehmen seinen POV[6] ein, die Diskobewohner ziehen
in slow motion vorüber. Aber endlich ist Micha angekommen. Der Song ist
ebenfalls zu Ende. Es entsteht die ungewisse Pause zwischen zwei Songs.*

MICHA   Hast du Lust zu tanzen?

Ein Ostsong der übelsten Sorte[7] beginnt.

MIRIAM   (*die Unberechenbare*) Du siehst doch – wir rauchen
gerade.

Kosscke hat's versaut und bekommt von Mario eine Kopfnuss. Jetzt erst zündet sich Miriam eine Zigarette an. Sie macht eine Geste zu Moppel nach dem Motto „Siehste, so macht man das". Micha kehrt geschlagen auf seinen Platz zurück.

BRÖTCHEN   (*zu Appel*) Aber er hat's versucht.

APPEL   Ja, er ist ein tapferer Mann.

Plötzlich sehen wir in den Gesichtern, dass auf der Tanzfläche Ungewöhnliches geschieht: Ein Pärchen küsst sich inniglich. Es ist (nicht zu fassen) Miriam mit einem Fremden! Mario reicht Micha den Fusel. Micha nimmt einen großen Schluck. Die Tür fliegt auf. Der ABV steht da wie Django im Raum.

ABV   Wessen roter Ford Taunus[8] da draußen?

Der Fremde löst sich von Miriam, und als er sich umdreht, erkennt man auf seinem T-Shirt ein Porträt von John F. Kennedy und den Aufdruck „John F. Kennedy Gymnasium[9]".

WESTFREUND   (*zu Miriam*) Vielleicht nächstes Mal.

Sie schmachtet ihm nach.

WESTFREUND   (*zum ABV*) Meiner.

ABV   Mitkomm'! Personalien überprüfn.

DIREKTORIN NIZOLD   (*völlig aufgelöst*) Wer hat den Klassenfeind
in unsere Schule gelassen!!

WEIBLICHE PETZE   Die Miriam!!

DIREKTORIN NIZOLD   Sie werden uns auf der nächsten FDJ-
Wahl[10] Rede und Antwort stehen.

BRÖTCHEN   (*grinsend zu Micha*) Ach, könnt ich doch der Knopf
an ihrer FDJ-Bluse sein.

MICHA   (*total verwirrt*) Halt's Maul.

ERZÄHLER   Mir drehte sich alles im Kopf. Miriam und der
Westler! Und das, was ich gesehen hatte? Kuss war
gar kein Ausdruck. Ich war entschlossen, um sie zu
kämpfen. Ich musste einen Moment finden, um ihr
nah zu sein. Aber wie, wo und wann? Ich brauchte
eine Taktik.

Wort- und Kulturinformationen

Bitte finden Sie die entsprechende Bedeutung für die Wörter in der Liste.
Die Zahlen beziehen sich auf die Zahlen im Text oben.

1.	Ostmüll	Slang für „Tanzen wir?"
2.	Braut	Platte
3.	Hundertpro	schlechte Qualität
4.	Tanzenwa	typisches Westauto
5.	Scheibe	DDR- oder ostdeutscher Rocksong
6.	POV	Freie Deutsche Jugend
7.	übelste Sorte	amerikanische Schule in West-Berlin
8.	Ford Taunus	Point of view (Filmausdruck)
9.	John F. Kennedy Gymnasium	Slang für Mädchen, Frau
10.	FDJ	Hundertprozent für den Staat

DDR-Kultur

FDJ-Wahl

FDJ = Freie Deutsche Jugend, die SED-Jugendorganisation. „Wahlen"
wurden im Block nach vorher verteilten Listen vorgenommen. Es gab
keine Diskussion oder Abstimmung über einzelne Kandidaten.

Westbesucher

Westbesucher waren Besucher aus dem Westen (Westberlin,
Westdeutschland und dem westlichen Ausland). Westbesucher hatten
strenge Auflagen, wen sie besuchten durften und wo sie sich aufhalten
durften. Die Besuchswünsche mussten bei der Grenzkontrolle in eine
Liste eingetragen werden. Die Besucher mussten um Mitternacht zurück
in Westberlin sein.

Fragen

1. Was für Musik wird auf der Disko gespielt?
2. Wie ist die Stimmung auf der Schuldisko?
3. Warum möchte Miriam nicht mit Mario tanzen?
4. Mit wem tanzt Miriam?
5. Was soll Miriam auf der nächsten FDJ-Sitzung machen?

Szene 23-25
Die Provokation (3. Tag)

Szene 23   Schulhof, 3. Tag

Szene 24   Klassenzimmer

Szene 25   Wohnung Micha

Micha übernimmt die Schuld für Marios sexuell anzüglichen Witz und muss zur Strafe einen selbstkritischen FDJ-Beitrag leisten. Die Beziehung zwischen der dominanten Lehrerin und den beiden Jungen wird deutlich, die auf einander angewiesen sind.

Kultur- und Wortinformationen

Volksarmee

Die Volksarmee oder Nationale Volksarmee (NVA) rekrutierte junge Leute für drei Jahre Militärdienst in den Schulen. Eine Dreijahresverpflichtung garantierte einen Studienplatz.

Fragen

1. Was unterschreibt Micha bei der Volksarmee?

2. Was muss Micha daraufhin machen?

3. Was probt Micha im Badezimmer?

III. Die Mädchen

Sehen Sie den dritten Teil und beantworten Sie dann die folgenden Fragen.

Szene 26-30

Szene 26. Aula, 4. Tag
Innen/Tag

Einige Tage später. Am Eingang das Schild: Heute FDJ-Wahlen. Micha wartet im Blauhemd und mit einer vorbereiteten Rede hinter der Bühne und starrt sehnsüchtig durch den Vorhang zu Miriam, die neben den strengen Podiumsteilnehmern am Rednerpult steht.

MIRIAM
Ja, auch eine FDJlerin muss ihren Stolz haben. Eins jedenfalls weiß ich. Hätte ich einen Freund, und würde er drei Jahre zur Armee gehen, dann würde ich ihm auch drei Jahre treu bleiben.

Miriam führt eine Hand hinter den Rücken und kreuzt die Finger. Niemand außer Micha kann diese Hand sehen. Micha ist ein wenig verunsichert. Ist Miriam eine Lügnerin? Der Gedanke stimmt ihn melancholisch. Schließlich holt ihn der Applaus zurück – Miriam ist mit ihrer Rede fertig, und nun tritt die Pionierleiterin ans Mikrofon.

PIONIERLEITERIN Vielen Dank an unsere Jugendfreundin Miriam, für ihren selbstkritischen Beitrag.[1] Ich könnte mir gut vorstellen, das der eine oder andere eine Frage hat!????

Erwartungsvoll starrt die Pionierleiterin auf die freien Stühle in den vorderen Sitzreihen. Einzig die Petze hat hier Platz genommen. Aber auch die läßt ihre Leiterin diesmal im Stich. Die anderen „Jugendfreunde" tummeln sich in den hintersten Reihen.

PIONIERLEITERIN *(weiter, schwungvoll)* Ein paar Jugendliche von hinten könnten sich doch auch nach vorne setzen?

Als sich nichts rührt, geht sie zur Tagesordnung über

… als nächstes hören wir YUNG-KU SHUO mit einem Beitrag über den amerikanischen Aggressor.

Die Pionierleiterin klatscht begeistert, und eine haltungsgerade Vietnamesin[2] tritt nun in straff sitzender FDJ-Bluse ans Pult. Was sie in unverständlichem Deutsch zu berichten hat, hören wir leise im Hintergrund, denn wir sind mit Miriam hinter die Bühne gegangen.

MIRIAM
(zum verdutzten Micha) Hast du auch was ausgefressen?

Micha macht eine wegwerfende Geste: Nicht der Rede wert ...

MICHA   Du kannst dir nicht vorstellen. Polizei war da, also die Bullen[3], der Direktor und ich. Natürlich war's politisch. Hab Lenin angegriffen[4] zusammen mit der Arbeiterklasse und der Partei, natürlich in aller Öffentlichkeit. Logisch, da kriegst Schwierigkeiten.

Mit einem unauffälligen Blick versucht er herauszufinden, ob sie das aufregend findet. Aber sie übergeht das. Sie beginnt, sich die FDJ-Bluse auszuziehen. Micha glaubt, er träumt, denn irgendwann steht sie da, oben ohne, allerdings hat sie ihm den Rücken zugewandt.

MIRIAM   Wie heißt du eigentlich? Ich heiße Miriam.

MICHA   Micha. Und wie heißt du eigentlich?

MIRIAM   Miriam, das hab ich doch gerade gesagt.

MICHA   Hab ich wohl gerade nicht aufgepasst... (nach einer angestrengten Denkpause) Wir haben drei Buchstaben gemeinsam!

MIRIAM   Hm, ja, toll.

Das T-Shirt im Anschlag, dreht sie nur ihren Kopf und schaut Micha an – sie weiß nicht, was sie von der Bemerkung halten soll. Micha ist völlig verknallt. Sie lächelt, zieht ihr T-Shirt endlich über den Kopf und baut sich dicht vor Micha auf. Eng. Spannend. Blicke. Schweigen. Auf der Bühne ist der Applaus für den fernöstlichen Beitrag bereits verhallt, und die Petze hat nun wieder das Wort. Ihre statistischen Ausführungen dringen zu Micha und Miriam hinter die Bühne.

PIONIERLEITERIN (*redet und redet*) In der Klassenstufe acht beträgt der Klassendurchschnitt 117,2%, in der Klassenstufe neun 106,6% und in der Klassenstufe zehn – die kann noch nachziehen – nur 100,1%.

ERZÄHLER   Sie ist ja so was von hinreißend, von bezaubernd. Noch nie war er ihr so nah.

MIRIAM   Die im Westen küssen ganz anders. So ... anders eben. Ich würd's ja gern mal jemandem zeigen.

Sie kichert. Micha fällt fast in Ohnmacht[5]. Miriam nähert sich Micha.

PIONIERLEITERIN ...noch nicht bei allen. Manche machen uns leider noch Probleme. Als nächstes hören wir Michael.

Als die Schulschöne Michas Namen hört, lässt sie von ihm ab – die Lippen haben sich noch nicht berührt.

MIRIAM   Irgendwann zeig ich's dir.

Micha ruft ihr leise hinterher.

MICHA

Ich hab nicht mehr lange zu leben.

Sie wirft ihm einen letzten Blick zu, bevor er auf die Bühne ans Rednerpult geht. Er dreht sich noch einmal zu ihr um und nimmt seinen ganzen Mut zusammen.

MICHA

Was man mit gekreuzten Fingern sagt, güldet[6] nicht. Und ich habe gesehen, wie du die Finger gekreuzt hast.

MIRIAM

Dann haben wir beide jetzt ein Geheimnis.

Zur Bestätigung führt sie ihren Finger von ihren Lippen auf die seinen. Micha taumelt innerlich, doch nun wird er aufgerufen, nach einer kurzen Phase der Sammlung betritt er völlig euphorisch, als Sieger, das Podium. Er ist nicht mehr von dieser Welt.

MICHA

Liebe FDJlerinnen und FDJler! Die gewachsene Rolle der Bedeutung der Schriften der Theoretiker der Partei der Arbeiterklasse ist gerade heute wichtiger denn je, besonders Marx, Engels und Lenin. Ihre Liebe zur Arbeiterklasse machte sie stark und unbesiegbar, gab ihnen Zuversicht in allen schwierigen Momenten und machte ihnen das Herz voll, dass die singen und tanzen wollten und sich frei fühlten wie ein Schmetterling, der aus seinem Kokon schlüpft und endlich durch diese herrliche Welt flattert, über duftende Wiesen mit prachtvollen Blumen ...

Dem staunenden Publikum steht der Mund offen – das versteht keiner mehr. Auch Miriam kann sich einer gewissen Bewunderung für diese feurige Ansprache nicht entziehen.

Wortinformationen

Bitte finden Sie die entsprechende Bedeutung für die Wörter in der Liste. Die Zahlen beziehen sich auf die Zahlen im Text oben.

1.	selbstkritischer Beitrag	Slang für Polizei, Polizist
2.	Vietnamesin	Bewusstlosigkeit
3.	Bullen	Slang für gilt (gelten)
4.	angegriffen	einen Fehler kritisieren
5.	Ohnmacht	Partizip von angreifen
6.	güldet	eine Frau aus Vietnam

Kulturinformationen

DDR-Kultur

Selbstkritik

Selbstkritik war ein wichtiges Element der sozialistischen Philosophie, mit der individualistische Tendenzen ausgetrieben werden sollten. Selbstkritik wurde immer öffentlich ausgeübt.

Vietnam

Die Unterstützung Vietnams als Opfer des amerikanischen Aggressors war eine der wichtigsten Tätigkeiten der DDR-Außenpolitik. Dadurch konnte die DDR sich als progressiv darstellen.

Kommunistische Theoretiker

Marx, Engels und Lenin (in dieser Reihenfolge) musste jeder Schüler in der DDR kennen, wenn es auch in den meisten Fällen nicht über ein formales Lippenbekenntnis hinausging.

Szenen 27-30

Szene 27	Sonnenallee
Szene 28	Sonnenallee
Szene 29	Aula/Polizeiball
Szene 30	Sonnenallee

Micha und Mario lernen sich bei der FDJ-Veranstaltung besser kennen. Miriam macht Micha Hoffnung auf eine kommende Liebesbeziehung.

Fragen

1. Was ist mit dem ABV auf dem Ball passiert?

2. Welche Produkte werden auf dem Schwarzmarkt verkauft?

3. Warum kann man die Vietnamesin nicht verstehen?

4. Was geschieht zwischen Micha und Miriam vor und nach seinem Redebeitrag?

5. Warum ist Michas Redebeitrag so fröhlich?

6. Was sagt Miriam über einen Freund?

7. Was macht Miriam, während sie über einen Freund spricht?

Szenen 31-38
Fünfter Tag

Szene 34
Wohnung Micha
Innen/Nacht

MUTTER   Den haben wir fein reingelegt.[1] Der schreibt
                  jetzt mal einen guten Bericht über uns an seinen
                  Führungsoffizier.

*Micha geht ins Wohnzimmer, wo Onkel Heinz im Sessel sitzt und aus dem
Fenster auf die Grenzanlage schaut, in Selbstgespräche vertieft.*

ONKEL HEINZ   Na, freut ihr euch schon auf den nächsten, den ihr
                  abknalln[2] könnt, Ihr Hunde!

Sabine zu ihrem neuen Freund Uwe, der ein katholischer Geistlicher ist.

SABINE   So, mein Kirchenantrag[3] ist fertig, kannst du noch
                  mal drüber gehen, Uwe?

UWE   Aber ja, gern, mein Abendstern.

*Vater springt aus dem Zimmer und schiebt einen Teewagen hinein, auf dem
ein verhüllter Gegenstand steht.*

VATER   Enthüllung!

*Micha schaut seine Mutter verwundert an. Im Wohnzimmer stehen um einen
verhüllten Gegenstand in glückseliger Verzückung: der Vater, Sabine und Uwe.
Nur Onkel Heinz, lässig eine Zigarette rauchend, sitzt in seinem Sessel und
lächelt erhaben über die ost-typische Szenerie. Der Vater zieht mit Schwung
das Seidentuch weg, und ein Telefon erstrahlt in heiligem Glanz.*

VATER   Ein Telefon!

HEINZ   Ach was.

VATER   Und im Telefonbuch stehen wir auch schon drin.

SABINE   Himmlisch.

UWE   Gott sei's gedankt.

VATER   Von wegen Gott. Gewusst wie! Ich hab mir ein
                  Attest besorgt und dann ne Eingabe[4] geschrieben.
                  Rein in die Organisation[5] und von innen uffmischen!

Er schwenkt einen Zettel. Micha greift ihn sich und liest.

MICHA   Epileptische Anfälle. (*zu sich*) Stimmt ja irgendwie.

Das Telefon klingelt. Alles erstarrt in Ehrfurcht. Onkel Heinz steht ruhig auf und erklärt.

HEINZ   Man lege die Hand auf die Gabel und nehme ab. So macht man das. (*nimmt ab*) Hallo. Ehrenreich. (*zu Micha*) Ist für dich.

Heinz grinst und kann es sich nicht verkneifen.

HEINZ   Casanova.

Micha wird bis über beide Ohren rot und nimmt den Hörer.

MICHA   Miriam?

MUTTER   Ein Mädchen!

MICHA   (*in den Hörer*) Hm ... ja ... ach ...

VATER   Frag sie, ob sie dich gut versteht.

MUTTER   Er hat eine Freundin!

MICHA   (*in den Hörer*) ... ich kann jetzt nicht so ...

VATER   Verstehst du sie gut? Sag doch! (*Nähert sich mit dem Ohr dem Hörer*) Lass mich mal hören.

MICHA   Ich rufe dich gleich zurück.

... und schon ist er verschwunden.

Wortinformationen

Bitte finden Sie die entsprechende Bedeutung für die Wörter in der Liste. Die Zahlen beziehen sich auf die Zahlen im Text oben.

1. reinlegen   Slang für „erschießen"
2. abknalln (abknallen)   das System, die Regierung
3. Kirchenantrag   betrügen
4. Eingabe   Petition
5. Organisation   für den Eintritt in eine Kirche

Szenen 35-38

Szene 35   Sonnenallee

Szene 36   Amtstube ABV

Szene 37   Wohnung Miriam

Szene 38   Wohnung Sabrina

Die Ostberliner Schwarzmarktsubkultur wird vorgestellt, auf dem man viele interessante Westprodukte kaufen kann, allerdings für einen Preis. Wuschel sucht hier nach seinem Stones-Album. Mario lernt hier die Existentialistin Sabrina kennen. Michas Beziehung zu Miriam entwickelt sich jetzt zu einer „comedy of errors".

Kultur- und Wortinformationen

Schwarzmarkt

Es gab einen offiziellen vom Staat geführten Schwarzmarkt, die Intershops, in denen man westliche Produkte teuer kaufen konnte, und inoffizielle Schwarzmärkte für Westprodukte, die allerdings im Osten verpönt waren.

Fragen

1. Wen lernt Mario auf dem Schwarzmarkt kennen?

2. Wofür interessiert sich Sabrina?

3. Für wen möchte die Mutter zwei Decken?

4. Was geschieht mit Micha, als er zu Miriam geht?

5. Wie haben die Ehrenreichs ein Telefon bekommen?

6. Wer ruft Micha an?

7. Über wen spricht Onkel Heinz, wenn er vom „abknalln" spricht?

8. Warum kann Micha jetzt nicht sprechen?

IV. Die Party

Sehen Sie den vierten Teil und beantworten Sie dann die Fragen.

IV. a. Sechster Tag: Die Party wird geplant
Szenen 39-40

Szene 39   Spielplatz

Szene 40   Vor Miriams Haus

Sabrina wird der Clique vorgestellt. Micha macht einen neuen Versuch, Kontakt mit Miriam aufzunehmen.

IV. b. Siebter Tag: Die Party
Szenen 41-45

Szene 41   Wohnung Mario/Küche

Szene 42   Wohnung Mario/Wohnzimmer

Szene 42a   Balkon

Szene 42b   Marios Wohnung

Szene 43   Straße vor Marios Haus

Szene 44   Auf dem Dach

Szene 45   Wohnung Mario/Party

Mario feiert seine wilde Party. Mario und Micha urinieren vom Balkon. Der Indianer erscheint in Marios Delirium. Miriam kommt und geht wieder, als sie die Bescherung sieht. Sie möchte Michas Tagebücher lesen, von denen er ihr erzählt hat.

IV. c. Achter Tag: Die Tagebücher
Szenen 46-56

Szene 46   Schule/Jungentoilette

Szene 47   Schule/Direktorzimmer

Szene 48   Schule/Flur/Parterre

Szene 49   Sommerliche Landstraße

Szene 49a   Feld

Szene 49b   FKK-Strand

Szene 50   Wohnung Micha

Szene 51   Wohnung Micha, später

Szene 52   Grenzübergang

Szene 53   Seitengasse

Szene 54   Wohnung Micha

Szene 55   Wohnung Micha/Schlafzimmer

Szene 56   Wohnung Micha/Zimmer

Am nächsten Tag in der Schule: Mario wird von der Schule verwiesen, weil Micha und er auf den antifaschistischen Schutzwall uriniert haben. Micha beginnt mit der Niederschrift seiner nicht-existenten Tagebücher. Die Mutter schafft es nicht, mit dem gefundenen Westpass nach West-Berlin zu gehen. Die Dresdner Olaf und Udo bewundern das Westfernsehen.

Fragen

1. Wie reagiert Sabrina auf die Clique?
2. Was plant Mario für seine Wohnung?
3. Was für ein Getränk gibt es auf der Party?
4. Was geschieht mit den Musikinstrumenten auf der Party?
5. Worum bittet Miriam Micha?
6. Worum geht es in der Szene im Direktorzimmer?
7. Warum schafft es die Mutter nicht, in den Westen zu gehen?
8. Wer sind Olaf und Udo?

V. Die Grenze

Sehen Sie den fünften Teil und beantworten Sie dann die Fragen.

V.a. Neunter Tag: Der Grenzzwischenfall
Szenen 57-75

Szene 57   Grenzkontrollbaracke

Szene 58   Vor Miriams Haus

Szene 59   Sonnenallee

Szene 60   Wohnung Micha

Szene 61   Grenzanlage

Szene 62   Grenzkontrollbaracke

Szene 63   Sonnenallee

Szene 64   Sonnenallee

Szene 65   Grenzkontrollbaracke

Szene 66   Grenzanlage

Szene 67   Wohnung Micha

Szene 68   Sonnenallee

Szene 69   Sonnenallee

Szene 70   Amtstube ABV

Szene 71   Haus Micha/Balkon

Szene 72   Zimmer Micha

Szene 73   Sonnenallee

Szene 74   Wohnung Micha/Zimmer

Szene 75   Sonnenallee

Ein Grenzer erläutert Onkel Heinz die Überlegenheit des kommunistischen Systems anhand der Unterschiede zwischen einem japanischen Stereogerät und dem DDR-Einheitsempfänger. Wuschel wird an der Grenze fast erschossen, doch von dem Doppelalbum „Exile on Mainstreet" gerettet. Die Platte ist dabei leider zerbrochen.

V. b. Zehnter Tag: Das Ende einer Freundschaft
Szenen 76-83

Szene 76   Spielplatz

Szene 77   Zimmer Micha

Szene 78   Wohnung Sabrina

Szene 79   Zimmer Micha

Szene 80   Wehrkreiskommando

Szene 81   Wehrkreiskommando/Gang

Szene 82   Sonnenallee

Szene 82a   Haus Miriam/Hauseingang

Szene 82b   Miriams Haus/Treppenhaus

Szene 83   Wohnung Miriam

Micha und Mario treffen im Wehrkreiskommando aufeinander. Sie haben beide eine Verpflichtungserklärung unterschrieben und sind von einander enttäuscht und kämpfen miteinander. Micha präsentiert Miriam seine vollendeten Tagebücher. Sie lieben sich.

V. c. Elfter Tag: Onkel Heinz ist tot
Szenen 84-87

Szene 84   Miriams Wohnung

Szene 85   Vor Miriams Haus

Szene 86   Sonnenallee

Szene 87   Wohnung Micha

Micha kommt nach Hause. Onkel Heinz sitzt im Sessel – tot. Er hatte Krebs.

V. d. Zwölfter Tag: Onkel Heinz' Asche
Szenen 88-91

Szene 88   Grenzübergang

Szene 89   Wohnung Micha

Szene 90   Wohnung Miriam

Szene 91   Grenzkontrollbaracke

Nach der Beerdigung in Westberlin schmuggelt Michas Mutter Onkel Heinz' Asche zurück. Der Scheich von Berlin wird als Mafioso an der Grenze festgenommen. Als Hotelpage hatte er sich Autos von Hotelgästen ausgeliehen, doch nicht gewusst, dass dieses ein Mafiaauto ist, in dem Waffen versteckt wurden.

Kulturinformationen

Asbest

Im Osten gab es keine Umweltbewegung wie im Westen. Deshalb hatten die Ossies keine Ahnung von Umweltgiften und anderen Gefahren wie Krebs, der durch Asbest ausgelöst werden konnte.

Westbesuche

Die Ossies durften unter keinen Umständen in den Westen reisen, außer sie hatten eine offizielle Einladung und waren Parteimitglied oder sie waren Rentner, d.h. über 65 und ohne Interesse für die Wirtschaft des Ostens.

Fragen

1. Warum kämpfen Micha und Mario miteinander?

2. Warum liebt Miriam Micha jetzt?

3. Woran ist Onkel Heinz gestorben?

4. Wie ist die Mutter in den Westen gekommen?

5. Was hat die Mutter zurückgeschmuggelt?

6. Was geschieht mit dem Scheich von Berlin?

VI. Dreizehnter Tag: Ende mit Musik

Szenen 92-102
Ende mit Musik

Szene 92   Friedhof

Szene 93   Sonnenallee

Szene 94   Zimmer im Standesamt

Szene 95   Standesamt

Szene 96   Wohnung Micha

Szene 97   Vor Miriams Haus

Szene 98   Zimmer Micha

Szene 99   Vor Michas Haus

Szene 100   Zimmer Micha

Szene 101   Vor Michas Haus

Szene 102   Balkon

Wuschel hat eine gefälschte Stones-Platte gekauft, er ist reingelegt worden. Um ihn zu trösten spielt Micha mit ihm Luftgitarre. Die Musikszene weitet sich zu einer grandiosen Tanzszene aus, in der alle Mitwirkenden auf die Mauer und die Grenzer zutanzen, die erschrocken zurückweichen.

Kulturinformationen

Nina Hagen

Nina Hagen war das „enfant terrible" der DDR-Musikszene, die Tochter des ausgebürgerten Liedermachers und Systemkritikers Wolf Biermann, eine Art Courtney Love des Ostens. Nina Hagen singt hauptsächlich Punk-Musik. Sie lebt jetzt in Paris.

DDR-Rockmusik

Die Musik von Sonnenallee kann man als CD bestellen bei Eastwest (Warner Music). Sie enthält unter anderem die Songs von Alex Hacke (Nummer 3) und von Nina Hagen (Nummer 16), der am Schluss gespielt wird.

Alex Hacke (Song Nummer 3)

„This land is your land, this land is my land,
From Karl Marx City, to Rugen Island,
From Thuringia Forest to Frankfurt – Oder,
This land was made for you and me."

Nina Hagen (Song Nummer 16)

„Du hast den Farbfilm vergessen mein Michael,
nun glaubt uns kein Mensch wie schön's hier war,
alles blau und weiß und grün und später nicht mehr wahr."

DDR-Produkte

Nostalgische DDR-Produkte kann man jetzt im Internet bestellen unter http://www.joker-vertrieb.de/export/c183html und unter http://shop.ossiversand.de.

DDR-Geschichte

Auch zur DDR-Geschichte gibt es Informationen im Internet unter http://www.dhm.de/lemo/home.html, der Webseite des Deutschen Historischen Museums in Berlin.

Fragen

1. Was ist die Bedeutung der Tanzszene am Schluss des Films?

2. Wie kann man den letzten Song mit dem Film selbst verbinden?

3. Was geschieht mit dem Bild am Schluss des Films?

4. Welche Songs werden am Ende gespielt?

5. Welches Lebensgefühl will der Film ausdrücken?

6. Was bedeutet der Titel *Sonnenallee*?

7. Könnte die Geschichte auch in einer amerikanischen High School spielen?

8. Was möchte die letzte Szene ausdrücken?

Und zum Schluss eine Wortübung:

Fügen Sie die folgenden Wörter in den Text unten ein:

    (die) Demonstration   „Exile on Mainstreet"

    (die) Existentialistin   (die) Organisation

    (die) Stasi   (der) West-Song

Sonnenallee ist die Geschichte von Micha Ehrenreich, 17 Jahre, sein Berufsziel ist Pop-Star, und er kleidet sich modisch. Sein Freund Wuschel sucht nach dem verbotenen Stones-Album _____ und kommt dadurch fast zu Tode, sein Freund Mario findet sein Glück mit einer _____. Micha selbst ist wie seine Freunde weder für, noch gegen das System. Wie sein Vater handelt er nach dem Motto „Rein in die _____ und von innen aufmischen". Die Wohnung ist eng, der Nachbar anscheinend bei der _____, und der West-Onkel schmuggelt Nylonstrümpfe. Ein grüner Pass lässt seine Mutter um Jahre altern, und der ABV kommt durch einen verbotenen _____ zu Fall. Osten hin, Westen her: Das Wichtigste für Micha ist schließlich Miriam, die unbeschreibliche, sagenhafte, unerreichbare Miriam. Micha legt ihr sein Leben zu Füßen und lernt dabei, es in die eigene Hand zu nehmen. Alles endet für die Clique in einer grotesken Drogen- und Alkoholparty in der Wohnung von Mario, für die Bewohner der Sonnenallee jedoch in einem befreienden Tanz auf die Mauer zu: Vorwegnahme der „Wahnsinn"-_____ des 9. November 1989.

CHAPTER 11

Lola rennt

PERSONEN

Lola
Manni, Lolas Freund
Lolas Vater
Frau Hansen
Herr Schuster

VHS/DVD Deutsch mit englischen Untertiteln.
Rated: R. 81 Minuten. 1998

Es wird empfohlen, den Film für den Sprachunterricht ohne Untertitel zu zeigen.

SZENENFOLGE

nach der Szeneneinteilung der DVD und dem Buch *Lola rennt* (Reinbek: Rowohlt, 1998)

I. Machen Sie Ihr Spiel

Sehen Sie den ersten Teil und versuchen Sie die Geschichten von den Bildern her zu beschreiben, auch wenn Sie nicht alles verstanden haben.

Szenen 1-6

Szene 1	Vorspann
Szene 2	Wo bist du?
Szene 3	Der Zyklop
Szene 4	Die Tasche
Szene 5	Ronnie

Szene 6
Wer kann helfen?

LOLA	Du hörst mir jetzt zu. Du wartest da. Ich komme. Ich helf dir. Du bewegst dich nicht vom Fleck. Ich bin in zwanzig Minuten da. Kapiert?
MANNI	Ach ja? Was willst du denn machen? Deine Juwelen verpfänden?
LOLA	Wo bist du?
MANNI	Na, in ner Zelle, Innenstadt … bei der „Spirale".
LOLA	Alles klar. Bleib, wo du bist. Mir fällt was ein. Ich schwör es. Zwanzig Minuten, okay?

Der Film beginnt mit einer Uhr, gefolgt von einer philosophischen Betrachtung im Off („Wer sind wir? Woher kommen wir? Wohin gehen wir?"). Lola als Zeichentrickfigur rennt durch einen Tunnel. Der Anfangstitel des Films. Die Darsteller des Films.

Wir nähern uns Berlin von oben und fliegen an ein Haus heran bis in die Mitte eines Zimmers. Das Telefon klingelt und Lola hebt ab. Am anderen Ende ist Manni. Er ist jetzt in einer Telefonzelle und weint, denn er hat ein Problem. Als Geldkurier für einen Autoschieber hat er die Plastiktüte mit 100.000 Mark in der U-Bahn vergessen, als er von der Fahrkartenkontrolle weglaufen wollte. Lola hatte ihn abholen wollen, doch sie ist zu spät gekommen. In 20 Minuten will sein Boss das Geld abholen. Was soll Manni jetzt tun? Wenn er das Geld nicht auftreiben kann, wird er sterben.

Lola überlegt, wer helfen könnte. Sie denkt an alle möglichen Helfer, dann an ihren Vater. Sie rennt aus der Tür, im Fernsehen läuft gerade ein Zeichentrickfilm mit Lola.

Kulturinformationen

Deutsche Mark

Manni braucht 100 000 Deutsche Mark (DM). Seit 2002 wurde die traditionelle deutsche Währung, die DM, durch den Euro ersetzt, im Verhältnis von 2 zu 1. 100 000 DM entsprechen dabei 50 000 Euro.

Fragen

1. Wieso war Lola nicht pünktlich da, um Manni abzuholen?

2. Wie heißt der Supermarkt, den Manni überfallen will?

3. Wie heißt der U-Bahnhof, wo Manni die Tasche in der U-Bahn liegen lässt?

4. Welches Slang-Wort benutzt Manni für die Fahrscheinkontrolleure in der U-Bahn?

5. Wer ist Ronnie und was wird er mit Manni machen?

6. Wer ist der Zyklop?

7. Wie heißt die Kneipe neben der Telefonzelle?

8. Was ist „die geheimnisvollste Spezies unseres Planeten"?

II. Erste Runde

Lolas Lauf durch Berlin beginnt jetzt. Sehen Sie den zweiten Teil und beantworten Sie dann die Fragen unten.

Szenen 7-12

Szene 7   Lola rennt I

Szene 8   Der Crash I

Szene 9
Papa I

9.1. Lesen Sie jetzt den ersten Teil und beantworten Sie dann die Fragen unten.

VATER	Du siehst ja furchtbar aus.
LOLA	Hilfst du mir?
VATER	Was ist denn passiert?
LOLA	Ich kann dir das so schnell alles gar nicht erklären, das dauert jetzt zu lang. Also hilfst du mir?
VATER	Ja … was denn … meinetwegen …
LOLA	Du darfst mich nicht anschreien, okay? Du musst mir einfach glauben, ja?
VATER	Was denn, verdammt!
LOLA	Ich brauch hunderttausend Mark. Jetzt sofort.
VATER	Was?
LOLA	Hunderttausend. Ich brauch hunderttausend Mark, und zwar in den nächsten … fünf Minuten … sonst …
VATER	Sonst was?
LOLA	Sonst passiert was Furchtbares!

Der Vater schaut sie entgeistert an.

VATER	Ich versteh kein Wort. Was ist denn heute hier los?
LOLA	Bitte, Paps, bitte, bitte!! Du musst mir helfen, bitte!
VATER	Ich habe keine hunderttausend Mark!
LOLA	Meine Lebensversicherung! Du hast gesagt, du hättest mal eine abgeschlossen!
VATER	Na und? Die ist doch keine hunderttausend wert.

Lola fängt an, verzweifelt zu weinen. Hysterie steigt in ihr auf.

LOLA	Papa, bitte!! Ich mein's ernst! Das ist kein Witz!
VATER	Doch, das ist ein Witz, wirklich Lola, ein echter Witz, ich mein, das kann nicht dein Ernst sein …
LOLA	Doch! Wenn du mir nicht hilfst, dann stirbt er!
VATER	Wer stirbt?
LOLA	Manni!
VATER	Manni? Wer ist Manni?
LOLA	Das ist mein Freund! Seit über einem Jahr!
VATER	Den kenn ich ja gar nicht. Wieso stirbt der, wenn du …

| LOLA | DAS IST DOCH JETZT EGAAAL!! |

Sie schreit so laut, dass das Glas über der Uhr an der Wand zerbirst.

9. 2. Lesen Sie jetzt den zweiten Teil und beantworten Sie dann die Fragen unten.

LOLA	Hilfst du mir, ja?
VATER	Natürlich helf ich dir. Du kommst jetzt mit mir zur Tür, gehst nach Hause und legst dich ins Bett und sagst deiner Mutter, dass ich heute nicht mehr nach Hause komme und morgen werde ich auch nicht kommen und danach auch nicht mehr... weil ich euch nämlich verlassen werde, ich werde eine andere Frau heiraten und sie wird Kinder mit mir haben und ich werde versuchen, glücklich zu sein. Weil da endlich mal jemand da ist, der mich meint, der für mich da ist und nicht immer nur rummeckert, „du bist ja immer nur am Arbeiten, du hast ja nur deine Zahlen im Kopf, du bist ja immer nur der Chef", ...na und, na und, und wenn schon, ihr habt überhaupt keine Ahnung. Ich hab so was satt, Lola, immer nur der Depp vom Dienst zu sein, immer nur der Buh-Mann, aber schön Papas Kohle absahnen, das gefällt euch, was? Aber jetzt ist Schluss damit, jetzt ist Schluss damit. Was soll's! Ein Kuckucksei wie dich hätte ich sowieso nicht in die Welt gesetzt!
LOLA	Hast du aber, du Idiot!
VATER	Das hab ich nicht! Bist halt nur ein Kuckucksei. So, jetzt weißt du's! Der Kerl, der dich gezeugt hat, der hat deine Geburt schon gar nicht mehr mitgekriegt. (*Zum Wachmann*) Schmeißen Sie sie bitte raus! Na los, raus mit ihr!

Szene 12
„What a Difference a Day Made"

Lesen Sie jetzt den Text des Flashback und beantworten Sie die Fragen unten.

LOLA	Manni?
MANNI	Mmh...
LOLA	Liebst du mich?
MANNI	Ja, sicher.

LOLA	Wie kannst du sicher sein?
MANNI	Bin's halt.
LOLA	Aber ich könnt auch irgend ne andere sein.
MANNI	Nee.
LOLA	Wieso nicht?
MANNI	Weil du die Beste bist.
LOLA	Die beste was?
MANNI	Na, die beste Frau.
LOLA	Von allen, allen Frauen?
MANNI	Na klar!
LOLA	Woher willst du das wissen?
MANNI	Das weiß ich halt.
LOLA	Du glaubst es.
MANNI	Gut, ich glaub's.
LOLA	Siehst du.
MANNI	Was?
LOLA	Du bist dir nicht sicher.
MANNI	Na, spinnst du jetzt oder was?
LOLA	Und wenn du mich nie getroffen hättest?
MANNI	Wie, was wär dann?
LOLA	Dann würdest du jetzt dasselbe einer anderen erzählen.
MANNI	Ich brauch's ja nicht zu sagen, wenn du's nicht hören willst.
LOLA	Ich will überhaupt nichts hören. Ich will wissen, was du fühlst.
MANNI	O.k., ich fühle, dass du die Beste bist.
LOLA	Dein Gefühl, wie ist denn das, dein Gefühl?
MANNI	Na ja, mein Herz.
LOLA	Dein Herz sagt, guten Tag Manni, die da, die ist es?
MANNI	Genau.
LOLA	Und du sagst, vielen Dank für die Information, auf Wiederhören, bis zum nächsten Mal?
MANNI	Genau.
LOLA	Und du machst alles, was dein Herz dir sagt?
MANNI	Na, das sagt ja nichts, also, ja was weiß ich, das, ... es fühlt halt.

LOLA	Und, was fühlt es jetzt?
MANNI	Es fühlt, dass da gerade jemand ziemlich blöde Fragen stellt.
LOLA	Mann, du nimmst mich überhaupt nicht ernst.
MANNI	Lola, was ist denn los? Willst du irgendwie weg von mir?
LOLA	Ich weiß nicht, ich muss mich halt entscheiden, glaub ich.

Die Zeichentrick-Lola rennt die Treppe hinunter, an einem Jungen mit einem großen Hund vorbei. Sie rennt die Strasse entlang und stößt eine Frau mit einem Kinderwagen an, Doris, die ihr nachschimpft. Flashforward: Eine Serie von Fotos zeigt die Zukunft der Frau.

Im Büro des Vaters will Jutta Hansen, die Geliebte des Vaters, dass Lolas Vater seine Familie verlässt. Lola rennt durch eine Gruppe Nonnen und ein Fahrradfahrer, Mike, bietet ihr sein Fahrrad für 50 DM an. Flashforward: Eine Serie von Fotos zeigt die Zukunft von Mike. Herr Meier fährt aus einer Garage heraus, als Lola am Auto vorbeirennt. Herr Meier blickt ihr nach, und sein Auto stößt mit einem weißen BMW zusammen.

Lola geht in die Bank des Vaters, vor deren Panzertür der Sicherheitsbeamte Herr Schuster steht. Auf dem Flur begegnet Lola der Sekretärin Frau Jäger. Flashforward: Eine Serie von Fotos: Die Zukunft von Frau Jäger. Lola rennt in das Büro des Vaters und erzählt ihre Geschichte. Der Vater wirft Lola aus dem Zimmer und sagt ihr, dass er seine Familie verlassen und eine andere Frau heiraten wird. Der Sicherheitsbeamte bringt Lola hinaus.

Ein roter Krankenwagen fährt vorbei. Manni geht über die Strasse und schaut in den Supermarkt, den er überfallen will. Splitscreen: Lola flüstert: „Manni, bitte. Manni, warte". Lola rennt in dem Augenblick um die Ecke, als Manni mit dem Revolver in den Supermarkt geht.

Manni schießt in die Luft und befiehlt den Kassiererinnen die Kassen aufzumachen. Ein Sicherheitsbeamter zielt mit seiner Pistole auf Manni und wird von Lola zu Boden geschlagen. Manni steckt das Geld aus den Kassen in einen Plastiksack und sie rennen beide aus dem Supermarkt.

Plötzlich sind Polizeiautos und Polizisten mit Pistolen da. Manni wirft den Plastiksack mit dem Geld in die Luft, und während ein Polizist auf die Tüte blickt, geht ein Schuss los und trifft Lola in die Brust. Es ist plötzlich still. Die Kamera zoomt auf Lolas Gesicht, die plötzlich mit Manni im Bett liegt.

Kulturinformationen

Berlin nach der Vereinigung

Berlin wurde nach der Vereinigung der DDR (Ostdeutschland) und der Bundesrepublik (Westdeutschland) zu einer aufregenden Stadt. In einem Votum wurde Berlin zur neuen alten Hauptstadt Deutschlands. Es folgte ein monumentaler Bauboom. *Lola rennt* ist ein wichtiger Berlinfilm, da Lola durch viele Straßen sowohl in Ost- als auch in Westberlin läuft.

Fragen

1. Lola fragt sich, wer ihr helfen könnte („Wer? Wer?"). Als wir die Leute sehen, an die sie denkt, was macht der Vater?

2. Wie viel Uhr ist es, als Manni Lola von der Telefonzelle anruft?

3. Warum hören wir so oft das Ticken der Uhr?

4. Warum ist die Uhr am Anfang so unfreundlich?

5. Welche Musik wird in den ersten Szenen gespielt?

6. Warum verlangt die Geliebte des Vaters, dass er sich jetzt entscheiden muss?

7. Wer ist die Geliebte? Was macht sie bei der Bank?

8. Warum sagt Lola: „Das ist doch egal."? Warum schreit sie dann? Was heißt dieser Aufschrei?

9. Warum geht Lola zum Papa?

10. Was ist ein Kuckucksei?

11. Wie ist der Musiktitel „What a Difference a Day Made" mit der Story verbunden?

12. Warum möchte Lola wissen, ob Manni sie liebt?

13. Was meint Lola mit „Ich muss mich halt entscheiden."?

III. Zweite Runde

Lola erhält eine zweite Chance und läuft wieder durch Berlin. Sehen Sie den dritten Teil und beantworten Sie dann die folgenden Fragen.

Szenen 13-19

Szene 13   Lola rennt II

Szene 14   Der Crash II

Szene 15   Papa II

Szene 16   Komm mit mir

Szene 19
Mannis Ende

Flashback

Lesen Sie jetzt den Flashback und beantworten sie dann die Fragen unten.

MANNI   Lola? Wenn ich jetzt sterben würde, was würdest du machen?

LOLA   Ich würde dich nicht sterben lassen.

MANNI   Na ja, wenn ich todkrank wär, und es gäb keine Rettungsmöglichkeit.

LOLA   Ich würde eine finden.

MANNI   Jetzt sag doch mal. Ich lieg jetzt im Koma, und der Arzt sagt, ein Tag noch.

LOLA   Ich würd mit dir ans Meer fahren und dich ins Wasser schmeißen. Schocktherapie.

MANNI   Ja gut, aber wenn ich dann trotzdem tot wär?

LOLA   Was willst'n jetzt hören?

MANNI   Sag doch mal.

LOLA   Ich würd nach Rügen fahren und deine Asche in den Wind streuen.

MANNI   Und dann?

LOLA   Was weiß ich? So ne blöde Frage.

MANNI   Ich weiß es. Du würdest mich vergessen.

LOLA   Nee.

MANNI   Doch, doch. Klar. Sonst kannst du nicht weiterleben. Ich mein, klar würdest du trauern. Die ersten Wochen bestimmt. Ist ja auch nicht schlecht. Alle sind total mitfühlend und echt betroffen ... und ... alles ist so unendlich traurig. Und du kannst einem am Anfang nur tierisch leid tun. Und du kannst allen zeigen, wie stark du eigentlich bist. „Was für eine tolle Frau", werden die dann alle sagen. „Die reißt sich echt am Riemen und ist nicht hysterisch, heult den ganzen Tag rum oder so." Und dann kommt auf einmal dieser unheimlich nette Typ mit den grünen Augen. Und der ist so supersensibel, hört den ganzen Tag zu und lässt sich so richtig schön voll labern. Und dem kannst du dann erzählen, wie schwer du es gerade hast und dass du dich jetzt echt erst mal um dich selbst kümmern musst und dass du nicht weißt, wie es weitergehen wird, und bäh bäh bäh. Und dann hockst du plötzlich bei ihm auf dem Schoß, und ich bin gestrichen von der Liste. So läuft das nämlich.

LOLA	Manni.
MANNI	Was?
LOLA	Du bist aber nicht gestorben.

Der zweite Lauf beginnt mit Lolas Satz: „ Ich will nicht weg." Während die Plastiktüte durch die Luft fliegt, verwandelt sie sich in den Telefonhörer. Der Junge mit dem knurrenden Hund im Zeichentrickfilm stellt Lola ein Bein. Sie fällt hin und humpelt weiter. Lola stößt wieder die Frau mit dem Kinderwagen an. Flashforward: Eine neue Serie von Fotos zeigt die Zukunft von Doris. Die Nonnen, der Fahrradfahrer Mike. Herr Meier fährt aus seiner Garage und Lola macht einen Sprung über die Kühlerhaube. Herr Meier stößt mit dem BMW seitlich zusammen.

Im Büro, der Vater, seine Geliebte. Lola beschimpft die Geliebte des Vaters und bekommt eine Ohrfeige. Lola nimmt den Revolver des Wächters, geht zum Vater zurück und bedroht ihn mit der Waffe. Lola verlangt von dem Kassierer 100.000 DM und lässt das Geld in eine Plastiktüte packen. Vor der Bank stehen Polizeiautos und Polizisten, die Lola sagen, sie soll weggehen. Lola wird von einem Polizisten weggezerrt.

Lola rennt weiter und fragt den Fahrer des roten Krankenwagens, ob er sie mitnimmt. Der Fahrer fährt in die Glasscheibe, die die Arbeiter über die Strasse tragen. Lola rennt mit ihrer Plastiktüte in der Hand. Splitscreen: Manni, Lola. Lola biegt um die Ecke und schreit: „Manniiii..." Manni hört sie und will die Strasse überqueren, doch in dem Augenblick biegt der Krankenwagen um die Ecke und überfährt Manni. Stille. Manni liegt auf dem Asphalt und Lola kniet sich neben ihn. Die Kamera zoomt auf Manni, der wieder mit Lola im Bett liegt.

Kulturinformationen

Tom Tykwers Berlin

Tom Tykwer, der Regisseur des Films, der auch das Drehbuch schrieb, wollte ein künstliches Berlin mit *Lola rennt* gestalten. Darum sieht man nur wenige Menschen auf den Straßen, und darum sind Zeit und Raum in Lolas Lauf aufgehoben. Sie hätte diese weiten Entfernungen zwischen den einzelnen Laufszenen niemals in der Millionenstadt Berlin zurücklegen können.

Fragen

1. Wie viel Geld hat der Kassierer bei sich? Wohin muss er gehen, um mehr zu holen?

2. Was ist die Ironie des Polizeieinsatzes vor der Bank?

3. Warum stehen Lola und Manni oft mitten auf der Straße?

4. Was ist die Bedeutung der zerbrochenen Glasscheibe?

5. Worin liegt die Ironie des Unfalls am Ende?

6. Wohin würde Lola mit Manni fahren?

7. Worin besteht Mannis Angst im Flashback? Warum stellt er diese Fragen jetzt?

8. Was will Lola sagen mit „Du bist aber nicht gestorben"?

IV. Dritte Runde

Lola erhält eine dritte Chance und läuft wieder durch Berlin. Sehen Sie den dritten Teil und beantworten Sie dann die folgenden Fragen.

Szenen 20-28

Szene 20   Lola rennt III

Szene 21   Das Fahrrad

Szene 22   Der Crash III

Szene 23   Papa III

Szene 24   Die Verfolgungsjagd

Szene 25   Das Kasino

Szene 26   Das gehört mir

Szene 27   Der Krankenwagen III

Szene 28   Alles ist OK

Manni liegt auf der Straße. Der dritte Teil beginnt und die Zeichentrick-Lola rennt wieder durch das Treppenhaus und springt mit einem großen Satz über den Hund hinweg. Lola rennt auf die Strasse, ohne die Frau mit dem Kinderwagen anzustoßen. (Flashforward.) Lola sieht die Nonnen und läuft gegen den Fahrradfahrer. Der Fahrradfahrer fährt zu einer Imbissbude und bietet dem Penner das Fahrrad für 70 DM an. Herr Meier fährt aus der Garage und Lola fällt auf die Windschutzscheibe. Auf der Strasse fährt der BMW vorbei. Der Penner fährt mit Plastiktüten auf dem Fahrrad vorbei.

Im Büro des Vaters mit der Geliebten. Herr Meier wartet auf ihn vor dem Haus. Splitscreen: links der Vater; rechts die rennende Lola. Der Vater steigt zu Herrn Meier ins Auto und Lola sieht den Vater wegfahren, doch der Vater sieht sie nicht.

Manni sieht den Penner auf dem Fahrrad vorbeifahren und rennt ihm hinterher. Lolas Vater und Herr Meier fahren auf dieselbe Kreuzung zu wie der Penner. Er rast über die Kreuzung und Meiers Auto stößt mit dem BMW zusammen. Lolas Vater und Herr Meier sind bewusstlos.

Ein LKW-Fahrer bremst, als Lola vor seinen Wagen läuft. Sie sieht plötzlich das Spielkasino, geht hinein und kauft einen Chip für 100 DM. Lola setzt auf 20, sie gewinnt zuerst 3.500 DM und dann 100.000 DM.

Manni bekommt seine Plastiktasche von dem Penner zurück und gibt ihm dafür seine Pistole. Lola steigt in den roten Krankenwagen, wo ein Sanitäter das Herz eines schwerkranken Mannes, Herr Schuster der Bankwächter, wieder belebt. Lola hält seine Hand und der Herzrhythmus von Herrn Schuster stabilisiert sich. Vor dem Supermarkt springt Lola aus dem Krankenwagen. Manni und Ronnie steigen aus einem schwarzen Wagen und Ronnie steigt wieder ins Auto. Manni kommt auf Lola zu und sagt: „Keine Sorge, ist alles OK, komm."

Kulturinformationen

Spielbank Berlin

Die Berliner Spielbank ist ein weiteres Zeichen in dem Film, dass es sich in der Story in erster Linie um Geld handelt. In Berlin gibt es seit der deutschen Vereinigung eine Goldgräbermentalität. Die Menschen glauben, dass jetzt vieles möglich ist, was während der Teilung der Stadt nicht geschehen konnte. Der Regisseur Tom Tykwer filmte die Spielbankszene im ehemaligen Rathaus von Westberlin, dem Rathaus Schöneberg, wo John F. Kennedy 1963 seine berühmte Rede „Ich bin ein Berliner" gehalten hatte.

Technomusik

Die Musik des Films ist Original-Technomusik, die für den Film komponiert wurde. Es gibt eine Soundtrack-CD und ein Musikvideo des Films. *Lola rennt* dokumentiert die Rolle der Technomusik in den neunziger Jahren in Berlin, die ihren Höhepunkt in der jährlichen Love Parade fand.

Hier ein Textauszug aus dem Soundtrack

I wish I was a hunter in search of different food
I wish I was the animal which fits into that mood
I wish I was a person with unlimited breath
I wish I was a heartbeat that never comes to rest

I wish I was a stranger who wanders down the sky
I wish I was a starship in silence flying by
I wish I was a princess with armies at her hand
I wish I was a ruler who'd make them understand

I wish I was writer who sees what's yet unseen
I wish I was a prayer expressing what I mean
I wish I was a forest of trees that would hide
I wish I was a clearing no secrets left inside

Fragen

1. Warum darf Lola nicht im Casino sein?

2. Vergleichen Sie die drei Flashforward-Szenen von Doris, der Mutter mit dem Kind auf der Straße.

3. Was verändert sich in den drei Szenen mit der Freundin des Vaters?

4. Vergleichen Sie die drei Szenen mit dem Fahrradfahrer im Fußballtrikot.

5. Wie verändert sich das Verhältnis des Wächters in der Bank zu Lola? Welche Rolle hat er im Vorspann?

6. Warum verwendet der Regisseur ein Lied mit einem englischen Text?

7. Fassen Sie den englischen Text kurz auf deutsch zusammen.

Allgemeine Fragen zur Analyse der Handlung und Technik des Films

1. Welchen Einfluss hat die Zeitverschiebung in den drei Varianten auf den Autofahrer, Herrn Schuster und damit auf die Handlung des Films? Wie werden diese Zeitverschiebungen filmisch realisiert?

2. Wodurch ergibt sich die Veränderung und die Zeitverschiebung zwischen den drei Varianten von *Lola rennt*?

3. Wie verändert sich das Verhältnis mit dem Penner und der Geldtasche in den drei Varianten?

4. Vergleichen Sie den Einfluss des roten Krankenwagens auf die Handlung in den drei Variationen.

5. Die dreifache Wiederholung fast derselben Handlung ist ein Märchenelement, z. B. in Rumpelstilzchen. Erzählt Tykwer hier ein Märchen?

6. Schauen Sie sich die Bettszenen noch einmal an. Beschreiben Sie die Unterschiede im Stil zwischen den Bettszenen und dem Rest des Films.

7. Welchen Effekt hat die Technomusik auf den Film?

8. Identifizieren Sie die vielen formalen Elemente und Effekte im Film und erläutern Sie, was sie zum Film beitragen.

Und zum Schluss eine Wortschatzübung

Wählen Sie bitte das passende Wort für die Lücke.

(die) Angst	(die) Fahrscheinkontrolle
(die) Liebesgeschichte	(die) Lösung
Minuten	(der) Penner
(die) Plastiktüte	(das) Schicksal
(die) U-Bahn	

Das Thema dieses Films ist die _____ von Lola und
Manni, aber auch Zeit, Zufall und _____. Manni ruft bei
seiner Freundin Lola an, denn er weiß nicht, was er machen soll. Lola findet
immer eine _____. Manni sollte als Geldkurier 100.000
DM in einer _____ transportieren. Als Lola nicht
kam um ihn abzuholen, hat er die _____ genommen,
aber er hat nicht bezahlt. Als die _____ kam,
ist er schnell weggelaufen. Die Tüte hat er liegenlassen und ein
_____ hat sie gefunden. Manni hat jetzt große
_____ vor seinem Boss, und glaubt sterben zu müssen.
Lola versucht, ihrem Freund zu helfen, und sie wartet auf eine geniale
Idee. Weil sie nur 20 _____ Zeit hat, muss sie schnell
handeln. Alles hängt von ihr ab.

CHAPTER 12

Vergiss Amerika

PERSONEN

David
Benno
Anna
Frau Ludoff
Herr Ludoff
Benjamin
Doreen
Herr Schreyer
Kunden im Fotoladen
Polnische Mafiosi

VHS Deutsch mit englischen Untertiteln (Kassetten beim Goethe Institut).
DVD (Zone 2) Deutsch ohne englische Untertitel.
Freigegeben ab 12 J. 87 Minuten. 2000

Der Film enthält 104 Szenen, die man für den Unterricht in vier Teile gliedern kann. Es empfiehlt sich vier fünfzigminütige Kurzstunden zu verwenden, um das Material des Kapitels zu behandeln und mindestens eine weitere Stunde am Ende, um den Film zu besprechen. Wegen seiner offenen Darstellung und teilweise anzüglichen Sprache ist der Film nicht für High Schools zu empfehlen.

SZENENFOLGE

nach der DVD *Vergiss Amerika* (Art Haus, 2001)

Kulturinformationen

Der Fall der Berliner Mauer

1989 fiel die Mauer, die Deutschland über 25 Jahre getrennt hatte. Mit der Vereinigung der zwei deutschen Staaten, der Bundesrepublik Deutschland und der Deutschen Demokratischen Republik, im Jahre 1990 endete der Kalte Krieg, der seit Ende des Zweiten Weltkrieges zwischen dem Westen und dem Ostblock existiert hatte. Nach der Vereinigung herrschte zuerst Euphorie. Es waren plötzlich Konsumwaren in den östlichen Ländern vorhanden, die früher nicht zu kaufen waren. Die Bürger der ehemaligen DDR konnten jetzt auch in den Westen reisen.

Es erschienen mehrere Filme, die sich mit der Situation nach der Wende auseinandersetzten, der politischen Vereinigung von West- und Ostdeutschland nach dem Mauerfall. Einige der Filme waren unkritische euphorische Komödien (*Go Trabi Go*, Peter Timm 1991), andere nostalgische Filme über das Leben in der DDR (*Sonnenallee*, Leander Haußmann 1999). *Vergiss Amerika* aber ist ein Versuch sich mit dem Leben in Ost-Deutschland auseinanderzusetzen.

Zur Verwendung des Begriffs Ostdeutschland

Nach der Vereinigung der Bundesrepublik Deutschland (Westdeutschland) und der Deutschen Demokratischen Republik (Ostdeutschland) hat man eine Zeit lang vermieden, den Begriff Ostdeutschland auf das Gebiet der ehemaligen DDR anzuwenden, da der Terminus eine historische, politische Bedeutung hatte. Ab Mitte der 90er Jahre aber wird der Begriff immer mehr für das Gebiet der neuen Bundesländer verwendet, bzw. für die drei Länder im Nordosten (Brandenburg, Berlin und Mecklenburg-Vorpommern), wo die Handlung des Films stattfindet. (http://de.wikipedia.org/wiki/Ostdeutschland).

I. David und Benno lernen Anna kennen

Szenen 1-13

Szene 1
Vorspann/Eine Landstraße in Ostdeutschland

Vergiss Amerika wird aus der Perspektive von David Ludoff erzählt, dessen Stimme im Off die Hintergründe der Geschichte erzählt. Am Anfang des Films hören wir zuerst die zwei Freunde und dann Davids Stimme.

Es fahren zwei Autos auf einer sonst leeren Landstraße. Eines der Autos überholt das andere.

BENNO   *(einer der Fahrer)* Mach das Radio an.

Im Radio spielt das amerikanische Lied „A Horse with No Name".

DAVID   *(vor sich hin)* Benno, tritt mal auf die Bremse.

Benno fährt immer schneller. Die Reifen quietschen.

DAVID   *(laut schreiend)*: Benno! ----- Benno!

Rückblende

DAVIDS STIMME   Seit ich denken kann, sind Benno und ich
                     Freunde.

Es folgt jetzt die Story, wie Benno und David Anna kennen gelernt haben.

Szene 2	Wunschbrunnen von innen
Szene 3	Wunschbrunnen von außen
Szene 4	Tankstellenladen
Szene 5	Straße in Aschleben
Szene 6	Im geparkten Auto
Szene 7	Straße
Szene 8	Bei Benno in der Werkstatt/Wohnung
Szene 9	Auf einer Brücke
Szene 10	Im Wasser/am Ufer
Szene 11	Bei David zu Haus auf der Treppe
Szene 12	In der Küche
Szene 13	Davids Schlafzimmer

Am Anfang des Films sehen wir zwei Autos eine leere Landstraße entlangfahren. Die Fahrer der Autos kennen einander vermutlich, da einer den anderen überholt und ihn darauf aufmerksam macht, dass das

Radio den amerikanischen Song „A Horse with No Name" spielt. Als der zweite Fahrer das Radio auf den Sender einstellt, hören wir dann auch das Lied. Zur selben Zeit beginnt Davids Stimme im Off die Geschichte des Films zu erzählen. Dann folgt eine Rückblende und wir sehen wie die zwei Fahrer, die seit dem ersten Schuljahr gute Freunde sind, Anna kennen lernen. Sie verbringen die nächsten Monate miteinander, und in der Zeit verlieben sich die zwei Jungen in Anna, die mehr Interesse an Benno zeigt als an David.

Fragen

1. Beschreiben Sie das Szenenbild am Anfang des Films.
2. Was suchen Benno und David im Wunschbrunnen?
3. Was machen sie mit dem Geld, das sie im Brunnen finden?
4. Warum tut Benno vor Anna so, als ob er ein Autodieb sei?
5. Wie reagiert Anna, als sie herausfindet, dass die Jungen das Auto besitzen und nicht gestohlen haben?
6. Was ist Annas Vater von Beruf?
7. Warum springt Benno in den Fluss?
8. Was erkennen wir, als David mit seinem Bruder Benjamin im Schlafzimmer spricht?

Szenen 14-27

Szene 14
Auf dem Bahnhof

David und Benno begleiten ihre Freundin Anna zum Bahnhof. Als der Zug abfährt, hören wir Davids Stimme.

DAVIDS STIMME	Anna ging nach Berlin. Benno blieb da und fuhr jeden Morgen in die Kaserne, und ich zog nach Rügen, wo ich eine Stelle als Zivildienstleistender am Vogelschutzgebiet bekommen hatte.

Benno und Anna kommen nach Rügen um David zu besuchen.

BENNO	Morgen. Ich hole Brötchen. Wo ist der nächste Bäcker? Fahren wir heut' zum Vogelschutzgebiet?
DAVID	(*schläfrig*) Ja.
BENNO	Könnte ich mit Anna hier bleiben?
DAVID	Wieso? Anna wollte doch mitkommen.

BENNO	Ja, aber wir haben uns schon eine Weile nicht gesehen und gestern Abend...
DAVID	(*aufgeregt*) Was?
BENNO	Gestern Abend war ich einfach müde. Du weißt schon.
DAVID	(*ein bisschen ärgerlich*) Und wie soll ich Anna jetzt erklären, dass sie nicht mitkommen kann?
BENNO	Erzähl ihr etwas...

Seine Stimme wird schwächer und das Bild löst sich in die nächste Szene auf.

DAVID	Ich glaube, dass du nicht mitkommen kannst, Anna, weil es Brutzeit ist und da reagieren die meisten männlichen Vögel sehr aggressiv, wenn sie gestört werden.
ANNA	(*skeptisch*) Was ist denn das für ein Blödsinn?
BENNO	Weißt du wie gefährlich so ein Vogel sein kann, wenn er dich angreift? Ich gehe auf keinen Fall hin.
ANNA	Also ich finde, das hört sich ganz spannend an.

Lyrische Zwischenscene, als Anna und David durch die Felder fahren und den Strand entlang laufen.

ANNA	Die Vögel sehen aber nicht sehr aggressiv aus.

Mit einem Fernglas in der Hand, zu David

	Kuck doch mal!
DAVID	Ja.

Er schaut aber nur auf Anna statt in die Ferne zu blicken.

DAVID	Benno hat sich ja nie so für Vögel interessiert.
ANNA	Ja.

Szene 24   In den Dünen

Szene 25   Bucht bei Rügen

Szene 26
Vor dem Häuschen auf Rügen

David steht vor seinem Häuschen auf Rügen, nachdem Benno und Anna abgefahren sind.

DAVIDS STIMME	Anna fuhr wieder nach Berlin, Benno zurück nach Aschleben, und ich wusste zum ersten Mal in meinem Leben, was ich zu tun hatte.

David fantasiert.

DAVIDS STIMME	Hallo, Anna, ich arbeite jetzt in Berlin, und ich habe eine Wohnung gefunden; die ist zwei Straßen von deiner entfernt. Super, was? Wir können noch...

Telefon klingelt.

DAVID	Hallo. Hallo, Mama.
DAVIDS STIMME	Mein Vater hatte einen Arbeitsunfall. Ich fuhr nach Hause.

Szene 27   Die Küste

Nach einigen Monaten geht Anna auf eine Schauspielschule in Berlin, Benno macht seinen Militärdienst und David macht seinen Zivildienst auf der Insel Rügen. Die drei Freunde treffen sich für einen Urlaub bei David auf der Insel, und es scheint, dass Anna Bennos feste Freundin geworden ist, obwohl David nicht aufgibt, sie für sich zu gewinnen. Und es ist nicht ganz klar, dass Anna keine Gefühle für David hat. Auf einem Ausflug zum Vogelschutzgebiet hat David nur Augen für Anna, was sie vermutlich überhaupt nicht stört.

Kulturinformationen

Rügen

Die Insel Rügen dient seit Jahren als Urlaubsziel für Touristen aus Deutschland. Besonders sehenswert sind die Kreidefelsen an der Küste und die Strände. In den frühen dreißiger Jahren diente Rügen als Ort für eine der Geschichten in Christopher Isherwoods *Berlin Stories*, die Quelle für das Stück und den Film *Cabaret*. David fährt nach Rügen, um seinen Zivildienst zu leisten. Gebiete mit besonders günstigen Brut- und Lebensbedingungen für Vögel wurden hier zu Vogelschutzgebieten erklärt. Der Film zeigt die Dünen und Strände, die die Insel zu einem Schutzgebiet machten.

Zivildienst

Davids Zivildienst ist der alternative Dienst, den junge Männer, die nicht zur Armee wollen, leisten müssen. Als Wehrdienstverweigerer aus Gewissensgründen macht David Zivildienst. Davids Freund bleibt in Aschleben und leistet seinen Militärdienst ab.

Fragen

1. Wie erkennen wir an den Küssen zwischen Anna und Benno und Anna und David, dass Annas Gefühle für Benno stärker sind als ihre Gefühle für David?
2. Warum will Benno, dass David allein zum Schutzgebiet fährt?
3. Warum will Anna doch zum Schutzgebiet mit David?
4. Welchen Entschluss fasst David, als er nach der Abfahrt seiner Freunde allein vor dem Häuschen steht?

II. David, Benno und Anna bleiben gute Freunde

Szenen 28-37

Szene 28   Aschleben/Straße vor Davids Haus

Szene 29   Im Treppenhaus bei David

Szene 30   Badezimmer/Toilette

Szene 31
David spricht mit seiner Mutter

David und seine Mutter stehen am Fenster, nachdem er seinen verletzten Vater, der jetzt querschnittgelähmt ist, nach Hause gebracht hat.

DAVID   Ich hätt' einen Job in Berlin gehabt.

FRAU LUDOFF   (*die ihrem Sohn nicht genau zuhört*) Wieso? Was willst du denn da?

DAVID   Arbeiten. Anna wohnt da. Hörst du mir eigentlich zu?

FRAU LUDOFF   Ja, Ja. Du hast gesagt, du willst arbeiten. Ich muss dann gleich noch in den Laden runter. (*Es klingelt an der Tür.*) Gehst du?

Szene 32   An der Tür

Szene 33   Vor dem Haus

Szene 34   Badezimmer

Szene 35   Vor dem Haus

Szene 36   Auf der Straße

Szene 37
Im Fotoladen

David erkennt, dass er wenig Chancen hat, Anna von Benno zu gewinnen.

DAVIDS STIMME   Ich beschloss die Finger von Anna zu lassen. Ich schrieb ihr nicht, ließ ihr keine Grüße ausrichten, und wenn sie mal in Aschleben vorbeikam, ging ich ihr aus dem Weg. Der Fotoladen war der einzige Ort, an dem ich mich den ganzen Tag aufhalten konnte, ohne dass ich mir wünschte woanders zu sein.

Die Szene löst sich in den Fotoladen auf.

DAVID   So Herr Lange, jetzt machen wir ein schönes Foto.

HERR LANGE   Ich würde gerne etwas jünger aussehen, auf dem Foto, wenn das geht.

DAVID   Wie viel jünger?

HERR LANGE   Also 10, 15 Jahre?

David muss auf seine Pläne nach Berlin umzuziehen verzichten, da sein Vater bei der Arbeit einen schweren Unfall hat, und er in Aschleben bleiben muss um der Familie zu helfen. Der Vater, der jetzt im Rollstuhl ist, streitet öfters mit seinen Söhnen, besonders mit Benjamin, dem jüngeren. Benno hilft David das Badezimmer für Behinderte umzubauen, und motorisiert Herrn Ludoffs Rollstuhl. Trotzdem wird der Vater immer deprimierter. David findet Arbeit in einem Fotoladen, wo sich seine Begabung als Fotograf zeigt.

Fragen

1. Warum musste David nach Haus kommen?

2. Worin drückt sich Herrn Ludoffs Depression aus?

3. Wobei will Benno Herrn Ludoff helfen?

4. Was machen die Jungen auf der Straße?

5. Was erwarten Davids Kunden von ihm beim Fotografieren?

6. Wobei hilft David seiner Mutter vor dem Haus?

Kulturinformationen

„Halbstarkenfilme"

Vergiss Amerika besteht aus zwei Filmgenres, die oft zusammen erscheinen, eine Liebesgeschichte, bzw., eine Dreiecksbeziehung, und eine „Coming-of-Age" (eine Geschichte vom Erwachsenwerden). Wie in den Filmen der fünfziger Jahre, wie *Die Halbstarken* (Westdeutschland 1956) oder *Berlin – Ecke Schönhauser* (Ostdeutschland 1957) leiden die jungen Protagonisten an jugendlicher Angst, weil sie vor einer ungewissen Zukunft stehen. Ihre Situation wird dadurch schwieriger, da ihre Liebesbeziehungen unsicher, und die Aussicht auf ein unproblematisches Leben als Erwachsene unklar sind. Ihre Eltern oder andere Erwachsene, die ihnen helfen könnten, sich in die neue Welt zu integrieren, sind abwesend.

Vanessa Jobb übernimmt die Problematik des Genres des „Halbstarkenfilms" und passt sie der Situation in Ostdeutschland nach der Vereinigung an. Ihre Jugendlichen rebellieren nicht gegen Eltern und Autorität, sondern sie versuchen sich der Welt der Erwachsenen anzupassen, leider ohne Erfolg, da es keine Arbeit gibt und keine Hoffnung auf Karriere. Wie in den früheren Filmen zeigt der Film negative Bilder von allen Erwachsenen, ob Eltern, Vorgesetzte, oder Randfiguren.

Szenen 38-50

Szene 39-41
Davids Entschluss Anna zu vergessen

David versucht Anna nach ihrer Rückkehr zu vergessen, indem er viel arbeitet.

DAVIDS STIMME   Ich arbeitete daran, mir die Anna aus dem Kopf zu schlagen. Ich ging mit Doreen aus. Dann mit der Freundin von Doreen. Mein Bruder schloss die Realschule ab und bekam danach keine Lehrstelle. Anna beendete ihre Schule in Berlin, wo sie ein Engagement am Theater bekam und nebenher als Synchronsprecher jobbte.

Die Szene zeigt Fotos von Anna auf der Bühne.

DAVIDS STIMME   Die Fotos hat Benno gemacht. Benno erfüllte sich seinen großen Traum und machte einen Laden für amerikanische Autos auf. Und mir passierte, was zu der Zeit vielen passierte.

*Die Szenen löst sich auf und zeigt jetzt wie David und der Besitzer des
Ladens in der Straße vor dem Fotoladen sitzen.*

DAVID (*enttäuscht und ärgerlich*) Ist das alles, was Sie
dazu zu sagen haben? Tja und Na ja? Ich meine,
hätten Sie mir nicht früher sagen können, dass
der Laden zumacht? Dann hätte ich mir einen
anderen Job gesucht.

DER BESITZER Ich dachte, das wird wieder.

Szene 42 Autoabstellplatz vor Bennos Werkstatt/Wohnung

Szene 43 Die Werkstatt/Wohnung von innen

Szene 44 Vor der Werkstatt

Szene 45 Auf der Straße

Szene 46 Auf der Bank

Szene 47 Am Schnellimbiss

Szene 48 Abstellplatz vor einem Supermarkt

Szene 49 Am Bahnübergang

Szene 50 Bahnhof

Anna macht ihren Abschluss auf der Schauspielschule. Benno versucht
seine Träume zu erfüllen und macht eine Autowerkstatt auf, wo er
gebrauchte amerikanische Autos verkauft. Er lässt sich mit ein paar
dubiösen Typen aus Polen auf Geschäfte ein, um seine Werkstatt zu
finanzieren, was David nicht gefällt. David verliert seinen Job, als der
Fotoladen Pleite macht, da Fotokioske Fotos viel billiger machen können,
als ein echter Fotograf im Fotoladen. Obwohl er nicht will, überredet
Benno David, mit ihm Anna vom Bahnhof abzuholen, als sie aus Berlin
zurückkehrt.

Kulturinformationen

Die Wirtschaft in Deutschland

Dass Davids Bruder Benjamin keine Lehrstelle nach seinem Abschluss
auf der Realschule findet, weist auf die hohe Arbeitslosigkeit in
Deutschland hin, besonders in Ostdeutschland. Wenn es der Wirtschaft
gut geht, kann jeder nach der Schule erwarten, einen Arbeitsplatz für seine
weitere Ausbildung zu finden. Benjamin aber findet keinen Arbeitsplatz
und wird nach Annas Meinung vermutlich ein Neonazi-Skinhead, der
zuviel trinkt und nichts Konstruktives macht. David trinkt auch zuviel,
nachdem er seinen Job verliert. Anna leidet darunter, dass sie keine gute
Arbeit in der Filmbranche finden kann, und es geht Bennos Geschäft
so schlecht, dass er sich mit Mafiosi einlässt. Die Zahl der Arbeitslosen

Mitte 2005 beträgt rund 10,5% in Deutschland, davon sind unter 10% in den westlichen Ländern und über 20% in den östlichen Ländern, wo die Handlung des Films spielt. Zu der Zeit, die im Film dargestellt wird, war die Arbeitslosigkeitsquote noch höher.

Fragen

1. Sehen Sie sich das Foto am Anfang des Kapitels an und beantworten Sie die folgenden Fragen.
   a. Warum sitzen die zwei Männer vor dem Laden?
   b. Welche Wirkung haben die Gegenstände links und rechts auf die Stimmung der Szene?
   c. Warum beschimpft David seinen Chef?
   d. Wie reflektiert diese Szene die Realität der Wirtschaft in Ostdeutschland?

2. Wie erfahren wir von Annas Abschluss an der Theaterschule?

3. Mit wem handelt Benno in seiner Werkstatt?

4. Was wollen die Menschen, mit denen Benno handelt?

5. Wie wissen wir, dass die Geschäfte von Bennos Partnern nicht legal sind?

6. Warum beschimpft David die beiden Jungen vor dem Geschäft?

7. Warum ärgert sich Anna, als Benno und David sie abholen?

Grammatische Strukturen

David erzählt seine Geschichte im Präteritum. Setzen Sie die Verbformen ins Präsens und ins Perfekt in den oben zitierten Szenen (Szenen 14, 26, 37, und 39-40), wo David (oder Davids Stimme) seine Geschichte erzählt.

III. Das Zerbrechen von Träumen
Die Freunde gehen auseinander

Szenen 51-68

Szene 51   Auf dem Weg nach Aschleben

Szene 52   Im Auto im Freien

Szene 53   In der Küche bei David

Szene 54   Bennos Werkstatt

Szene 55   Abstellplatz vor der Werkstatt

Szene 56
David und Anna in einer Disco neben der Tanzfläche

DAVID   Na, wirst du jetzt der Star von Aschleben?

ANNA   (*die eben getanzt hat*) Wieso, kann man nicht mehr ein bisschen Spaß haben?

DAVID   Sieht aber nicht so aus, als ob du Spaß hast.

ANNA   Wonach sieht es denn aus?

Anna setzt sich zu einer Freundin.

ANNA   Kennst du David?

FREUNDIN   Ja. Du bist Bennos Freund oder?

DAVID   Ja.

FREUNDIN   Setz dich doch!

DAVID   Und wann fährst du wieder?

ANNA   Ich bin gerade 3 Tage hier, und jeder fragt mich, wann ich wieder fahre.

FREUNDIN   Ich muss schon wieder zur Toilette. Meine Blase.

Anna und David bleiben alleine am Tisch sitzen.

DAVID   (*sarkastisch*) So, du bleibst jetzt also hier, heiratest und bekommst Kinder.

ANNA   Ja, klar.

DAVID   Dann solltest du aber aufhören zu rauchen.

KELLNER   Wollt ihr noch was?

DAVID   Ja, fünf Jägermeister.

DAVID   (*zu Anna*) Willst du auch noch was?

ANNA   (*schüttelt den Kopf*) Ich hab' noch, danke.

DAVID   Dann nur die Jägermeister.

ANNA   Wie geht's denn dem Vater?

DAVID   Super. Der sitzt zu Hause, malt Zinnsoldaten, und streitet mit meinem Bruder.

ANNA   Wie geht's denn dem Bruder?

DAVID   Der streitet mit meinem Vater und hängt rum.

ANNA   Benno hat mir erzählt, du hast eine neue Freundin?

DAVID   Nee. Wird das jetzt ein Verhör?

ANNA   Heh, ich wollte nur wissen, wie es bei dir so läuft.

DAVID   Gut.

David, Benno und Anna fahren zurück nach Aschleben. Auf dem Weg streiten alle miteinander. Benno lässt sich immer tiefer mit den Polen und ihren illegalen Aktivitäten ein. Benno und David gehen auseinander, da David Bennos Zusammenarbeit mit den Polen für unmoralisch hält. In einer Disko gesteht David Anna seine echten Gefühle für sie, aber Benno kommt, bevor Anna auf seine Worte reagieren kann. David muss Arbeit finden und fängt einen Job an einer Fischtheke im Supermarkt an. Als Anna ihn da sieht, will sie wissen, ob er es ernst gemeint hat, dass er sie liebt, aber er weicht aus und sagt, es sei nur ein Scherz gewesen. David versucht Anna zu vergessen, indem er eine andere Freundin, Doreen findet.

Fragen

1. Warum erwähnt David, dass Pink und Rot eine starke Kombination ist?

2. Wie weiß David, dass die Autos, die die Polen zu Benno bringen, gestohlen sind?

3. Was wollte Benno, dass David für ihn machen soll, bevor sie miteinander streiten?

4. Was trinkt David gern?

5. Warum versteckt sich David im Herrenklo?

6. Warum bekommt David die Stelle an der Fischtheke?

Szenen 69-84

Szene 69   In der Kirche

Szene 70   Bei David zu Hause im Wohnzimmer

Szene 71   Bei Benno in der Werkstatt

Szene 72   Auf dem Autoabstellplatz

Szene 73   Beim Essen in der Werkstatt

Szene 74   Auf der Straße nach Leipzig

Szene 75   Im Synchronstudio

Szene 76   Draußen vor dem Studio

Szene 77   Im Auto auf dem Weg nach Aschleben zurück

Szene 78   Auf dem Abstellplatz vor Bennos Werkstatt

Szene 79   Bei David im Schlafzimmer

Szene 80   Auf dem Weg nach Polen

Szene 81   Eine Straße in einer polnischen Stadt

Szene 82   Bei David vor seinem Haus

Szene 83   Bei David zu Hause/Wohnzimmer

Szene 84   Im Supermarkt

David besucht die Kirche, wo Annas Vater Pastor ist, um noch einmal mit ihr zu sprechen. Das Gespräch aber führt zu einem Streit, als Anna behauptet, dass sie nur Benno liebt. Sie wirft David vor, dass er nur aus Faulheit in Aschleben bleibt, statt nach Berlin zu ziehen, um eine Karriere als Fotograf zu beginnen. David sieht vielleicht endlich ein, dass er bei Anna keine Chance hat und versöhnt sich mit Benno, der Geburtstag hat. Bei der Geburtstagsfeier essen die drei alten Freunde Pizza, aber der Abend endet mit einem heftigen Streit zwischen Anna und Benno.

Benno will, dass David Anna zu einem Job fährt, da er selbst keine Zeit hat. Im Auto nach Leipzig schweigen Anna und David, aber auf der Rückfahrt wird durch das Szenenbild gezeigt, dass sie doch füreinander bestimmt sind. Der Job in Leipzig hatte daraus bestanden, einen Pornofilm zu synchronisieren, was Anna ablehnte. Als sie weinend aus dem Studio läuft, folgt ihr David und versucht sie zu trösten. Am Ende schlägt er den Manager des Studios zu Boden und beide fahren nach Aschleben zurück. Je näher sie nach Aschleben kommen, desto näher sitzen sie nebeneinander.

Mitten in der Nacht bekommt David einen Anruf und muss seinen Freund in Polen abholen. Etwas ist mit einem Deal schief gegangen. Als David Benno abholt, streiten sie zuerst miteinander, aber dann fahren sie ruhig nach Aschleben zurück.

Anna (Franziska Petri), David (Mark Harloff) und Benno (Roman Knižka)
feiern bei Pizza und Wein.

Fragen

1. Was wirft Anna David vor, als sie in der Kirche streiten?

2. Wie wissen wir, dass das Leben bei David zu Hause nicht gut geht?

3. Was brachte David Benno zum Geburtstag?

4. Was bekam Benno von seiner Mutter?

5. Warum hat das Geschenk von der Mutter Benno beleidigt?

6. Was wird im Foto gefeiert?

7. Beschreiben Sie die Mise-en-scène im Foto genau.

8. Was ist kurz vor dieser Szene geschehen?

9. Warum streiten Benno und Anna auf der Party?

10. Beschreiben Sie den Unterschied zwischen der Fahrt nach Leipzig und der Fahrt nach Aschleben zurück.

11. Warum zieht sich David nackt aus, als er und Anna vor dem Synchronstudio stehen?

Wortübung

Welche Sätze sind in der Bedeutung fast gleich?

1. Ich wünschte mir woanders zu sein.
2. Seit ich denken kann, sind Benno und ich Freunde.
3. Welchen Grund soll ich Anna geben, dass sie nicht mitkommen kann?
4. Ich wusste, was ich zu tun hatte.
5. Warum macht der Laden zu?
6. Ich hab' noch, danke.
7. Ich wollte nur wissen, wie es bei dir so läuft.
8. Die streiten miteinander und hängen rum.
9. Er muss zur Toilette.
10. Jeder fragt mich, wann ich wieder fahre.

A. Wie soll ich Anna erklären, dass sie hier bleiben muss?
B. Ich brauche nichts mehr.
C. Er muss aufs Klo.
D. Ich bin nicht gern hier
E. Wir kennen uns schon eine Ewigkeit.
F. Die zanken miteinander und sitzen zu Hause.
G. Alle wollen wissen, wie lange ich noch hier bleibe.
H. Ich bin nur neugierig, wie es dir geht.
I. Wieso muss das Geschäft schließen?
J. Ich verstand, was ich machen musste.

IV. Man lebt doch in Deutschland.

Szene 85   Am Fluss

Szene 86   Auf der Brücke

Szene 87   Im Wasser

Szene 88   Bei David im Schlafzimmer

Szene 89   In der Küche

Szene 90   An der Tür

Szene 91   In der Küche

Anna und David gehen zu der Brücke, wo die drei Freunde am Anfang waren. Anna zieht ihr Hemd aus und springt ins Wasser, obwohl es kalt ist. David springt hinter ihr auch rein. Später schlafen Anna und David miteinander bei David. Am nächsten Tag kommt Benno vorbei, um sich nach etwas zu erkundigen. Er erwischt die zwei zusammen, und die zwei Jungen schlagen sich. Nachher aber versöhnen sie sich und David willigt ein, mit Benno nach Polen zu fahren, damit sein Freund aus seinem Deal mit den Polen aussteigen kann.

Es folgt die Szene, mit der der Film angefangen hat. In dem Moment, als die Rückblende vom Anfang des Films begonnen hat, fährt Bennos Auto von der Straße, landet auf einem Feld und explodiert. David versucht den Tod seines besten Freundes zu verkraften. In der letzten Szene steigt er in einen Zug nach Berlin, vermutlich um seine Karriere als Fotograf anzufangen. Auf dem Sitz hinter seinem befindet sich Anna. Aber da die Sitzlehnen Rücken an Rücken sind, wissen sie nicht, dass sie hintereinander sitzen.

Fragen

1. Warum haben die Bremsen in Bennos Auto nicht funktioniert?

2. Was spricht dafür, dass Benno Selbstmord begangen hat?

3. Was spricht dafür, dass er von den Polen umgebracht wurde?

4. Warum will Anna auf der Brücke allein sein, als David vorbeikommt?

5. Warum fahren die zwei jungen Menschen nach Berlin?

Grammatische Strukturen: Konjunktiv

I.   <u>Der Kunde im Fotoladen sagt, er würde gerne etwas jünger aussehen.</u>

Bilden Sie ähnliche Sätze mit den folgenden Elementen.

1.   David / mit Anna ausgehen

2.   Benno / amerikanische Autos verkaufen

3.   Anna / Schauspielerin in Berlin werden

4.   Und Sie? Was würden Sie lieber tun?

II. Ich/einen anderen Job suchen. Dann hätte ich mir einen anderen Job gesucht.

Schreiben Sie ähnliche Sätze mit den folgenden Elementen!

1.   ich / einen anderen Freund finden

2.   er / einen amerikanischen Wagen kaufen

3.   Anna / in einem Theaterstück spielen

4.   David / in Berlin einen Job haben

III. Ich, mit Anna hier bleiben. Könnte ich mit Anna hier bleiben?

Schreiben Sie ähnliche Sätze mit den folgenden Elementen

1.   du / das Fenster zumachen?

2.   ich / bei dir meine Freundin anrufen?

3.   du / lauter sprechen?

4.   er / allein nach Polen fahren?

Allgemeine Fragen zur Analyse der Handlung und Technik des Films

1.   Warum interessiert sich Ihrer Meinung nach Anna mehr für Benno als für David?

2.   Charakterisieren Sie die Erwachsenen im Film! Was für eine Rolle spielen sie im Leben ihrer Kinder? Was könnten die Erwachsenen Ihrer Meinung nach anders machen?

3.   Erklären Sie den Titel des Films. Welche Rolle spielt eigentlich Amerika im Film? Welche anderen Titel wären möglich?

4.   Vergleichen Sie den Film mit anderen, die Sie kennen, die auch von dem Erwachsenwerden handeln.

5.   Die Entfernungen zwischen Charakteren in einer Szene sagen uns manchmal mehr über Verhältnisse als der Dialog. Suchen Sie einige Szenen aus, wo Anna und Benno, oder Anna und David, oder alle drei erscheinen. Welche Information teilen uns die Entfernungen zwischen den jungen Menschen mit?

6. Erklären Sie die Rolle der Musik in verschiedenen Szenen.

7. Beschreiben Sie den Stil der Regisseurin Vanessa Jopp.

8. *Vergiss Amerika* verwendet viele Filmklischees. Identifizieren Sie so viele Sie können und sagen Sie, wie Jopp die Klischees interessant macht.

Und zum Schluss eine Wortschatzübung

Wählen Sie das passende Wort für die Lücke.

anzupassen	erfundenen	Arbeitsgelegenheiten
schüchternen	(die) Fischtheke	vereinigt
gezogen	umgebracht	Geschäfte
Autodieben	gestohlene	

David und Benno wohnen in der _____ Stadt Aschleben, nicht weit von Berlin. Sie haben die Schule absolviert und sind bereit sich der Welt der Eltern _____. Es ist aber nur einige Jahre seit der Wende, als Westdeutschland und Ostdeutschland _____ wurden, und Aschleben liegt im östlichen Teil Deutschlands. Es gibt also wenig _____ für die Jungen. David will Fotograf werden, arbeitet aber an einer _____ im Supermarkt. Benno will amerikanische Autos verkaufen, lässt sich aber in illegale _____ mit Autodieben ein, um seine Autohandlung zu finanzieren. Benno und David verlieben sich beide in Anna, eine junge Frau, die kürzlich in die Stadt _____ ist. Anna findet den aufgeschlossenen Benno sympathischer als den _____ David. David und Benno entzweien sich über ihre Liebe zur selben Frau, aber auch darüber, dass David nicht zusehen kann, wie sein Freund _____ Autos repariert. Benno und Anna streiten auch öfters miteinander über sein Geschäft. Benno beschließt sich von den _____ zu trennen. Das kann er aber nicht, und er wird von zwei Mafiosi _____. Jetzt, da der Freund tot ist, entschließt sich David Aschleben zu verlassen.

CHAPTER 13

Nirgendwo in Afrika

PERSONEN

Jettel Redlich
Walter Redlich
Regina Redlich
Owuor
Süßkind

DVD (Zone 1) Deutsch mit englischen Untertiteln.
Rated: R. 141 Minuten. 2001

Der Film enthält 176 Szenen, die man für den Unterricht in 6 Teile gliedern kann. Es empfiehlt sich sechs fünfzig Minuten Kurzstunden zu verwenden, um das Material des Kapitels zu behandeln und mindestens eine am Ende, um den Film zu besprechen.

SZENENFOLGE

nach der DVD *Nigendwo in Afrika* (Columbia Tristar Home Video, 2003)

I. Jettels und Reginas Leben in Deutschland vor der Auswanderung

Szenen 1-33

Szene 1	Afrikanische Ebene
Szene 2	Rückblende auf einen schneebedeckten Park in Deutschland
Szene 3	Afrikanische Ebene
Szene 4	Schneebedeckter Park in Deutschland
Szene 5	Afrikanische Ebene
Szene 6	An der Tür eines Hauses/Afrika
Szene 7	Im Auto auf der afrikanischen Ebene
Szene 8	Im Haus/Afrika
Szene 9	Auf einer Party/Breslau, Deutschland
Szene 10	Im Hausflur/Breslau
Szene 11	Auf einer Party/Breslau
Szene 12	Beim Auffrischen im Schlafzimmer/Breslau

Szene 13
Wohnzimmer/Breslau (Jettel liest einen Brief von Walter. Wir hören Walters Stimme.)

WALTER   Rongai, Kenia, 2.Dezember 1937. (*Jettel weint beim Lesen des Briefes.*) Meine geliebte Jettel: Ich kann mir denken, in welche Aufregung Dich dieser Brief stürzen wird, aber ich bitte Dich jetzt stark zu sein. Die jüdische Gemeinde in Nairobi hat sich letzte Woche bereit erklärt auch die Gebühren für Eure Einwanderung zu bezahlen. Nun ist es also nach sechs Monaten endlich so weit und ich kann Regina und Dich hierher nachkommen lassen. Ich beschwöre Dich, zögere nicht einen Tag länger, sondern gehe sofort zu Karl Silbermann. Er kann Dir mit den Schiffskarten helfen. Sag ihm, dass es ganz egal ist, was für ein Schiff es ist und wie lange es unterwegs ist. Hauptsache es nimmt Euch beide mit. Jettel, was wir hier dringend brauchen ist ein

Eisschrank. Wenn er nicht mehr in unsere beiden Kisten passt, schmeiße dafür das Rosenthalgeschirr raus. Es ist hier völlig unbedeutend! Und besorge noch ein paar Kerosinlampen, außerdem Mosquitonetze und feste Schuhe für Dich und Regina. Versuche auf keinen Fall Bargeld oder Schmuck mitzunehmen. Du weißt, was die Nazis mit Schmugglern machen. Sprich so wenig wie möglich über eure Pläne. Man kann niemandem mehr trauen, auch nicht den Menschen, die eben noch unsere besten Freunde waren. Ach, Jettel, mein Herz zerspringt bei dem Gedanken, dass ich Euch beide vielleicht schon bald in die Arme schließen kann. Und es wird schwer, wenn ich mir vorstelle, wie weh dieser Brief Deiner Mutter tun wird.

Szene 14   Schlafzimmer/Breslau

Szene 15   Außerhalb des Hauses/Breslau

Szene 16   Innerhalb des Hauses/Breslau

Szene 17   Walters Haus in Afrika

Szene 18   Haus in Deutschland

Szene 19   Walters Haus

Szene 20   Schwenk über die Umgebung von Walters Haus

Szene 21   An Bord eines Schiffes

Szene 22   Walters Haus/außen

Szene 23   Bahnhof in Nairobi

Szene 24   Im Auto

Szene 25   Walters Haus/außen

Szene 26   Walters Haus/innen

Szene 27   Im Auto

Szene 28   Walters Haus/außen

Szene 29   Walters Haus/innen

Szene 30   Im Freien/in der Nähe von Walters Haus

Szene 31   Im Haus

Szene 32   In einer Dusche außerhalb des Hauses

Szene 33   Neben dem Haus

Nirgendwo in Afrika beginnt auf einer sonnigen, afrikanischen Ebene. In der Ferne sehen wir eine Figur auf einem Fahrrad. Bald aber blendet die Szene auf einen schneebedeckten Park in Deutschland über. Das Hin- und-Herwechseln zwischen Afrika und Deutschland wird weitergeführt und zeigt auch das Leben innerhalb von zwei Wohnungen, eine in Afrika und eine in Deutschland. In Afrika liegt Walter, ein deutscher Ausgewanderter, krank im Bett und wird von seinem Freund Süßkind und einem Afrikaner, Owuor, gepflegt. In Deutschland feiert seine Frau Jettel auf einer Party, als sie einen Brief von Walter liest und erfährt, dass sie und ihre Tochter Regina nach Afrika kommen sollten.

Als sie in Afrika bei Walter eintreffen, ist er wieder gesund, geheilt von der pharmazeutischen Medizin des europäischen Arztes und der homöopathischen Medizin seines afrikanischen Dieners.

Fragen

1. Warum lehnt Jettel die Hilfe des Jungen ab, als sie hinfällt?
2. Wie reagiert Jettel auf den Brief von ihrem Mann?
3. Was sollte Jettel alles nach Afrika mitbringen?
4. Was sollte sie unbedingt nicht mitbringen?
5. Worüber spricht Walters Vater mit Jettel?
6. Wogegen hilft das Medikament Chinin?
7. Wie ist Jettels erste Reaktion auf Afrika?

II. Vor Ausbruch des Zweiten Weltkrieges

Szenen 34-59

Szene 34
Die Szene spielt außen auf der Veranda beim Schabbes

Süßkind singt am Tisch. Nachher wird am Tisch Brot verteilt.

WALTER	Danke!
REGINA	Danke!
JETTEL	Ich weiß gar nicht, wann ich das letzte Mal den Kaddisch gehört habe.
WALTER	In meinem bisherigen Leben habe ich Gott nie vermisst.
SÜSSKIND	Wenn Sie jeden Tag Chinin nehmen, werden Sie blind.
JETTEL	Aber die Malaria.
SÜSSKIND	Die kann man immer noch bekämpfen, wenn sie einen erwischt hat.
WALTER	Trinken wir auf die Ankunft von Jettel und Regina. Auf unser zweites Leben.

JETTEL	Prost!
SÜSSKIND	Prost!
JETTEL	Prost! Wie lange sind Sie denn schon weg von zu Hause?
SÜSSKIND	Hier ist jetzt mein Zuhause, Jettel.
WALTER	Süßkind war schlau genug Deutschland schon 1933 zu verlassen. Damals war die Ausreise noch einfacher. Du konntest noch dein ganzes Geld mitnehmen, oder? Und vor allem deine Bücher.
JETTEL	Und Ihre Frau? Waren Sie nie verheiratet?
SÜSSKIND	Nein, war ich nicht.
JETTEL	Und warum nicht?
WALTER	Jettel! (*ermahnend*)
SÜSSKIND	Ich hatte immer das Pech mich in Frauen zu verlieben, die bereits vergeben waren.
JETTEL	Meine Mutter sagt immer, das mit den Nazis geht nicht mehr lange so weiter. Deutschland ist doch ein Kulturvolk, das Land von Goethe und Schiller.
REGINA	Papa, ich glaube, ich habe Löwen gehört.
WALTER	Quatschkopf, hier in der Gegend gibt es keine Löwen. Das waren Affen, Paviane.
REGINA	Aber vielleicht verstellt sich der Löwe ja und spricht mit Absicht wie ein Affe.
SÜSSKIND	Du wirst es in diesem Land noch weit bringen. Du redest jetzt schon wie ein Neger. (*grinst*)

Fragen

1. Was sagt Jettel über ihren Glauben?
2. Warum nimmt Jettel jeden Tag Chinin?
3. Warum sollte sie nicht jeden Tag Chinin nehmen?
4. Worauf trinkt man?
5. Wann hat Süßkind Deutschland verlassen?
6. Was hatte Süßkind noch mitnehmen können?
7. Warum hat Süßkind nie geheiratet?
8. Wie begründet Jettels Mutter ihre Meinung, dass die Nazis nicht lange an der Macht bleiben?

Szenen 35–42

Szene 35	Bei Regina im Schlafzimmer
Szene 36	Bei Jettel und Walter im Schlafzimmer
Szene 37	Vor dem Haus
Szene 38	Im Garten
Szene 39	An einer Tränke
Szene 40	Außen beim Graben eines Brunnens
Szene 41	In der Küche bei den Redlichs
Szene 42	Am Tisch vor dem Haus/Sechs Monate später

Das Leben fängt gut an, als die Redlichs von Süßkind besucht werden und auf der Veranda abends Schabbat feiern. In den nächsten Tagen aber verliert Jettel ihre Geduld mit dem schweren Leben im neuen Land. Sie weigert sich die einheimische Sprache zu lernen, streitet mit Owuor, ihrem Koch, den sie als einen einfachen Diener handelt und ihn dabei beleidigt. Jettel wird immer deprimierter, besonders als sie versteht, dass das neue Leben nicht vorübergehend ist, und sie so bald nicht wieder nach Deutschland zurückfahren.

Fragen

1. Warum findet es Jettel so schwer, sich an das Leben in Afrika zu gewöhnen?

2. Warum will Owuor kein Wasser für Jettel tragen?

3. Warum trägt Owuor dann doch Jettels Wasserkrüge?

Szene 43
Auf der Veranda

Jettel und Walter sprechen über die sich verschlimmernde Lage in Deutschland. Danach schreibt Walter an seinen Vater.

WALTER	Wohin willst denn du?
JETTEL	Ich packe, ich will hier weg!
WALTER	Was soll denn das Jettel, das ist doch Blödsinn.
JETTEL	Ich halte es hier nicht mehr aus.
WALTER	Wir müssen es aushalten.
JETTEL	Das sagst du doch immer. Vielleicht hast du auch Recht, aber ich will nach Hause. Ich will zu Mutter und zu Käthe und zu Menschen, deren Sprache ich verstehe. Du verdienst keinen Pfennig hier. Wir essen jeden Tag Eier

	und Maisbrei. Wie sollen wir denn Regina jemals zur Schule schicken. Sie kann doch nicht Ihr Leben lang mit Owuor unter einem Baum hocken!
WALTER	(*schreiend*) Verdammt wir leben!
JETTEL	Ja, wir leben. Und wozu? Um den ganzen Tag auf Regen zu hoffen, damit diese verdammten Rindviecher nicht krepieren, die uns noch nicht einmal gehören. Mein Gott, ich fühle mich auch schon wie tot und manchmal wünschte ich wär's.
WALTER	Sag das nie wieder. Wir sind mit dem Leben davon gekommen, gerade noch!
JETTEL	Was soll das denn schon wieder heißen?
WALTER	(*mit trauriger Stimme*) Die Nazis haben gestern Nacht überall in Deutschland Synagogen angezündet und jüdische Geschäfte geplündert. Sie haben alles kurz und klein geschlagen. Menschen, Häuser, Läden, alles.
JETTEL	(*skeptisch*) Wie willst du das auf dieser gottverdammten Farm erfahren haben?
WALTER	Ich habe heute früh um fünf den Schweizer Sender reinbekommen.
REGINA	Papa!
WALTER	Für die Nazis sind wir keine Menschen mehr. Verflucht, ich hab's kommen sehen. Ich hab's doch immer kommen sehen. Kapierst du jetzt, dass es keine Rolle spielt, wann und ob Regina lesen lernt.
JETTEL	Und Mama und Käthe und dein Vater?
WALTER	(*schreiend*) Ich weiß es doch auch nicht! Ich habe ihnen immer gesagt, sie sollen da raus!

Kulturinformationen

Kristallnacht

„Kristallnacht" ist der Euphemismus, der oft gebraucht wird, um das Pogrom gegen Juden in der Nacht vom 9. – 10. November 1938 in der NS-Zeit zu beschreiben. In dieser Nacht haben randalierende Banden von Deutschen Synagogen in Brand gesteckt, Juden verprügelt, und die Fenster jüdischer Läden zerbrochen. Die vielen Glasscheiben der zersplitterten Fenster gaben dem Pogrom seinen Namen.

Nach dem 10. November behaupteten die Nationalsozialisten, dass das Pogrom eine spontane Aktion der deutschen Bevölkerung war, die ausgeführt wurde um die Ermordung des Botschaftsrats Ernst von Rath durch den Juden Herschel Grynspan am 7. November, 1938 in Paris zu rächen. Historiker sind einig in der Meinung, dass die Aktion von der Nazi-Regierung genehmigt und unterstützt wurde.

Fragen

1. Warum packt Jettel?
2. Warum hält Jettel die Lage in Kenia nicht mehr aus?
3. Was isst man jeden Tag?
4. Was ist für Walter wichtiger als Jettels Meckern?
5. Was hat Walter im Schweizer Radio gehört?
6. Was hat Walter immer kommen sehen?

Szene 44
Auf der Veranda/Walter beim Tippen

WALTER   10. November 1938. Mein lieber Vater: Die Nachrichten, die mich hier über Deutschland erreichen, machen mir die allergrößten Sorgen und ich befürchte ein Krieg ist nicht mehr aufzuhalten. Was sagst Du dazu? Ach, wenn ich doch nur wüsste, wie es Euch ergeht. Würde ich hier nur eine Mark verdienen, ich würde Euch sofort nachholen. Siehst Du denn gar keinen Weg, Deutschland noch zu verlassen. Ich beschwöre Dich: Vater, wie sehr sehne ich mich nach einem Gespräch mit Dir, nach Deinem Rat, Deiner Anteilnahme. Erst hier in der Fremde wird mir klar, wie reich mich Gott beschenkt hat, mit einem Elternhaus wie dem meinen. Wie dankbar ich Dir bin für alles, was Du für mich getan hast. Glaube nicht, dass es rausgeschmissenes Geld war, mich nach Mutters Tod solange studieren zu lassen. Ich bin sicher, eines Tages wird Dein Sohn wieder der Anwalt sein, auf den Du immer so stolz warst.

Fragen

1. Was befürchtet Walter?
2. Was fragt Walter seinen Vater?
3. Was ist Walter erst in Afrika klar geworden?
4. Wofür bedankt sich Walter beim Vater?
5. Was ist Walter von Beruf?

Szenen 45-60

Es ist sechs Monate später, und obwohl das Leben noch schwer ist, scheint es als ob Jettel es jetzt erträglich findet. Sie hat einen kleinen Garten neben dem Haus, verträgt sich mit Owuor, und streitet nicht so oft mit Walter. Dann kommen britische Truppen und verhaften die Familie. Krieg ist zwischen England und Deutschland ausgebrochen, und da die Redlichs, wenn auch jüdisch, mit deutschen Pässen nach Afrika gekommen sind, werden sie als Deutsche angesehen.

Kulturinformationen

Der Zweite Weltkrieg

Der Zweite Weltkrieg in Europa dauerte vom 1. September 1939 bis zum 8. Mai 1945. Im Film bleibt der Krieg im Hintergrund und wird fast nur in Briefen und Radiomeldungen erwähnt. Auf diese Weise erfahren die Redlichs von dem Anfang des Krieges am 1. September 1939, von den deutschen Niederlagen im Osten vor Stalingrad im Winter von 1943 und vom Ende des Krieges im Mai 1945. Im Vordergrund aber erscheint die Internierung von deutschen Juden in Kenia von den Briten, die zuerst nicht verstanden haben, dass die deutschen Juden keine Bedrohung für England und die Alliierten darstellten, da sie selber von den Nazis als Feind angesehen wurden.

1. Beschreiben Sie die religiöse Zeremonie.

2. Was sollte man beim ersten Feuer der Saison tun?

3. Wie gewöhnt sich Regina an das Leben in Afrika?

4. Warum werden die Redlichs von den Soldaten festgenommen?

III. Interniert

Szenen 61-79

Szene 61   Vor dem Haus/Transportwagen

Szene 62   Transportwagen auf der Ebene

Szene 63   Frauenaufenthaltslager/Hotel

Szene 64   Auf dem Markt

Szene 65   Frauenaufenthaltslager

Szene 66   Empfangsraum des Hotels

Szene 67   Speisezimmer des Hotels/Abend

Szene 68   Speisezimmer/Tag

Szene 69   Männeraufenthaltslager/Schlafzimmer

Szene 70   Hotelhof

Szene 71   Männeraufenthaltslager

Szene 72   Schlafzimmer im Hotel

Szene 73   Vor einem Büro

Szene 74   Im Büro

Szene 75   Im Garten beim Konsul

Szene 76   Auf dem Markt

Szene 77   Im Hotel

Szene 78   Hof

Szene 79   Kantine im Männerlager

Familie Redlich wird abtransportiert. Walter und die anderen deutschen Männer (einschließlich der deutschen Juden) werden in ein Konzentrationslager gebracht. Jettel und Regina werden auch abtransportiert wie die anderen deutschen jüdischen Frauen und Kinder, aber weil Gefängnisse fehlen aber auch, weil es Frauen und Kinder sind, kommen sie in ein Luxushotel statt in ein Lager. Für die nächste Zeit sind Frauen und Kinder wie auf Urlaub, während ihre Männer Gefangene sind. Jettel und einige andere Frauen schreiben an die jüdische Gemeinde in Nairobi und bekommen endlich die Möglichkeit die Männer zu besuchen. Es dauert aber noch eine Weile bis man versteht, dass die deutschen Juden auch Opfer der Nazis sind und freigelassen werden müssen. Ein Besuch bei dem jüdischen Gemeindevorsitzenden in Nairobi bringt zuerst wenig, da der Vorsitzende Edward Rubens sich weigert, den deutschen Juden zu helfen. Vor Walters Entlassung lässt sich Jettel mit einem britischen Offizier in eine Affäre ein, weil sie glaubt, dass er ihrem Mann helfen kann. Sobald Walter aus dem Lager kommt, kann die Familie ihr früheres Leben wieder aufnehmen.

Fragen

1. Was macht Familie Redlich gerade, als die Briten kommen, um sie abzutransportieren?

2. Beschreiben Sie das Gefängnis, in das die Männer kommen.

3. Beschreiben Sie das Hotel, wo die Frauen und Kinder diese Zeit verbringen.

4. Warum besucht Jettel den Vorsitzenden der jüdischen Gemeinde?

5. Warum weigert sich der Vorsitzende der jüdischen Gemeinde weiter etwas für sie zu tun, obwohl er ihr schon einmal geholfen hat?

6. Worüber reden Walter und Süßkind in der Kantine kurz vor ihrer Entlassung?

Kulturinformationen

Die Judenverfolgungen im Dritten Reich und der Holocaust

Die Zeichen der Judenverfolgung im Dritten Reich, die Walter Redlich überzeugt haben auszuwandern, waren am Anfang nicht leicht zu erkennen. Die Nazis begannen kurz nachdem sie zur Macht gekommen sind, eine judenfeindliche Politik zu betreiben. Die Boykotts gegen jüdische Geschäfte fingen Anfang April 1933 an. 1935 verkündete die Regierung die „Nürnberger Gesetze", die Ehen zwischen Juden und Nicht-Juden verboten. Es wurden die Reisemöglichten für Juden eingeschränkt, zuerst als man Ende 1937 keine Reisepässe mehr an Juden für Auslandsreisen ausgab und dann im Oktober 1938 als man alle jüdischen Pässe mit einem „J" kennzeichnete.

Die Lage der Juden verschlechterte sich ab 1938, was Walter Redlich wahrscheinlich beeinflusste, Deutschland zu verlassen. 1938 wurden 17000 polnische Juden, die in Deutschland lebten, ausgewiesen und in der Nacht vom 9. bis zum 10. November zündeten SA-Banden Synagogen und jüdische Geschäfte an. Die nationalsozialistischen Täter verlangten Entschädigungen von den jüdischen Gemeinden.

Im Film erfahren Jettel und Walter, dass die in Deutschland zurückgebliebenen Verwandten nach Polen deportiert werden. Jettel meint, dass wäre doch gut, aber Walter weiß, dass die Abschiebung nach Polen den Tod bedeutet. Das erste von den Nazis eingerichtete polnische Ghetto befand sich in Lodz. Bald danach wurde eines in Warschau eingerichtet. Die Ghettos waren nicht nur Stadtteile, wo Juden aus Geldmangel wohnten, sondern eingemauerte Wohnviertel, in die die Juden zusammengedrängt wurden und deren Eingänge kontrolliert wurden. Ab Mitte des Jahres 1941 fingen die Nationalsozialisten an, alle europäischen Juden in den besetzten Ländern in Konzentrationslager und Vernichtungslager zu deportieren. Kurz nach Beginn des Zweiten Weltkriegs im September 1939 wurden Gesetze verabschiedet, dass alle Juden einen gelben Stern tragen mussten. Die Deportation der Juden aus Deutschland begann im November 1941. Im Januar 1942 fand in Berlin die Wannseekonferenz statt, auf der das Programm zur Vernichtung von Millionen von Juden geplant wurde. Es wird geschätzt, dass seit der Konferenz bis zum Ende des Krieges fast fünf Millionen Juden vergast oder auf andere Weise ums Leben gekommen sind. Die bekanntesten Lager befanden sich in Auschwitz-Birkenau, Treblinka und Majdanek in Polen.

IV. Wieder zu Hause/Regina in der Schule

Szenen 80-109

Szene 80	Auf dem Hof/Jettel, Regina und Walter
Szene 81	Im Auto/Walter, Jettel, Regina und Süßkind
Szene 82	Wieder zu Hause
Szene 83	Auf einem Feld/Jettel, Walter und Kenianer
Szene 84	Im Freien/Walter und ein Kenianer
Szene 85	Im Freien/Regina und andere Kinder
Szene 86	Am Arbeitstisch bei der Auszahlung von Lohn
Szene 87	Im Laden/Auf der Post
Szene 88	Im Wald/Regina und ein Kenianer
Szene 89	Im Haus/Walter, Jettel und Regina
Szene 90	Im Freien/Regina und ein Freund
Szene 91	Auf der Veranda
Szene 92	Im Haus/Walter
Szene 93	Vor dem Haus/Walter, Owuor, Regina
Szene 94	In der Küche/Owuor, Regina

Walter geht wieder an die Arbeit, sobald er nach Hause kommt. Owuor, der während der Zeit der Haft von den Redlichs getrennt war, findet seinen Weg zu der Familie zurück, und es scheint, als ob alles wie früher weiter gehen könnte. Es ist aber Zeit, dass Regina zur Schule geht. Sie besucht ein britisches Internat. In der Schule ist es nicht leicht für die jüdischen Kinder, die als Außenseiter besonders vom Schuldirektor angesehen und behandelt werden. Einige Jahre vergehen, und sobald er die Gelegenheit bekommt, tritt Walter dem britischen Militär bei, da er weiß, was mit seiner Familie und seinen Freunden, die in Deutschland geblieben sind, geschieht.

Fragen

1. Was sagt der Brief von zu Hause?

2. Wie reagiert Regina darauf, dass sie in die Schule muss?

3. Warum stehen einige Kinder an der Seite während der Versammlung in der Aula?

4. Was für einen Sport treibt man in der Schule?

5. Was für eine Schülerin ist Regina?

6. Was teilt der Schuldirektor Regina mit, als sie in seinem Büro sitzt?

V. Zwei Kulturen

Szenen 110-114

Szene 110   Im Freien/Regina und ein Freund auf einer Decke

Szene 111   Auf einem Baum/Regina und ihr Freund

Szene 112   Im Wald

Szene 113   Vor dem Haus

Szene 114   Auf der Straße

Fragen

1.   Worüber sprechen Regina und ihr Freund?

2.   Warum klettert Regina auf den Baum?

Szene 115
Im Haus/Owuor, Jettel, Walter

Ein Brief kommt auf der Farm aus Deutschland an.

REGINA	*(ängstlich)* Papa! Mama!
WALTER	Regina, Vorsicht.
JETTEL	Mama.....Mama!
STIMME VON JETTELS MUTTER	Meine Lieben, wir sind sehr aufgeregt. Morgen müssen wir nach Polen zur Arbeit. Vergesst uns nicht. Mutter und Käthe.
REGINA	Was bedeutet das?
WALTER	Sie durften nicht mehr schreiben, nur 20 Wörter. Eins haben Sie verschenkt.
JETTEL	Vielleicht wollen sie versuchen über Polen auszureisen. Vielleicht haben sie da eine Möglichkeit gefunden. *(aufgeregt, schreiend)* Jetzt sag doch endlich was, Walter! Verdammt! Bitte, rede mit mir!
WALTER	Deine Mutter wollte, dass du das weißt, sonst hätte sie dir nicht geschrieben. Polen bedeutet Tod.
JETTEL	Nein! *(Jettel gibt Walter eine Ohrfeige.)*
WALTER	Soll ich dir was sagen? Ich beneide dich darum, dass du diesen Brief bekommen hast, die Gewissheit, die du jetzt haben kannst. Ich frage

mich jeden Tag, wie es meinem Vater geht, wo er
ist, wo meine Schwester ist.

STIMME IM RADIO Jeder Tag bringt den deutschen Truppen
im Osten neue Niederlagen. Die deutschen
Menschenverluste sind nicht minder zu
bezeichnen. Die Zahl der Toten und der
Gefangenen auf deutscher Seite, seit dem
Beginn der Russischen Winteroffensive, geht
schon über 400.000 hinaus.

Fragen

1. Welche Nachricht enthält der Brief von Jettels Mutter?

2. Was meint Walter, wenn er sagt, „Eins haben sie verschenkt"?

3. Warum ist Jettel zuerst froh über die Nachricht, dass die Familie nach Polen umzieht?

4. Wie interpretiert Walter den Umzug nach Polen?

5. Warum beneidet Walter Jettel wegen dieses Briefes?

6. Was wird im Radio über die deutschen Truppen gemeldet?

7. Wie viele deutsche Soldaten sind entweder gestorben oder gefangen?

Szenen 116-137

Szene 131   Auf der Veranda/Jettel, Regina

Szene 132   Im Schlafzimmer/Jettel

Szene 133   Vor dem Haus

Szene 134   Im Dorf der Arbeiter

Szene 135   In einer Hütte

Szene 136   Vor der Hütte

Szene 137   Auf der Straße/Regina, Jettel

Jettel ist zuerst schockiert, dass die Kenianer eine alte Frau einfach auf das Feld hinlegen, und sie dort sterben lassen. Dann sieht sie ein, dass das das Ritual einer anderen Kultur ist. Dieses Ritual ist nicht besser oder schlechter als die Rituale von anderen Kulturen. Sie akzeptiert, was geschieht aber bleibt bei der Frau, bis sie tot ist.

Da Walter jetzt beim Militär ist, muss Jettel die Farm leiten, was sie sehr gut macht. Sie hat aber auch Zeit sich öfters mit Süßkind zu unterhalten, und sie unternehmen sogar einen Ausflug an den Strand. Bei ihrer Rückkehr überrascht sie Regina, die frühzeitig nach Hause gekommen ist und ihnen im Haus allein begegnet ist. Regina streitet mit Jettel, und wirft ihr vor, dass sie weiß, dass die Mutter eine Affäre hatte, als der Vater im Lager war. Jettel erklärt, wie das dem Vater geholfen hat, was Regina befriedigt. Mutter und Tochter sprechen auch über Verschiedenheiten zwischen Menschen und was Toleranz bedeutet. Nachher gehen die zwei zu einer religiösen Zeremonie ins Dorf.

Fragen

1. Warum ist Jettel so aufgeregt darüber, was mit der alten Frau geschieht?

2. Warum bleibt Jettel bei der Frau bis zum Ende?

3. Wo verbringt Regina die Nacht, in der sie mit der Mutter gestritten hat?

4. Warum tritt Süßkind dem Militär nicht bei?

5. Wie erklärt Jettel ihrer Tochter ihr Benehmen damals im Aufenthaltslager?

Szene 138
Im Schlafzimmer/Regina, Jettel

REGINA   (*die das teure Kleid trägt, das Jettel aus Deutschland mitgebracht hat*) Oh, Mama, das ist so schön. Das kann ich verstehen, dass du das unbedingt haben wolltest.

JETTEL   Lass es bloß nicht den Papa hören, wegen dem Kleid hätte er mich beinahe wieder nach Deutschland zurückgeschickt.

REGINA   Und du hast es kein einziges Mal angehabt?

JETTEL   Kein einziges Mal. Ich konnte gerade noch verhindern, dass er darin das Fleisch zum Kühlen in den Wind hängt. Meine Großmutter und ich haben es bei Wertheim in Breslau gekauft, für 45 Mark. Und danach waren wir noch ein Stück Käsekuchen essen im Café Mohnheim.

REGINA   Ich kann mich gar nicht mehr an Deutschland erinnern. Nur wenn ich Nüsse esse, dann denke ich immer an den Opa. (*kurze Pause*)

           Mama, warum werden die Juden überall so gehasst? Ich meine, du und Papa, ihr seid doch gar nicht so richtig jüdisch. Ihr esst auch das ganze Fleisch und so. Und du betest auch nicht, oder?

JETTEL   Naja, hier schon manchmal.

REGINA   In der Schule sagen sie, dass die Juden den Gottessohn umgebracht haben.

JETTEL   Weißt du, für Papa und mich hat das Jüdische nie ne besondere Rolle gespielt. Wir dachten, wir sind so deutsch wie man nur deutsch sein kann. Die deutsche Kultur, die Sprache, das war doch immer unser Zuhause.

REGINA   Vielleicht sind wir, also die Juden, wirklich anders?

JETTEL   Erinnerst du dich noch an Tante Ruth und Onkel Salomon? Natürlich sind die anders. Die leben nach der jüdischen Religion, die sind gläubig, und das macht sie anders. Toleranz bedeutet aber nicht zu behaupten, dass alle Menschen gleich sind. Das wäre dumm. Und wenn ich etwas in diesem Land gelernt habe, dann ist es wie kostbar diese Unterschiede sind. Unterschiede sind etwas Gutes, Regina. Und kluge Menschen würden dir dein „Anderssein" niemals vorwerfen.

REGINA   Mama, heute Abend feiert Pokot ein großes Ngoma. Sie haben ein Rind geschlachtet unter dem heiligen Baum und es gibt Bier und sie singen. Das musst du mal sehen. Da ist ganz schön „anders".

Fragen

1. Wie viel hat das Kleid gekostet?

2. Was meinen Sie, warum hat Jettel das Kleid gekauft?

3. Woran erinnert sich Regina nur wenig?

4. An wen aber erinnert sie sich?

5. Welche Frage über die Juden stellt Regina ihrer Mutter?

6. Wann haben Jettel und Walter angefangen zu beten?

7. Wie sind Reginas Tante Ruth und Onkel Salomon anders als Jettel und Walter?

8. Wie erklärt Jettel, was Toleranz bedeutet?

9. Wohin gehen Jettel und Regina nach ihrem Gespräch?

Szenen 139-147

Szene 139   Im Dorf/Arbeiter bei einer Zeremonie

Szene 140   Im Haus/Jettel bei Walters Ankommen

Szene 141   Im Schlafzimmer/Walter, Jettel

Szene 142   Vor dem Haus/Vor dem Haus bei Walters Abfahrt

Szene 143   Walters Zimmer beim Militär

Szene 144   Beim Militär/Bei einer Filmvorführung

Szene 145   Vor dem Schulgebäude

Szene 146   In einem Speiseraum der Schule

Szene 147   Wieder bei Redlichs/vor dem Haus

Jettel und Regina unterhalten sich gut bei der Zeremonie.

Der Krieg ist vorbei. Walter schaut mit anderen einen Film über den Kriegsverbrecherprozess an. Endlich kommt er nach Hause. Er will mehr als je nach Deutschland zurück, was niemand verstehen kann. Jettel ist gegen die Rückkehr.

Fragen

1. Beschreiben Sie die Zeremonie.
2. Warum will Walter zurück nach Deutschland?
3. Warum will Jettel nicht zurückgehen?
4. Was für Filme werden den Soldaten vorgeführt?

VI. Versöhnung/Abschied von Afrika

Szenen 148-176

Szene 166   Auf dem Feld

Szene 167   Im Schlafzimmer/Walter, Regina

Szene 168   In der Küche/Jettel, Walter

Szene 169   Im Schlafzimmer/Jettel

Szene 170   Im Freien/beim Aufkochen von Heuschrecken

Szene 171   Auf der Veranda/Walter beim Tippen

Szene 172   Im Wald/Jettel, Walter

Szene 173   Bei einem britischen Offizier im Büro

Szene 174   Im Schlafzimmer/Walter, Jettel

Szene 175   Vor dem Haus

Szene 176   Am Zugfenster (es wird zwischen Aufnahmen im Zug und außerhalb des Zuges gewechselt)

Walter meint, dass er sich nur in Deutschland zu Hause fühlen werde. Jettel aber weigert sich mit zu gehen. Am Tag seiner Abreise sitzt er schon im Auto, als eine Unmenge von Heuschrecken plötzlich beginnen, die Menschen zu stören, und die Maispflanzen aufzufressen. Alle laufen auf dem Feld hin und her und versuchen die Heuschrecken wegzujagen. Sogar Walter steigt aus dem Auto und hilft dabei. Am Abend erfährt er, dass Jettel schwanger ist und beschließt mit der Familie in Afrika zu bleiben. Als Jettel aber sieht, dass er bereit ist dieses Opfer zu bringen, willigt sie ein, nach Deutschland zurückzukehren.

Fragen

1. Was ist mit den Freunden und Verwandten, die in Deutschland geblieben sind, geschehen?

2. Warum sagt Walter, dass Jettels Familie wahrscheinlich tot ist?

3. Warum will Walter nicht nach England ziehen, wie ihm Regina empfiehlt?

4. Was für Gründe gibt Jettel, dass sie nicht nach Deutschland zurück will?

5. Warum gibt Owuor am Ende doch nach, und trifft sich mit Regina, bevor er weggeht?

6. Was verkauft die Frau am Zugfenster am Ende des Films?

Kulturinformationen

Filme über den Holocaust, Schindlers Liste

Seit Ende des Dritten Reiches am 8. Mai 1945 wurden mehrere hundert Filme gemacht, die sich mit dem Zweiten Weltkrieg auseinandersetzen. Sie handeln vom Leben der Bevölkerung des Landes, das den Film produzierte. Obwohl viele der Filme den Holocaust erwähnen, bleibt der Mord an Millionen Juden meist im Hintergrund. In den sechzig Jahren nach Ende des Krieges sind aber wichtige Filme zum Thema Holocaust gedreht worden. Der bekannteste ist wohl *Schindlers Liste* (1993) von dem amerikanischen Regisseur Steven Spielberg, der die Geschichte eines Mannes erzählt, der versucht hat das Leben von tausenden Juden zu retten.

Erste Anspielungen auf den Holocaust, Die Mörder sind unter uns

Ebenfalls von Hollywood produziert wurde die Miniserie *Holocaust* (Marvin Chomsky 1978), die in Deutschland zu einer öffentlichen Diskussion über Deutschlands Vergangenheit führte. *Holocaust* war nicht der erste Film, der sich mit dem Thema Holocaust auseinandersetzte. Wolfgang Staudtes *Die Mörder sind unter uns* enthält eine sehr kurze Szene einer Zeitungsschlagzeile „Zwei Millionen vergast". Ebenfalls in den Jahren kurz nach Kriegsende erzählt der amerikanische Regisseur Orson Welles in seinem Film *The Stranger* (1946) die Geschichte eines ehemaligen Arztes im KZ, der nach Neu-England geflohen ist.

Nacht und Nebel *und andere Filme*

Der erste Film, der sich direkt mit dem Thema Holocaust beschäftigt hat, war Alain Resnais' Dokumentarfilm, *Nacht und Nebel* (*Nuit et brouillard* 1955), der die Gräuel des Lagers in Auschwitz dokumentiert hat. Frank Beyers DDR-Produktion *Nackt unter Wölfen* (1963) spielt in einem Lager, wo die Gefangenen versuchen, ein Kind zu verstecken, damit es nicht ums Leben kommt. Ein ähnliches Thema erschien dann wieder in dem Film *Das Leben ist schön* (*La vita è bella*, Roberto Benigni, Italien 1997). Andere Filme erzählen auch über Juden, die versucht haben, dem Holocaust zu entkommen, wie Peter Lilienthals *David* (1979), *Charlotte* (Frans Weisz, Niederlande 1981) *Hitlerjunge Salomon* (*Europa Europa*, Agnieszka Holland 1990) und *Der Pianist* (Roman Polanski, Frankreich 2002). Die Protagonistin in *Charlotte* ist in Auschwitz ums Leben gekommen; die Protagonisten der anderen drei Filme sind vor den Nazis geflohen, indem sie sich in Deutschland versteckt haben.

Caroline Links *Nirgendwo in Afrika* erzählt die Holocaustgeschichte aus der Sicht deutscher Juden, die dem Tod im Dritten Reich entkommen sind, indem sie auswandern. Der Film handelt somit nicht direkt vom Holocaust sondern davon, wie die, die den Nazis entkommen sind, sich mit den Schuldgefühlen auseinandersetzen, dass ihre Familien und Freunde in den Lagern starben, während sie noch am Leben sind.

Allgemeine Fragen zur Analyse der Handlung und Technik des Films

1. Wie ändern sich Regina und Jettel durch ihre Erfahrungen in Afrika?

2. Warum ist es ironisch, dass Jettel am Anfang so viele Vorurteile gegen die Afrikaner hat?

3. Einige Kritiker meinen, dass Owuor und die afrikanische Kultur zu klischeehaft dargestellt werden. Finden Sie diese Kritik fair? Warum oder warum nicht?

4. Suchen Sie alle Briefe heraus, und erklären Sie, was sie zur Handlung beitragen.

5. Vergleichen Sie die Aufnahmen von Afrika und Deutschland, die die Regisseurin am Anfang für die Szenen benutzt.

6. Was macht die Kamera in den Szenen, wo die Briefe gelesen werden?

7. Beschreiben Sie die Musik im ersten Teil, wo die Regisseurin immer wieder zwischen Deutschland und Afrika wechselt.

8. Beschreiben Sie die Szene, wo Regina als Kind zur Schule geht und als junge Frau zurückkommt.

9. Suchen Sie alle Szenen heraus, wo Feuer im Hinter- oder Vordergrund ist. Was trägt das Feuer zu diesen Szenen bei?

10. Die Szenen auf dem Feld während der Heuschreckenplage sind chaotisch. Die Regisseurin benutzte aber wenige technische Effekte für die Szenen. Wie hat sie trotzdem das Gefühl von Chaos hervorgerufen?

Und zum Schluss eine Wortübung:

Fügen Sie die folgenden Wörter in den Text ein.

krank	verhaften	eintreffen
(die) Kristallnacht	verschlechternden	weigern
gewöhnen	(das) Militär	außerdem
(die) Gefahr	(das) Internat	vergeben
(die) Drohung		

Das Jahr ist 1938 vor der _____. Walter Redlich ahnt, dass

die Zeit für Juden in Deutschland eine _____ bedeutet

und ist nach Afrika ausgewandert. Jetzt liegt er _____ mit

Malaria in Kenia und ruft seine Frau Jettel und Tochter Regina zu sich. Bis

sie _____ ist er wieder gesund, und die drei versuchen

ein neues Leben fern von Familie, Freunden und einer ihnen vertrauten Kultur aufzubauen. Es fällt Jettel schwer sich an die neue Kultur in Afrika zu _____. Dagegen passt sich Regina wegen des jungen Alters sehr schnell dem afrikanischen Leben an. Von der sich _____ Lage für Juden in Deutschland erfährt die Redlich Familie durch Briefe von zu Hause.

Als Krieg zwischen Deutschland und England ausbricht, _____ die Briten die Redlichs als Kriegsgefahr. Schließlich aber verstehen die Briten, dass die Juden in Afrika keine _____ darstellen, da sie auch von den Nazis als Feind angesehen werden. Die Redlichs verbringen jetzt die Zeit des Zweiten Weltkrieges in Afrika. Jettel betreut die Farm, Walter tritt dem _____ bei, und Regina geht auf ein britisches _____. Nach dem Ende des Kriegs will Walter zurück nach Deutschland, aber Jettel und Regina _____ sich zuerst, Regina weil sie nur die afrikanische Kultur kennt und Jettel weil sie sich an die afrikanische Kultur gewöhnt hat und _____ den Deutschen nicht für den Tod ihrer Familie _____ kann. Als Jettel schwanger wird, sieht sie endlich ein, dass es doch wichtig ist, dass die Familie nach Deutschland zurückkehrt.

CHAPTER 14

Good Bye, Lenin!

PERSONEN

Alex Kerner
Frau Kerner
Lernschwester Lara
Ariane
Denis
Rainer
Herr Kerner

VHS/DVD Deutsch mit englischen Untertiteln.
Rated: R. 118 Minuten. 2003

Der Film besteht aus fünf Teilen, die nacheinander gesehen werden können. Für den Sprachunterricht sollten die DVD-Untertitel ausgeschaltet bleiben.

SZENENFOLGE

nach dem Buch *Good Bye Lenin* (Berlin: Schwarzkopf & Schwarzkopf, 2003)

I. Alex' Kindheit

Sehen Sie den ersten Teil und versuchen Sie die Geschichte von den Bildern her zu beschreiben, auch wenn Sie nicht alles verstanden haben.

Szenen 1 – 7
Die Vorgeschichte

Vorspann	Super-8-Aufnahmen/Alex' und Arianes Kindheit
Szene 1	Alex und Ariane/Wohnung
Szene 2	Mutter in der Klinik
Szene 3	Alex und Ariane/Wohnung
Szene 4	Mutter/Wohnung
Szene 5	Super-8-Aufnahmen/Alex' und Arianes Kindheit
Szene 6	Familie/Wohnung
Szene 7	Außen

Der Film beginnt 1978 auf dem Gelände der familieneigenen Datsche mit Bildern zu Alex' und Arianes Kindheit und Jugend in der DDR. Während die Kinder fernsehen, wird die Mutter von zwei Stasi-Mitarbeitern befragt. Die Mutter wird krank und Alex und Ariane besuchen sie in der Klinik. Die Nachbarin beaufsichtigt die Kinder. Die Mutter kommt nach acht Wochen Klinikaufenthalt zurück. Der Film zeigt weitere Familienaufnahmen. Die Mutter und Kinder schauen die Aktuelle Kamera (AK), wo gezeigt wird, wie die Mutter einen Orden erhält. Alex macht mit in einer Arbeitsgruppe Junger Raketenbauer, wo er eine Rakete zündet.

Kulturinformationen

DDR Raumfahrt

Unter Leitung der Sowjetunion brachte die DDR einen ersten und einzigen Kosmonauten (das Wort Astronaut ist westlich) in das All, Siegmund Jähn, im Jahre 1978. Damit hatte die DDR nach Meinung vieler „Weltniveau" erreicht.

Kapitalistisches Ausland

Nicht nur die USA, Großbritannien und andere westliche Länder, sondern auch Westdeutschland (die Bundesrepublik oder die BRD) wurden von der DDR als kapitalistisches Ausland angesehen. Die dargestellte Zeit nach 1978 gilt als der Höhepunkt des Kalten Krieges.

Stasi

Die Stasi, oder Staatssicherheit war der DDR (ostdeutsche) Geheimdienst, der mit etwa 200.000 Mitarbeitern die gesamte DDR-Bevölkerung kontrollierte. Bei einer Gesamtbevölkerung von 16 Millionen kommt damit ein Stasi-Angehöriger auf 80 Einwohner. Die Stasi wurde von der Bevölkerung als politische Polizei gefürchtet.

Sandmännchen

Das Sandmännchen war ein populäres DDR-Kinderprogramm, das jeden Abend um 7 (19.00 Uhr) ausgestrahlt wurde. Am Ende des Programms streute der Sandmann den Kindern Sand in die Augen, damit sie schlafen konnten. Auch im westdeutschen Fernsehen lief das Sandmännchen, das Ostmännchen war jedoch viel beliebter, auch im Westen.

Aktuelle Kamera

Die Aktuelle Kamera war das DDR-Nachrichtenprogramm, das jeden Abend von 19.00 bis 20.00 ausgestrahlt wurde. Es war ein offizielles Organ der DDR-Regierung und enthielt offizielle Regierungsverlautbarungen (Dekrete).

Republikflucht

Republikflucht war ein Staatsverbrechen. Darum wurde Frau Kerner von der Stasi befragt, weil ihr Mann illegal aus der DDR ausgereist war. Sie war in den Augen des Staates verdächtig und musste sich nun superkorrekt verhalten. Sie wurde eine perfekte Kommunistin.

Fragen

1. Was sehen die Kinder im Fernsehen?

2. Worüber fragen die Stasi-Männer Frau Kerner?

3. Was ist mit dem Vater geschehen?

4. Unter welcher Krankheit leidet Frau Kerner?

5. Was macht Frau Kerner, nachdem sie wieder nach Hause kommt?

6. Was ist Alex' Hobby in diesem ersten Teil?

II. Die Krankheit der Mutter

Der zweite Teil spielt zehn Jahre später. Sehen Sie den zweiten Teil und beantworten Sie die folgenden Fragen.

Szenen 8 – 13
Mutters Zusammenbruch

Szene 8   Ostberliner Straße

Szene 9   Wohnung Kerner

Szene 10   Wohnung Kerner

Szene 11   Ostberliner Straße

Szene 12   Wolga Taxi

Szene 13   Hof Polizeirevier/Nacht, Früher Morgen

Alex sitzt auf einer Bank, während die Straßen Berlins für den 40. Jahrestag geschmückt werden. Während auf der Straße eine Militärparade vorbeifährt, liegt Alex im Bett. Bücherbords vibrieren von der Erschütterung durch die Militärparade. Die Mutter diktiert eine Eingabe und Alex sieht sich die Parade im Fernsehen an.

Alex nimmt an einer Demonstration teil. Die Polizei marschiert auf und Alex verschluckt sich an einem Apfel. Er begegnet Lara. Die Mutter sitzt im Taxi auf dem Weg zum Festakt im Palast der Republik und wird an einer Polizeiblockade gestoppt. Sie muss aussteigen.

Die Polizei trennt Alex und Lara. Alex wird verhaftet. Als die Mutter Zeugin von Alex' Verhaftung wird, fällt sie in Ohnmacht. Der Zusammenbruch der Mutter.

Szenen 14 - 23
Mutter im Koma. Das Leben geht weiter.

Die Mutter ist im Koma und verschläft die „neue Zeit". Alex beginnt einen neuen Beruf als Satellitenschüsselverkäufer und lernt Denis kennen.

Szenen 24 – 33
Lara

Alex lernt die Lernschwester Lara kennen, die die Mutter im Krankenhaus betreut. Ihre Beziehung intensiviert sich, während die Mutter weiter im Koma bleibt.

Szenen 34 – 41
Mutter wacht auf

Szene 34   Krankenhaus/Zimmer auf der Intensivstation

Szene 35   Krankenhaus/Arztzimmer

Szene 36   Krankenhaus/Zimmer auf der Intensivstation

Szene 37   Krankenhaus/Eingangshalle

Szene 38   Plattenbau/Wohnung Kerner Schlafzimmer

Szene 39   Plattenbau/Mieterboxen

Szene 40   Plattenbau/Schlafzimmer der Mutter

Szene 41   Krankenhaus/Arztzimmer

Die Mutter wacht auf und darf keiner Aufregung ausgesetzt werden. Alex verspricht für die Mutter zu sorgen. Er bereitet die Plattenbauwohnung in der Karl-Marx-Allee vor.

Kulturinformationen

40. Jahrestag der DDR

Am 6. Oktober 1989 wollte die DDR ihren 40. Jahrestag der Gründung mit einer großen Parade feiern, zu der auch Michail Gorbatschow, der Vorsitzende der kommunistischen Partei der Sowjetunion, eingeladen war.

Demonstrationen

Auf dem 40. Jahrestag gab es ausdauernde Demonstrationen in den Straßen Berlins, die zuvor schon wochenlang in anderen Städten der DDR jeden Montag stattgefunden hatten, so in Leipzig.

Die Mauer fällt

Da viel DDR-Bürger in diesen Tagen versuchten über die DDR-Botschaften in Prag und Budapest auszureisen, beschloss die DDR-Regierung am 9. November 1989, die Ausreise legal zu machen. Das war das Ende der Mauer, die seit dem 13. August 1961 gestanden hatte, 27 Jahre lang.

Abwicklung der DDR-Wirtschaft

Nachdem die DDR sich mit Westdeutschland am 3. Oktober 1990 vereinigt hatte, wurde ein Amt geschaffen, das die DDR-Staatswirtschaft in eine private Wirtschaft umwandelte, die Treuhand. Fortan gab es nur noch die für die Ostdeutschen aufregenden westdeutschen Produkte zu kaufen.

Plattenbauwohnung

In der DDR gab es wenige private Häuser. Die Mehrzahl der Bürger wohnte in kleinen modernen Wohnungen in riesigen Wohnblocks, die industriell angefertigt wurden, die sogenannten Plattenbauten.

Fragen

1. Welches politische Ereignis findet hier statt?
2. Wie begegnet Alex Lara zum ersten Mal?
3. Was geschieht mit Alex am Ende der Demonstration?
4. Was geschieht mit der Mutter? Was ist ihre Krankheit?
5. Was geschieht mit der Wohnung der Kerners? Wo arbeitet Alex jetzt? Mit wem arbeitet er?
6. Wen trifft Alex im Krankenhaus wieder?
7. Welche Warnung gibt der Arzt Alex mit auf den Weg?

III. Die Mutter zu Hause

Sehen Sie den dritten Teil und beantworten Sie die Fragen.

Szenen 42 - 47
Wieder zu Hause

Szene 42   Krankenhaus

Szene 43   Empfangshalle

Szene 44   Krankenwagen

Szene 45   Plattenbau

Szene 46   Plattenbau, Wohnung Kerner Schlafzimmer.

Szene 47   Montage

Die Mutter kommt in die wieder im alten Stil eingerichtete Wohnung zurück. Alex, Denis und Ariane haben sich große Mühe gegeben, wieder alles im alten DDR-Stil einzurichten. Alex beginnt nach Lebensmitteln aus der DDR-Zeit zu suchen, um der Mutter das heimelige DDR-Gefühl vorzugaukeln.

Szenen 48 - 55
Spreewaldgurken und Lara

Szene 48   Ost-Markt

Szene 49   Müllcontainer vor dem Plattenbau. Früher Abend

Szene 50   Plattenbau/Küche. Abend

Szene 51   Plattenbau/Schlafzimmer. Abend

Szene 52   Straße in Ostberlin. Nacht

Szene 53   Laras Haus. Nacht

Szene 54   Laras Wohnung. Nacht

Szene 55   Laras Wohnung/Balkon. Früher Morgen

Alex' Suche nach DDR-Produkten wird immer verzweifelter. Lara findet eine leere Wohnung, in die sie mit ihm einziehen will. Alex ist jedoch nur an den DDR-Produkten in der Wohnung interessiert, besonders den Spreewaldgurken. Die Beziehung zu Lara wird intensiver.

Szenen 56 – 69
Mutters Geburtstag

Szene 56   Plattenbau/Schlafzimmer. Morgen

Szene 57   Plattenbau in Marzahn/Balkon

Szene 58   Firma „X TV". Abend

Szene 59   Weltzeituhr am Alexanderplatz

Szene 60   Flohmarkt

Szene 61   Plattenbau/Hausgemeinschaftsraum

Szene 62   Schulhof

Szene 63   Klappraths Wohnung

Szene 64   Plattenbau/Wohnzimmer

Szene 65   Ostberliner Straße

Szene 66   Plattenbau/Schlafzimmer. Abend

Szene 67   Klappraths Wohnung. Tag

Szene 68   Strausberger Platz

Szene 69   Plattenbau/Schlafzimmer

Zu Mutters Geburtstag organisiert Alex eine Retro-Geburtstagsfeier mit ehemaligen Kollegen und bezahlten Schülern. Die Suche nach dem ehemaligen Schulleiter von Mutters Schule wird zu einem Erlebnis, besonders dessen Ausnüchterung. Die Feier wird durch ein Coca-Cola-Plakat auf der gegenüberliegenden Hauswand gestört.

Szenen 70 – 82
Alex versucht, Löcher zu stopfen

Das Leben geht weiter und Alex versucht immer verzweifelter, seiner Mutter eine Schein-DDR vorzuspielen. Als Ariane und Alex das Geld der Mutter finden, ist es inzwischen wertlos geworden, da sie den Umtauschtermin verpasst haben. Alex' Beziehung zu Lara leidet, da er von der Suche nach Lebensmitteln immer müde ist.

Kulturinformationen

Spreewaldgurken

Nachdem die DDR-Wirtschaft „abgewickelt" worden war, gab es die traditionellen Produkte nicht mehr, darunter die Spreewaldgurken aus dem berühmten Kanal- und Flussgebiet südöstlich von Berlin. Für DDR-Bürger stellten die Gurken ein Heimatgefühl dar.

Geldumtausch

Am 1. Juli 1990 konnten die DDR-Bürger ihr Ostgeld in Westgeld im Verhältnis 2:1 umtauschen. Das bezog sich auf Bargeld und auch auf Geld in Sparkonten. Die Frist lief am 1. Juli 1991 ab. Damit war Mutters Geld wertlos geworden.

Fragen

1. Wie sieht das Schlafzimmer der Mutter aus?

2. Wonach sucht Alex ständig für die Mutter?

3. Was für eine Wohnung findet Lara?

4. Was geschieht zu Mutters Geburtstag?

5. Was geschieht mit dem Geld der Mutter?

IV. Good Bye, Lenin!

Sehen Sie den vierten Teil und beantworten Sie die Fragen.

Szenen 83 - 88
Goodbye Lenin

Szene 83   Plattenbau/Schlafzimmer. Abend

Szene 84   Plattenbau/Fahrstuhl

Szene 85   Vor dem Plattenbau auf der Straße

Szene 86   Plattenbau/Schlafzimmer. Abenddämmerung

Szene 87   Karl-Marx-Allee. Abenddämmerung

Szene 88   Plattenbau/Fahrstuhl

Bei ihrem ersten Ausflug aus der Wohnung wird die Mutter Zeugin der Demontage des Lenin-Denkmals. Die Mutter ist völlig verwirrt und muss von Alex und Ariane in die Wohnung zurückgebracht werden.

Szenen 89 – 94
Alex' Aktuelle Kamera

Szene 89   Denis' Wohnung. Tag

Szene 90   Plattenbau/Schlafzimmer. Abend

Szene 91   Plattenbau/Schlafzimmer. Tag

Szene 92   Plattenbau/Küche

Szene 93   Krankenhaus. Tag

Szene 94   Archivmaterial

Denis' für die Mutter selbst produzierte Fernsehnachrichten zeigen die Ereignisse von 1989 als Flucht der Westler in den Osten. Die Mutter glaubt die Lügenkonstruktion und gewinnt dadurch ihren alten Elan zurück.

Kulturinformationen

Lenin-Denkmal

Das Lenin-Denkmal auf dem Lenin-Platz (heute Platz der Vereinten Nationen) neben der Karl-Marx-Allee wurde 1990 als einziges großes kommunistisches Denkmal in der DDR abgerissen. Die Szene im Film ist eine digitale Rekonstruktion des Ereignisses.

Fragen

1. Wohin geht die Mutter auf ihrem ersten Ausflug?
2. Was wird durch die Luft transportiert?
3. Was sieht die Mutter in der Abendausgabe der Aktuellen Kamera?

V. Denis' Aktuelle Kamera

Sehen Sie den fünften und letzten Teil und beantworten Sie die Fragen.

Szenen 95 - 99
Mutters Lüge

Szene 95   Ausfahrtstraße/Ostberlin. Tag

Szene 96   Im Grünen

Bei einem Ausflug zur alten Datsche im Grünen erzählt die Mutter die Wahrheit über den Vater. Anschließend erleidet sie einen erneuten Herzinfarkt.

Szene 97
Datsche

Ein sonniger Tag. Alle sitzen beisammen im Garten. Die Mutter sitzt glücklich auf einem Gartenstuhl und genießt[1] ihre Familie um sich.

MUTTER   Weißt du noch, wie Alex sich auf dem Klo[2] eingeschlossen hat? Wir haben geklopft und geklopft. Keine Antwort.

ALEX   Ich bin dann durch ein Loch im Dach nach draußen geklettert. Und hab die ganze Aufregung[3] vom Baum aus betrachtet.

ARIANE   Und ich hab mir vor Lachen in die Hosen gemacht[4].

Alle lachen. Mutter trinkt einen Schluck Tee. Sie wird nachdenklich.

MUTTER   Was ist eigentlich passiert in den acht Monaten, die ich verschlafen habe?

Sie blickt die Kinder an, Alex schluckt. Er spürt Laras auffordernden[5], ermutigenden Blick.

MUTTER   Ihr seid erwachsen geworden, das ist es wahrscheinlich.

Sie blickt nachdenklich zu Alex.

MUTTER   Du wirst deinem Vater immer ähnlicher.

Lene schubst Alex heran: Jetzt muss er mit der Wahrheit heraus! Alex holt Luft, fasst Mut.

ALEX   Mama ...

MUTTER   *(unterbricht ihn)* Ich hab euch die ganze Zeit belogen[6]. Es ist alles ganz anders, als ihr denkt.

ALEX   Mama, was redest'n da?

MUTTER   Euer Vater, euer Vater ist nicht wegen einer anderen Frau im Westen geblieben. Das war gelogen. Und dass er sich nie mehr gemeldet[7] hat, das war auch gelogen.

             Er hat mir Briefe geschrieben. Und euch auch.

             Die liegen alle hinter dem Küchenschrank.

             Die haben ihm die Arbeit so schwer gemacht. Nur weil er nicht in der Partei[8] war. Das war fürchterlich. Nach außen hat er sich nichts anmerken[9] lassen, aber ich habe es gewusst. Ich, ich habe es gewusst und konnte ihm nicht helfen. Und dann, dann kam plötzlich dieser Kongress in West-Berlin. Wir hatten nur zwei Tage Zeit zum Überlegen.

             Euer Vater wollte im Westen bleiben und ich, ich sollte dann mit euch nachkommen. Tja, ich habe es nicht geschafft. Ich ... ich hatte wahnsinnige Angst.

             Ihr wisst ja nicht, wie das ist, einen Ausreise-Antrag stellen, mit zwei Kindern. Die lassen einen nicht sofort raus. Da muss man warten, ewig. Und manchmal sogar Jahre. Und euch, euch hätten sie mir wegnehmen[10] können. Versteht ihr?

             Ja, ich bin nicht weggegangen. Das war der größte Fehler meines Lebens. Das weiß ich jetzt. Ich, ich habe euch belogen. Verzeiht mir bitte.

Die Mutter hat Tränen in den Augen. Sie schließt die Augen. Betroffenes[11] Schweigen. Alex steht auf und geht, Lara läuft ihm nach.

MUTTER   *(ganz für sich)* Mein lieber Robert. Ich habe so oft an dich gedacht. Ich würde dich so gerne noch mal wieder sehen.

Szene 98   Datsche

Szene 99   Wald. Tag

Kulturinformationen

Die Partei

Damit ist die SED gemeint, die Sozialistische Einheitspartei Deutschlands, Ostdeutschlands kommunistische Partei, in der jeder Mitglied sein musste, um „drüben" (im Osten) Karriere machen zu können.

Ausreiseantrag

Offiziell konnte man einen Ausreiseantrag stellen, der jedoch mehrere Jahre für die Bearbeitung brauchte. Während der Zeit war der Antragsteller den Pressionen des Staates ausgesetzt, er verlor oft seinen Job.

Wort- und Grammatikinformationen

Bitte finden Sie die entsprechende Bedeutung für die Wörter in der Liste. Die Zahlen beziehen sich auf die Zahlen im Text oben.

1.	genießen	die Nervosität
2.	(das) Klo	Synonym für ermutigend: „aktiv werden"
3.	(die) Aufregung	negativ überrascht
4.	in die Hosen machen	Partizip von belügen
5.	auffordernd	die sozialistische Partei
6.	belogen	etwas sehr gern haben „Ich _____ meine Ferien."
7.	melden	bemerken, etwas dazu sagen
8.	(die) Partei	d. h. in ein staatliches Heim geben
9.	sich anmerken lassen	hochsprachlich für „in die Hose scheißen"
10.	mir wegnehmen	etwas offiziell sagen
11.	betroffen	Slang für Toilette. „Ich muss mal schnell aufs _____."

Fragen

1. Was will Alex seiner Mutter erzählen?

2. Was hat der Vater gemacht, so dass er jetzt ausreisen möchte?

3. Was war das Problem des Vaters?

4. Was war der Plan von beiden, dem Vater und der Mutter?

5. Warum hatte die Mutter Angst?

Szenen 100 – 113
Alex' Vater

Szene 100   Parallelmontage Krankenhaus / Wohnung Kerner

Szene 101   Krankenhaus/Arztzimmer. Nacht

Szene 102   Krankenhaus/Flur auf der Intensivstation. Nacht

Szene 103   Krankenhaus/Zimmer auf der Intensivstation

Szene 104   Krankenhausflur. Tag

Szene 105   Vor dem Krankenhaus. Abenddämmerung

Szene 106   Vor Haus des Vaters. Nacht

Während die Mutter im Krankenhaus auf der Intensivstation liegt, bemüht sich Alex seinen Vater zu finden. Alex findet ihn in West-Berlin und lernt gleichzeitig seine Stiefschwester und seinen Stiefbruder kennen. Alex überredet seinen Vater, ein letztes Mal mit der Mutter zu sprechen. Der Taxifahrer ist der erste DDR-Astronaut Siegmund Jähn.

Szene 107
Haus des Vaters

Alex tritt ein. Das Haus scheint voller Gäste zu sein.

ALEX   Ist Herr Kerner da?

GAST   Buffet ist draußen.

Alex ist mitten in eine Party geraten. Im Flur plaudern kleine Grüppchen von Gästen. Lauter sympathische Leute zwischen 30 und 50. Alex sieht sich um. Er sucht das Gesicht seines Vaters. Jemand hält ihm ein Tablett vor die Nase.

Alex braucht einen Moment um sich zu orientieren. Er schaut ins Wohnzimmer: Keine Spur[1] vom Vater. Die Gäste strömen durch die offene Terrassentür in den Garten. Ein Jazz-Trio spielt auf einer kleinen Bühne.

Alex geht auf die Terrasse zu. Plötzlich sieht er seinen Vater. Der steht draußen Arm in Arm mit einer hübschen selbstbewussten[2] Frau. Sie ist etwas jünger als der Vater. Die beiden lachen und küssen sich. Alex bleibt im Wohnzimmer und schaut durch das Panoramafenster[3] nach draußen. Er schafft den Schritt auf die Terrasse nicht.

Eine vertraute Melodie klingt aus einem Zimmer, dessen Tür halb angelehnt ist: das Sandmännchen-Lied⁴.

Alex lugt durch den Türspalt. Das Arbeitszimmer des Vaters ist geschmackvoll eingerichtet⁵. Ein großes Fenster gibt den Blick zum Garten frei. Auf einem Ledersofa, halb von Alex abgewendet, sitzen ein Mädchen und ein Junge: Karla (8) und Thomas (6). Sie gucken das Sandmännchen im Fernsehen.

KINDERCHOR (TV)   Sandmann, lieber Sandmann, es ist noch nicht so weit. Wir senden erst den Abendgruß, eh jedes Kind ins Bettchen muss. Du hast gewiss noch Zeit …

TV-Bilder: Das Sandmännchen als Kosmonaut. Eine Rakete startet und fliegt ins Weltall. Dort dockt das Sandmännchen bei einer Raumstaton mit Kindern aus diversen Ostblock-Ländern an. Es wird vom Kind aus der SU freudig begrüßt. Die Kinder bemerken Alex.

ALEX   Hallo.

KARLA   Hallo.

THOMAS   Hallo.

ALEX   Darf ich mit das Sandmännchen gucken?

KARLA   Erst wenn du sagst, wie du heißt.

ALEX   Alexander.

Karla gibt ihr okay und klopft auf den Platz neben sich. Alex stellt sein Glas ab und setzt sich neben die beiden.

THOMAS   Guck mal, das Sandmännchen ist heute Astronaut.

ALEX   Da, wo ich herkomme, heißt das Kosmonaut.

KARLA   Wo kommst du denn her?

ALEX   Aus nem anderen Land.

THOMAS   Ist das weit weg, das andere Land?

ALEX   Eigentlich nicht. Andererseits … ich weiß nicht …

KARLA   Du weißt nicht, wo dein Land ist?

Der Vater kommt ins Zimmer.

VATER   Na, ihr Bärchen⁶.

THOMAS   Hallo, Papa.

VATER   Hallo, wie geht's euch?

KARLA und THOMAS   Gut.

Der Vater ist ein wenig erstaunt, einen fremden Gast neben seinen Kindern zu sehen. Alex blickt ihn an. Er hat keine Ahnung, was er sagen soll. Auf jeden Fall hat er sich seinen Vater so nicht vorgestellt.

Der Vater setzt sich zu den Kindern, nimmt Karla auf den Schoß.

VATER	(*zu Alex*) Na, sind Sie auch Sandmännchen-Fan?
ALEX	Ja, schon.
VATER	Entschuldigung, kennen wir uns?
ALEX	Ja, wir kennen uns.
VATER	Ja …, ich komm nicht darauf. Helfen Sie mir doch.

Alex schluckt. Sein Hals ist ganz trocken. Er kriegt kein Wort heraus. Der Vater sieht ihn an. Es arbeitet in ihm.

THOMAS	Der heißt Alexander.

Alex starrt seinen Vater an. Der muss sich erst mal fangen[7].

VATER	Alex?

Draußen im Garten bricht die Musik ab. Ein rückkoppelnder[8] *Lautsprecher quietscht. Jemand spricht durch ein Mikrophon.*

MANN	(*off, über Mikro*) Robert, Robert, nun komm doch mal raus. Mann, Robert.

Der Vater ist vollkommen durcheinander[9]. *Eine Frau entdeckt*[10] *ihn durchs Fenster und klopft auffordernd an die Scheibe.*

MANN	(*auf der Bühne*) Robert, wir wissen doch, dass du dich bei solchen Gelegenheiten immer auf dem Klo versteckst. Also, Robert, komm raus.

Gelächter aus dem Garten.

KARLA und THOMAS	Papa, du musst deine Rede halten.

Der Vater sieht Alex hilflos an.

VATER	Ich komm gleich wieder …

Er geht aus dem Zimmer, Thomas und Karla an der Hand. Alex bleibt noch einen Moment vor dem Fernseher sitzen. Das Sandmännchen steigt wieder in seine Raumkapsel[11], *winkt den Kindern auf der Station zu und schießt*[12] *den Schlafsand durch eine Düse*[13]. *Die Kinder reiben sich die Augen.*

Im Garten betritt der Vater die Bühne und nimmt das Mikro. Seine Hand zittert. Alex beobachtet seinen Auftritt von der Terrassentür.

VATER	Ja, ich danke euch, dass ihr alle gekommen seid. Vielen Dank und viel Vergnügen, danke.

Er geht von der Bühne. Die Leute sind etwas überrascht über die knappe Ansprache, aber sie klatschen.

Alex sitzt im Arbeitszimmer. Der Vater kommt, setzt sich zu ihm.

VATER	Es tut mir leid, dass wir heute dieses Fest hier haben. Wenn ich gewusst hätte, dass du kommst, dann …

Schweigen. Keiner weiß, was er sagen soll.

ALEX	Ist komisch, ich hab mir immer vorgestellt, du hast einen Swimmingpool.
VATER	Wir haben einen See in der Nähe. (*stockt*) Mein Gott, ich hab dich nicht mal erkannt.
ALEX	Jetzt habe ich wohl zwei neue Geschwister, oder?
VATER	Ich habe drei Jahre lang jeden Tag auf eine Nachricht von euch gewartet. Jeden Tag. Nichts habe ich mir sehnlicher gewünscht.

Vaters neue Frau schaut beunruhigt durch das Panoramafenster.

| VATER | Warum bist du gekommen? |
| ALEX | Mama liegt im Sterben. Sie hatte einen Herzinfarkt[14]. Sie will dich noch mal sehen. |

Szene 108 Taxi. Nacht

Szene 109 Krankenhaus/Intensivstation

Szene 110 Krankenhaus/Gang vor der Intensivstation

Szene 111 Krankenhaus/Zimmer auf der Intensivstation

Szene 112 Krankenhaus/Gang vor der Intensivstation

Szene 113 Krankenhaus/Zimmer in der Intensivstation

Kulturinformationen

Westkultur

Das Haus des Vaters mit der Wohnungseinrichtung und der Gartenparty ist ein typisches Beispiel der „Westkultur", die für die Ostdeutschen völlig fremd war, und die einen deutlichen Kontrast zu Alex' Plattenbauwelt darstellt.

Wortinformationen

Bitte finden Sie die entsprechende Bedeutung für die Wörter in der Liste.
Die Zahlen beziehen sich auf die Zahlen im Text oben.

1.	(die) Spur	unter Kontrolle bringen
2.	selbstbewusst	großes Fenster
3.	(das) Panoramafenster	verwirrt, konfus
4.	(das) Sandmännchen-Lied	plötzliche Herzkrankheit, Herzanfall
5.	geschmackvoll eingerichtet	ein bisschen
6.	(das) Bärchen	die Kapsel des Raumschiffs
7.	fangen	lautes Geräusch im Lautsprecher
8.	rückkoppelnd	gut eingerichtet
9.	durcheinander	schießen (mit einem Gewehr)
10.	entdeckt	kleiner Bär
11.	(die) Raumkapsel	die Verengung; eine Dusche hat eine Düse
12.	schießt	gefunden
13.	(die) Düse	selbstsicher
14.	(der) Herzinfarkt	das Lied von Fernseh–Sandmännchen

Fragen

1. Warum geht Alex zum Haus des Vaters?

2. Was möchte Alex im Kinderzimmer?

3. Warum weiß Alex nicht, aus welchem Land er kommt?

4. Was möchte Alex vom Vater? Warum ist er eigentlich gekommen?

Szenen 114 - 117
Siegmund Jähn. Mutter stirbt

Szene 114   Krankenhaus/Gang vor der Intensivstation

Szene 115   Krankenhauspark

Szene 116   Montage

Szene 117   Dach/Plattenbau. Abend

Mutter stirbt glücklich, nachdem sie den Vater ein letztes Mal gesehen hat. Sie verfolgt den Übergang von Honecker zu Siegmund Jähn als Staatsoberhaupt in Denis' Aktueller Kamera mit Interesse. „Wahnsinn" ist ihr letztes Wort für diesen Übergang.

Kulturinformationen

Datsche

Das russische Wort wurde in der DDR für ein Wochenendhaus verwendet. Es konnte sowohl ein kleines Schrebergartenhäuschen als auch ein komfortabel eingerichtetes Wochenendhaus sein.

Ende der DDR

Das offizielle Ende der DDR kam am Abend des 2. Oktober 1990, nachdem der Bundestag vorher über den Beitragsantrag der DDR-Regierung positiv abgestimmt hatte. In der Nacht des 2. Oktober fand ein großes Feuerwerk statt.

Fragen

1. Welche Fiktion hat Denis in der Aktuellen Kamera verfolgt?

2. Wer ist jetzt Staatsratsvorsitzender der DDR?

Allgemeine Fragen zur Handlung und Technik des Films

1. Suchen Sie die von Denis (Alex' Freund) verfassten Nachrichten heraus und untersuchen Sie ihre Funktion im Film. Welche Szenen kommen vor und nach den Einblenden der Aktuellen Kamera? Wie werden sie eingeblendet? Welche Entfernung hat die Kamera von dem Reporter? Was für eine Perspektive hat die Kamera?

2. Der Stil des Films ist hauptsächlich realistisch mit einigen experimentellen Elementen. Identifizieren Sie diese Elemente und analysieren Sie, wie dieser Stil den Text unterstüzt.

3. Suchen Sie die Stellen im Film heraus, wo der Regisseur durch Kameraelemente, Musik, oder Belichtung den Text ironisiert.

4. Beschreiben Sie die Szene der Demontage der Lenin-Statue genau. Aus welcher Perspektive wird die Demontage gesehen? Wie viele Schnitte hat die Szene? Aus welcher Entfernung wird sie aufgenommen? Was zeigt der Ton (Dialog, Geräusche, Musik)?

5. Beschreiben Sie die Musik im Film. Ist sie synchron mit der Handlung oder im Off?

Und zum Schluss eine Wortübung:

Fügen Sie die folgenden Wörter in den Text ein.

"Aktuellen Kamera" (die) Aufregung (der) Herzinfarkt

(der) Plattenbau (der) Raumfahrer selbstbewusste

zusammenwachsen

Für den 21-jährigen Alex geht nichts voran. Kurz vor dem Fall der Mauer fällt seine Mutter, eine _____ Bürgerin der DDR, nach einem _____ ins Koma - und verschläft den Siegeszug des Kapitalismus. Als sie wie durch ein Wunder nach acht Monaten die Augen wieder aufschlägt, erwacht sie in einem neuen Land. Sie hat nicht miterlebt, wie West-Autos und Fast-Food-Ketten den Osten überrollen, wie Coca Cola Jahrzehnte des Sozialismus einfach wegspülen, wie man hastig _____ lässt, was zusammengehört. Erfahren darf sie von alledem nichts: Zu angeschlagen ist ihr schwaches Herz, als dass sie die _____ überstehen könnte. Alex ist keine Atempause vergönnt. Um seine Mutter zu retten, muss er nun auf 79 Quadratmetern _____ die DDR wieder auferstehen lassen. Schnell stellt er fest, dass sich dieser Plan schwieriger umsetzen lässt als erwartet. Doch mit Hilfe seines Freundes Denis basteln sie mithilfe der _____ eine Phantasie-DDR zusammen, in dem der _____ Siegmund Jähn zum DDR-Staatsratsvorsitzenden aufsteigt und letztlich alles noch gut wird. Sogar der Westvater ist nicht böse und kann die Mutter noch einmal sehen, bevor sie in einer glücklichen DDR stirbt.

CREDITS

The authors have made every effort to obtain permission for all extracts from published work reprinted in this book.

Photo Credits

The authors wish to thank the following for permission to reprint photographs from the films.

Der blaue Engel (pp. 11, 22), *Die Brücke* (p. 50), *Angst essen Seele auf (pp. 69, 82),
   Die verlorene Ehre der Katharina Blum* (pp. 99), *Die Blechtrommel* (pp. 119,
   135), *Lola rennt* (cover and p. 197), *Nirgendwo in Afrika* (pp. 231, 247),
   © Photofest

Die Brücke (p. 35), © Beta Cinema

Die Legende von Paul und Paula (pp. 55, 59) © Waltraut Zech

Die verlorene Ehre der Katharina Blum (pp. 89, 95), *Das Versprechen* (pp. 155, 172),
   © Bioskop Film

Die Ehe der Maria Braun (p. 103) © Rainer Werner Fassbinder Foundation

Das schreckliche Mädchen (pp. 143, 150) © Sentana Filmproduktion München

Sonnenallee (pp. 175, 182) © Delphi Filmverleih GmbH

Vergiss Amerika (pp. 211, 225) © AVISTA Film- und Fernsehproduktion

Goodbye, Lenin! (pp. 255) © X-Filme

Text Credits

The authors wish to thank the following for permission to reprint text as noted:

Ch. 1, *Der Blaue Engel* © Röhrig Universitätsverlag GmbH, Ingbert

Ch. 2, *Die Brücke* © Beta Cinema

Ch. 3, *Die Legende von Paul und Paula* © Suhrkamp Verlag

Ch. 4, *Angst Essen Seele Auft* © Verlag der Autoren, D – Frankfurt am Main 1900,
   stage rights represented by the Marton Agency, New York.

Ch. 5, *Die verlorene Ehre der Katharina Blum* © Gunter Narr Verlag

Ch. 6, *Die Ehe der Maria Braun* © Verlag der Autoren